대한민국을 움직인 노래

# LEGEND 100
# SONG

대한민국을 움직인 노래

# LEGEND 100 SONG

Mnet 레전드 100 - 송 제작팀 지음

score♪

## 일러두기

1. 이 책은 Mnet의 〈레전드 100 - 송〉 프로젝트를 엮은 것이다. 이는 대한민국 대중음악사에 영향을 끼친 100곡을 선정하는 2014년 Mnet의 음악 캠페인이다. 〈레전드 100 - 송〉은 근대적 의미의 첫 밀리언셀러 음반이라고 평가받는 1964년 이미자의 「동백 아가씨」를 시작으로, 2012년 12월까지의 발매곡을 대상으로 하였다.

2. 노래 제목은 「 」로 묶었고 앨범명은 『 』로, 방송 프로그램과 영화 제목, 가요제, 시상식 등은 〈 〉로 묶었다. 그룹 및 밴드 이름은 문맥상 혼란을 줄 경우에 한하여 ' '로 구분하였다.

3. 앨범명 표기는 엠넷닷컴을 기준으로 하였다.

4. 본 도서에 쓰인 Mnet 방송분 사진의 저작권은 Mnet에 귀속된다.

대한민국을 움직인 노래,
〈레전드 100 – 송〉의 감동을 전하며


2014년 2월, 한 해를 시작하는 Mnet의 첫 기자간담회 주요 안건은 〈레전드 100 – 송〉이었습니다. 이미 2013년 〈레전드 100 – 아티스트〉를 진행한 바 있었기에, 올해는 보다 많은 기자님들의 참석 가운데 프로젝트를 소개할 수 있었습니다. 비록 상업적인 기획은 아닐지라도 음악 방송 채널로서 뚝심 있게 음악 캠페인을 진행해 나가는 Mnet의 새로운 프로젝트를 많은 분들께서 진지하게 경청해주셨고, 이전보다 더 많은 격려의 말씀을 들을 수 있어 뿌듯한 시간이었습니다.

2014년은 여러모로 Mnet에 있어서는 다양한 도전을 해 나가는 해입니다. 잊고 있었던 음악 장르를 조명하기도 하고, 음악과 다른 장르와의 결합을 도모하기도 합니다. 그렇지만 끊임없이 새로운 시도를 하는 시기일수록, 음악 방송의 역할과 사명감을 잊지 않으려고 합니다. 음악의 진정성이 방송으로 표현되는 콘텐츠에 대해 끊임없이 고민해 온 Mnet은 작년 대한민국을 빛낸 위대한 〈레전드 100 – 아티스트〉를 통해 시청자분들과 소통하려 했고, 올해는 오랜 시간 긴 생명력으로 세대와 장르를 뛰어넘어 대중과 함께 호흡한 〈레전드 100 – 송〉을 통해 명곡의 '대중성'과 '음악성'을 재조명하려 합니다.

대중과 음악 산업에 지대한 영향을 끼치며 대한민국을 움직인 노래, 〈레전드 100 – 송〉을 선정하는 것은 단순히 노래를 듣기 위함이 아니라 그 노래 속에 담긴 시대를 듣기 위함입니다. 오랜 시간 대중들의 가슴에 남아 있는 노래들은 하나의 예술 작품으로서 완성도 있는 창작의 음악, 훌륭한 표현력으로 깊은 감동을 주는 감동의 음악, 새로운 시도로 장르의 새 장을 연 도전의 음악, 시대와 세대를 넘어 오랜 생명력을 지닌 공감의 음악, 그리고 음악 산업의 패러다임을 바꾼 변화의 음악으로서

의미를 지니기 때문입니다.

한국 대중음악사를 그 이전과 이후로 구분할 만큼 음악 산업의 패러다임을 완전히 바꾼 노래로 평가되며 1위에 오른 서태지와 아이들의 「난 알아요」부터 세계 시장에서 케이팝K-Pop 열풍을 일으키며 거대한 성과를 이뤄낸 슈퍼주니어의 「쏘리 쏘리」까지. 본 도서에서는 대한민국, 나아가 세계 음악시장에까지 그 영향력을 발휘하며 대중에게 기억되는 레전드 송 100곡에 대해 다루고 있습니다. 또한 최종 100곡에는 선정되지 못했으나 음악전문가(평론가, 교수), 음악 방송 PD, 음반 산업 관계자 등 특정 그룹으로부터 높은 점수를 받은 상위 20곡을 '히든 레전드 송'으로 선정해 보다 풍성하게 명곡을 접하고 이해의 폭을 넓힐 수 있도록 기획했습니다.

Mnet에서는 올해 초 동명의 음악 다큐멘터리 프로그램을 통해 100곡을 개괄하는 작업을 시작으로, 다양한 음악 프로그램을 통해 레전드 송을 현대의 감성으로 재조명하는 시도를 진행해 왔습니다. 또한 다음뮤직에서 100곡의 음원과 함께 각각의 의미를 소개하며 노래를 통해 보다 친밀하게 여러분과 공감할 수 있기를 바랐습니다. 이러한 노력의 일환으로 유수의 음악평론가분들이 참여하여 레전드 송 100곡을 조명하는 본 도서를 발간함과 동시에, 더 많은 분들이 이 노래들을 함께 부르고 연주할 수 있기를 바라는 마음에서 올해는 악보집도 함께 발간하게 되었습니다.

100곡의 선정부터 본 도서가 출간되기까지 큰 도움을 주신 임진모 음악평론가님을 비롯한 100인의 음악전문위원분들께 깊은 감사의 인사를 드립니다. 늘 프로젝트의 기획과 음악적 자문에 아낌없는 도움을 주시는 IZM과 도서 작업을 함께 해주신 많은 음악평론가분들, 그리고 〈레전드 100 – 송〉이 Mnet의 다양한 음악 프로그램을 통해 시청자들과 소통할 수 있도록 도와주신 제작팀과 편성팀, 브랜드 디자인팀, 마케팅팀, 홍보팀 등 Mnet의 모든 구성원분들과 음악사업부문, 스마트 엠넷사업팀 담당자분들께도 감사드립니다. 또한 본 프로젝트가 도서와 악보집으로 출간되어 이 시대의 훌륭한 명곡들을 보다 많은 분들과 나눌 수 있도록 도와주신 스코어 출판사와 일러스트레이터 배중열 님께도 감사의 마음을 전합니다.

2015년, Mnet은 이제 개국 20주년을 바라보고 있습니다. Mnet의 시각으로 대중음악을 정리하고 있는 일련의 기획들이 독자분들께 대중음악을 이해할 수 있는 의미 있는 자료가 되기를 희망합니다. 또한 개국 20주년을 앞두고 오랜 시간 동안 음악과 방송으로 여러분과 소통해 온 Mnet이 앞으로도 음악 전문 채널로서 사명감을 갖고 다양한 시도를 계속하려고 하니 많은 관심과 응원 부탁드립니다.

시간이 흘러도 우리 곁에 숨 쉬는 레전드 송 100곡을 통해 명곡이 주는 감동에 모두 공감하는 기회가 되었으면 합니다.

신형관 **CJ E&M Mnet 상무**

세월과 역사가 검증한
100곡을 선정하며


대중가요를 한때 스쳐 지나가는 것이라 해서 '유행가'로 일컫던 시절이 있었고 지금도 더러 쓰이기도 한다. 하지만 이 말은 대중음악이 충분한 역사를 쌓지 못해서 혹은 오랫동안 대중문화 자체를 멸시하는 상황에서 언급되곤 하는, 조금은 비하적인 표현이라고 할 수 있다. 그 시점에 유행하고 잠시 후 사라진 노래가 아닌 수십 년 지나서도, 반세기가 흘러서도 여전히 감동적으로 회자되고 있는, 이를테면 유행가가 아닌 노래들은 얼마든지 있다.

기성세대들의 가슴속 깊이 저장된 이미자의 「동백 아가씨」는 1964년에 발표되었으니 어느덧 50년, 반半세기라는 장구한 세월을 보냈다. 그럼에도 불구하고 이 노래는 지금도 꾸준히 전파를 타면서 두고두고 '엘레지의 여왕' 이미자의 존재감을 일반에 환기시킨다. 대중가요가 유행가를 훌쩍 뛰어넘어 '명곡'으로 자리를 높인 대표적인 사례가 아닐 수 없다. 국내 대중가요가 수많은 사람들에게 희로애락의 정서를 전하며 100년의 역사를 쌓으면서 이미자의 「동백 아가씨」 말고도 30년, 40년, 50년의 긴 수명을 발휘하는 시공 초월의 곡들은 나열할 수 없을 만큼 많다. 무수히 쏟아지는 대중가요들 가운데 역사의 화환을 받는, 이른바 '명곡'은 어떠한 조건에서 가능할 것인가. 아마도 첫째로 꼽을 수 있는 것은 이처럼 세월에도 불구하고 살아 숨 쉬는 생명력 여부가 될 것이다. 오래전에 나와 당시를 점했으나 결코 과거에 매몰되지 아니하고 '현재'라는 활동 시제를 확보하는 데 성공했다면 그 곡은 명작이라 이름 붙여도 누구도 이의를 제기하지 않는다. 때문에 지금 아무리 떵떵거리며 시장을 주름잡는 곡이더라도, 훌륭한 작품성을 구현한 곡일지라도 우리 대부분은 거기에 명곡이라는 수식을 붙이기를 유보한다. 세월과 역사가 '검증'한 곡이라야 한다.

단 한 곡의 대중가요가 갖는 영향력과 파괴력은 실로 엄청나다. 비록 노래가 세상을 바꿀 순 없더라도 한 사람의 운명은 거뜬히 바꿀 수 있다고 하지 않던가. 상당수 가수들이 "이 곡 하나에 끌려 가수가 될 꿈을 품었다"고 토로하곤 한다. 그러고 보면 가수를 가수로 인도하는 것은 선배 혹은 동료 가수와 앨범 이전에 그 가수가 부른 하나의 곡일지도 모른다. 가수에 매혹당할 수는 있다. 앨범이 주는 감동에 파묻힐 수도 있다. 하지만 그 이전에 반드시 거치는 필수 코스는 '노래 한 곡에 빠져드는 것'이다.

언젠가 한 조사에서 20세기 지성知性에 가장 영향력을 끼친 '작품'으로 밥 딜런의 '구르는 돌처럼Like a Rolling Stone'이 뽑혔다. 어마어마한 무게감을 지닌 시와 소설과 같은 고매한 문학작품을 제치고, 영화 · 연극 · 뮤지컬 분야를 장식한 그 불굴의 대작들 심지어 고급 클래식을 밀어내고 단 한 곡의 대중가요가 가장 많은 사람들에게 울림을 제공한 것이다.

그러고 보면 국내 가요 가운데 신중현의 「미인」은 지극히 한국적인 록으로 젊은 세대의 밴드들도 다투어 연주하는 역사적 골든 레퍼토리로 살아 있다. 김민기의 「아침 이슬」은 적어도 40년 이상을 개혁의 송가로 불리며 후대 사람들의 삶과 의식에 막대한 영향을 미쳤다. 조용필의 「창밖의 여자」는 가수 보컬에 획기적 진전을 이룩하며 그로 하여금 1980년대를 통째로 떠안게 했다. 1992년 서태지와 아이들의 「난 알아요」는 대중가요가 음악을 떠나 하나의 사회현상이 될 수 있음을 실증했다.

대중가요는 얼핏 그 시대와 무관하게 만들어진 것 같아도 결국은 각 시대의 성격을 알게 모르게 반영한다. 각 시점을 장식한 대중가요를 통해 그 시대를 호흡하며 살아간 사람들의 정서를, 또 풍속을 엿볼 수 있는 것이다. 시대란 사람살이를 반영한 것이고 그렇다면 특정 시점의 대중들과 동행한 노래는 당연히 시대성을 지니기 마련이다.

이렇게 생래적으로 품은 시대성을 도드라지게 나타낸 노래가 있다면 우리는 그 곡에 가치와 의미를 부여한다. 사회 분위기로 인해 숨을 죽인 록이 다시 부활하게 된 계기를 마련하면서 1970년대 후반의 청춘들에게 자신감을 불어넣은 산울림의 「아니 벌써」나, 1980년대 중반 억눌린 청춘의 아우성을 견인한 들국화의 「그것만이 내 세상」과 「행진」이 여기에 해당한다. 1970년대 초반 경제성장의 부푼 꿈을 반영한 남진의 「님과 함께」, 1980년대 아파트 붐을 탄 윤수일의 「아파트」, 새로운 세대의 비상을 선언한 크라잉넛의 「말달리자」 그리고 심지어 싸이의 「강남스타일」 등을 통해서도 시대를 읽을 수 있기는 마찬가지다.

대중가요는 무엇보다 예술가의 고뇌와 창의적 노력의 산물이다. 좀 더 훌륭한 예술적 성과를 거두려는 욕망으로 자기만의 소우주小宇宙를 담아냈다면 그 곡은 음악가의 진정한 영예라고 할 수 있는 예술성을 획득한 노래라고 할 수 있다. 의당 대중가요의 역사는 이러한 작품성을 지닌 노래들을 융숭하게 대접한다.

조용필의 「킬리만자로의 표범」, 유재하의 「사랑하기 때문에」, 이문세의 「옛사랑」, 시인과 촌장의 「가시나무」, 더 클래식의 「마법의 성」 등이 여기에 속한다. 비록 오래된 노래들은 아니지만 매혹적인 아이돌 후크송이라 할 소녀시대의 「Gee」와 빅뱅의 「거짓말」과 같은 노래들도 빼어난 예술적 성과를 거둔 사례라고 할 수 있다.

이 책이 담고 있는 100곡은 대중성과 시대성, 무한한 생명력, 후대에의 영향력 그리고 드높은 예술성이라 할 명곡의 조건들을 두루 고려하여 선정되었다. 실로

'100곡의 레전드 송'이다. 100곡이라는 프레임 때문에 불가피하게 빠진 곡이 없지 않지만 1960년대 이후 우리 대중음악의 역사를 살펴보기에는 더할 나위 없는 선곡이라고 본다.

한류와 케이팝이라는 이름으로 글로벌 시장에서 두각을 나타내고 있는 우리 대중음악에 반드시 요구되는 것은 바로 그 역사성이다. 해외 케이팝 팬들에게 한국의 대중음악이 아이돌 댄스 팝만 있는 것이 아니라 그 이전에 풍부한 감성과 예술성으로 축적한 다양한 음악들이 존재해 왔음을 반드시 알려야 한다. '100곡으로 알아보는 한국 대중음악의 간추린 역사'라고 할 이 책의 가치가 바로 여기에 있다. 자라나는 세대들에게, 또 해외 한류팬들에게도 우리 대중음악과 문화의 역사를 알릴 수 있는 자료와 사료로도 충분하다. 이 노래들과 함께 한국의 음악대중은 눈물을 흘리고 때로 즐거워하며 위로와 위안을 만끽했다. 거기에는 각 시대의 숨결이 있으며 그 시대마다 대중들의 호흡이 퍼져 있다. 실로 역사적인 노래들, '큰' 노래들이다. 노래 하나가 얼마나 깊은 궤적을 남기고 다대多大한 영향을 발휘하는지 새삼 절감한다.

임진모 대중음악평론가 · 〈레전드 100 - 송〉 선정위원

# 1.

# 창작의 음악 - 19곡

뛰어난 작사·작곡으로, 단순히 대중가요가 아닌 하나의 '예술 작품'으로서 인정받는 완성도 있는 노래

2.

# 감동의 음악 - 24곡

가창력, 연주력 등 아티스트의 훌륭한 표현력으로 깊은 감동을 준 노래

3.

# 도전의 음악 - 14곡

한 장르의 시초이거나 다양한 음악적 시도로 오랜 시간 후배 뮤지션들에게 강한 영향력을 끼친 노래

4.

# 공감의 음악 - 26곡

시대와 세대를 넘어 오랜 시간 생명력을 가지고 많은 이들을 통해 불린 노래

5.

# 변화의 음악 - 17곡

글로벌 진출이나 음악 산업적인 기록을 보유하는 등, 음악 산업의 패러다임을 변화시킨 노래

# 6.
# 히든 레전드 송

# 창작의 음악

## 1

창작자가 빚어낸
독창적 작품,
레전드 100 - 송은
'예술'입니다.

**1** — 1968
커피 한 잔
펄 시스터즈
소울과
사이키델릭의
실험적 사운드

**2** — 1971
아침 이슬
김민기
문학적 음악의
결정체

**3** — 1973
그건 너
이장희
70년대
포크 록의 진화

**4** — 1974
행복의 나라
한대수
희망을 향한
젊은이의 목소리

**5** — 1975
왜 불러
송창식
자유를 향한
후련한 외침

**6** — 1978
시인의 마을
정태춘
고독을 읊은
포크 시인의 노래

**7** — 1979
단발머리
조용필
시대를 앞선
명곡의 탄생

**8** — 1983
어머니와 고등어
김창완
순수 언어로
노래한 수필

**9** — 1985
그것만이 내 세상
들국화
무력한
청춘의 기록

**10** — 1985
킬리만자로의 표범
조용필
고독을 벗 삼은
위대한 독백

# 창작의 음악 / 19 SONGS

뛰어난 작사 · 작곡으로, 단순히 대중가요가 아닌
하나의 '예술 작품'으로서 인정받는 완성도 있는 노래

**11** 1987
## 사랑하기 때문에
유재하

대한민국 발라드의
새로운 문법

**12** 1988
## 가시나무
시인과 촌장

자기반성과
자아의 고통스러운
고백

**13** 1992
## 아주 오래된 연인들
015B

90년대
연애 스케치

**14** 1993
## 하여가
서태지와 아이들

시대의 영웅이
선보인 실험적 음악

**15** 1994
## 서른 즈음에
김광석

청춘과의
이별을 노래한 시

**16** 1994
## 마법의 성
더 클래식

동화적 순수함의
감성 음악

**17** 1994
## 기억의 습작
전람회

90년대를 상징하는
기억 속 명작

**18** 1995
## 달팽이
패닉

은유와 상징의 미학

**19** 1997
## 거위의 꿈
카니발

좌절의 벽을
무너뜨린 꿈의 노래

# 커피 한 잔 <sub>(1968)</sub>

소울과 사이키델릭의 실험적 사운드

**가수**

펄 시스터즈

**앨범**

님아/
떠나야 할 그 사람/
커피 한 잔

**작사 · 작곡**

신중현

지금도 그렇지만 걸그룹의 존재는 어느 시대나 남성들의 로망이었다. 1961년 공영방송 KBS TV의 탄생 이후 1964년 첫 민간방송 TBC에 이어 1969년 MBC까지 가세한 60년대는 비주얼이 중시된 브라운관 영상시대가 개막되면서 화려한 외모의 걸그룹들이 각광을 받기 시작했다. 1968년에 혜성처럼 등장한 여대생 자매듀엣 펄 시스터즈는 늘씬한 키, 균형 잡힌 몸매, 예쁜 마스크에 가창력까지 뽐내며 한순간에 당대 대중의 눈과 귀를 사로잡았다. 배인순, 배인숙 자매의 등장은 오디오가 전부였던 가요계에 체질개선 바람을 몰고 왔다. 가창력은 기본이고 화려한 비주얼을 겸비해야 하는 비디오 시대가 열렸다.

펄 시스터즈 자매의 음악 스승은 록의 대부 신중현. 당시 그는 한국적 창작 록 음악을 펼칠 희망으로 록 밴드 에드포에 이어 덩키스까지 결성했지만, 대중의 반응을 얻지 못해 의기소침해 있었다. 1964년, 에드포 시절에 이미 발표했던 창작곡 「내 속을 태우는구료(「커피 한 잔」의 원제목)」가 당대 대중에게 수용되기에는 시기상조였다. 생활이 힘들어진 신중현은 국내 활동을 포기하고 쇼단을 결성해 베트남으로 떠날 결심을 했다. 그때 펄 시스터즈가 찾아와 데뷔음반 제작을 간청했다. 마지막으로 기념음반을 내고 떠날 생각에 「내 속을 태우는구료」의 제목을 「커피 한 잔」으로 수정하고, 노래 스타일도 평범한 가요풍에서 리듬이 강조된 소울풍으로 편곡의 변화를 시도해 펄 시스터즈에게 창법을 지도했다.

당시 신중현은 외국에서 유행하던 사이키델릭 음악에 빠져 있었다. 기존의 말랑말랑한 팝송 창법에 익숙해 있던 펄 시스터즈는 당시로서는 뉴웨이브 사운드였던 신중현식 사이키델릭 소울 창법을 익히면서 아주 새로워졌다. 처음 에드포의 리드보컬 서정길이 다소 촌스럽게 불렀던 「커피 한 잔」은 펄 시스터즈의 전위적인 율동과 귀에 감겨오는 매력적인 화음 그리고 파격적인 리듬으로 덧칠되면서 전혀 다른 질감의 노래로 작품성을 더했다. 하지만 음반 발표는 난항이었다. 신중현의 주선으로 녹음은 시작되었지만 '킹박'으로 유명한 제작자 박성배는 '절대로 인기를 끌지 못할 괴상한 노래'라며 녹음 작업 때 소파에 누워 잠만 청했을 정도였다. 주변에서도 신중현의 새로운 음악에 대한 비관적인 평가가 지배적이었다.

어느 시대나 새로운 장르를 향한 실험성과 예술성을 담보한 노래가 대중의 즉각적 반응을 획득하기란 쉽지 않다. 「커피 한 잔」은 급변하는 1960년대의 사회적 공기에 어울리는 예술성과 대중성을 모두 담보했지만, 펄 시스터즈를 1년 만에 가수왕에 등극시킬 대박을 터뜨릴 노래로 예상한 이는 아무도 없었다. 1968년 12월, 「커피 한 잔」이 세상에 나왔다. 난리가 났다. 소울과 사이키델릭 향기를 뿜어댄 덩키스의 비범한 연주는 호소력 짙은 펄 시스터즈의 보컬에 완성도를 더했다. 또한 직설적이고 단순한 노랫말과 기분을 업 시켜주는, 그때까지 아무도 경험하지 못한 경쾌한 리듬에 기성문화에 반감을 가졌던 당대의 젊은이들은 돌파구를 찾은 듯 열광했다. 반면, 슬프고 느린 트로트가요에 익숙했던 기성세대는 '이게 무슨 노래냐. 말세다'라며 혀를 끌끌 찼다.

상반된 평가 속에서 젊은 층의 열광적 반응은 더욱 거센 바람을 몰고 왔다. 당시 서울대 문리대 출신 괴짜 시인 주성윤은 펄 시스터즈의 인기에 기름을 부었다. TV 화면을 통해 「커피 한 잔」을 부르는 펄 시스터즈의 모습을 지켜본 그가 언론에 짝사랑 사연을 발표해 화제가 되었던 것. 당대 남성들은 펄 시스터즈의 농염한 율동과 짜릿한 하모니에 매료되었다. 이는 오디오 보급이 미미했던 당시로서는 믿기 힘든 밀리언셀러급 히트로 이어졌다. 침체된 레코드 시장에 일대 지각변동을 일으키며 히트 보증수표로 급부상한 펄 시스터즈를 쟁탈하기 위해 메이저 레코드사들은 뜨거운 스카우트 전쟁을 벌였다.

비디오와 오디오가 완벽하게 결합된, 당시로서는 매우 새로운 예술적 표현을 담아낸 펄 시스터즈의 「커피 한 잔」은 예술성과 대중성이라는 두 마리 토끼를 잡으며 이후 1970년대 걸그룹 양산에 기름을 부었고, 신중현에게는 사단을 구축하는 원동력을 제공하며 한국 대중음악사에 새로운 이정표를 제시했다. 최규성

커피 한 잔 펄 시스터즈(1968)

# 아침 이슬<sup>(1971)</sup>

문학적 음악의 결정체

**가수**
김민기

**앨범**
김민기

**작사 · 작곡**
김민기

도대체 「아침 이슬」이라는 노래의 엄청난 위상을 어떻게 한마디로 설명할 수 있을까. 1995년, 광복 50주년을 기념해 대중가요 관계자를 상대로 한 MBC 여론조사 '우리 가요 100곡' 중에서 1위, 1999년 MBC 프로듀서 대상 '20세기 한국 대중가요사에서 기록될 만한 젊은이의 노래' 설문조사에서 1위를 차지한 노래가 바로 「아침 이슬」이다. 역사적 평가로서만이 아니라 당대 인기로서도 이 곡은 긴 생명력을 보였다. 「아침 이슬」이 양희은과 김민기의 첫 음반에 각각 발표된 것이 1971년이었는데, 13년이 지난 1984년에도 대학생 대상 KBS 설문조사 '가장 인기 있는 노래'에서 6위, 1989년 DJ연합회 설문조사 '70년대 이래 다방과 유흥업소에서 가장 많이 신청되는 가요' 4위, 심지어 발표 20년이 지난 1991년 MBC의 '대학생의 스테디 애창가요' 조사에서 3위, KBS 라디오가 대기업 사원 천 명을 대상으로 조사한 '좋아하는 가요' 순위에서 4위를 기록했다.

이런 불가사의한 기록은 「아침 이슬」이 김민기가 짓고 양희은이 불러 유명해진 대중가요라는 의미를 넘어서, 마치 일제강점기 때의 「아리랑」처럼 한 시대의 상징이 되었기 때문에 가능한 일이다. 「아침 이슬」은 여전히 가요계와 방송 관계자에게서 유독 높은 점수를 받고 있고, 국내외 클래식 연주자들의 연주 목록에도 종종 등장하는 단골 레퍼토리 곡 중 하나이다. 그저 한 시대의 사회적 의미로만 설명하는 것으로는 부족한, 이 곡의 작품적 성과와 높은 완성도 때문이다.

가사는 한 편의 시처럼 분석해도 부족함이 없다. 고뇌로 밤을 지새운 한 젊은이가 새벽녘 동산에 올라 맑게 맺힌 이슬을 보며 다시 미소를 짓는 초반부를 지나, 중반부에서는 해가 떠오르며 눈앞에 펼쳐지는 광야로 이미지가 넓혀진다. 대낮의 찌는 듯한 태양은 시련을, 눈앞의 거친 광야에 있는 묘지는 자신이 가야 할 길이 매우 고통스럽고 위험도 불사해야 하는 길임을 예견하게 한다. 그러나 이러한 화자의 망설임과 고뇌는 종반부의 '나 이제 가노라 저 거친 광야에/ 서러움 모두 버리고 나 이제 가노라'라는 결단과 선언으로 귀결된다. 어두운 새벽에서 태양이 떠오르는 아침으로의 시간의 변화와 동산 아래에서 동산 위로, 다시 광야로 확대되는 공간의 변화, 안으로만 향해 있던 간밤의 고뇌에서 '태양'과 '묘지'로 상징되는 외적 고난의 예감을 거쳐 '서러움'을 떨치고 '광야'로 나아가는 심리적 변화, 이 세 가지가 정교하게 맞물려 있다. 이미지와 시어의 일관성, 내용의 구조는 물론이거니와 시공간과 심리적 변화의 스케일이 매우 크다. 극도로 감정을 절제한 '…ㄴ다'의 담담한 어조에서 출발하여 '…ㄹ지라', '…노라' 같은 선지자적 어조로 발전하여 사유와 감정의 스케일을 키웠다. 이런 가사는 한국 대중가요에서 전무하다고 할 수 있다.

음악적으로도 그러하다. A-A´-B-A″의 고전적인 논리적 구조, 화성과의 일관성, 마지막 부분 '나 이제 가노라'의 결단과 선언을 뒷받침해주듯 찬송가의 '아멘'을 연상시키는 IV-(iv)-I의 화성적 처리, 진중하고 절제된 느낌을 주는 리듬 패턴이 논리적이고 일관성 있게 꽉 짜여 있다. 특히 가사와 조응하는 악곡이라는 점이 탁월한데, 못갖춘마디를 사용하면서도 한국어의 특성을 절묘하게 고려했고, 초반의 담담한 감정에서는 장조로 시작하여 고난의 중반부에서는 단조로, 다시 광야로 나아감을 결단하는 종반부에서 장조로 바뀌는 선율과 화성은 가사의 정조와 정확하게 맞아떨어진다. 이런 악곡 역시, 한국 대중가요에서는 전무하다고 할 수 있다.

1971년에 이 노래가 발표된 양희은과 김민기 음반의 두 버전은 가사와 매우 다른 편곡과 가창을 보여준다. 김민기 음반 버전은 피아노의 묵직함에 바이올린의 서정적 선율 연주를 기본으로 하고, 낮은 음역에서 마지막의 결단까지 시종 꼭꼭 씹듯 노래한다. 이에 비해 양희은 버전은 이용복이 연주하는 12줄 기타의 화려하고 부드러운 질감에 가사 하나하나를 정확하게 발음하면서도 '설움', '한낮에 찌는 더위', '시련', '서러움' 같은 고통스러운 구절에 한껏 감정을 싣는 식으로 작품을 정확하게 분석한 가창이 돋보인다. 특히 세계 어디에 내놓아도 남부럽지 않은 가수 양희은만의 목소리로 종반부의 '나 이제 가노라'에서 폭발적인 에너지를 내뿜어, 김민기의 사려 깊음과 대조적인 시원스러운 「아침 이슬」을 만들어냈다. 발표 후 이 노래는 '한국 대중가요를 세계 수준에 올려놓은 작품'이라는 찬사를 받으며 대중가요를 뛰어넘는 위상을 지니게 되었고, 그럼으로써 20세기 후반의 한국을 대표하는 노래가 될 수 있었다. 이영미

"1990년대에 서태지와 아이들의 「난 알아요」,
신승훈의 「보이지 않는 사랑」이 있었다면 1970
년대에는 산울림이나 김민기의 노래가 있었다
고 봅니다. 그때를 기억하는 사람이라면 잊을
수가 없는 한 시대를 대표한 노래거든요. 그 시
대를 경험했던 사람이 여전히 살아 있는 한 이
노래들은 계속 불릴 수밖에 없어요."
— 강명석(문화 웹진《아이즈ize》편집장)

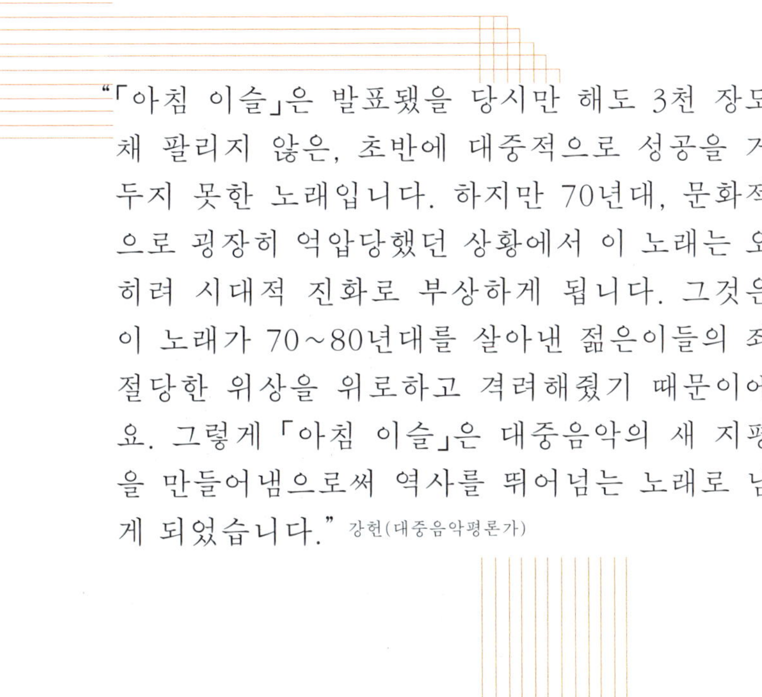

「아침 이슬」은 발표됐을 당시만 해도 3천 장도
채 팔리지 않은, 초반에 대중적으로 성공을 거
두지 못한 노래입니다. 하지만 70년대, 문화적
으로 굉장히 억압당했던 상황에서 이 노래는 오
히려 시대적 진화로 부상하게 됩니다. 그것은
이 노래가 70~80년대를 살아낸 젊은이들의 좌
절당한 위상을 위로하고 격려해줬기 때문이에
요. 그렇게 「아침 이슬」은 대중음악의 새 지평
을 만들어냄으로써 역사를 뛰어넘는 노래로 남
게 되었습니다." 강헌(대중음악평론가)

# 3 ——————— 그건 너 (1973)

70년대 포크 록의 진화

가수
이장희

앨범
그건 너

작사 · 작곡
이장희

대중음악은 듣는 이에게 감동을 전달해야 하지만, 동시에 새로운 희열도 만들어야 한다. 보수적이고 익숙한 패턴에 열렬한 지지를 보내면서도, 신선하고 창의적인 문화 혁명을 기대하는 것이 대중의 심리이기 때문이다. 그렇기에 뮤지션은 늘 창작이란 틀 안에서 '질서'와 '변화'라는 두 가지 축에 대해 고민하게 되고, 이 고뇌를 넘어서면 대중에게 잊히지 않는 음악가로 남게 된다.

1960년대부터 포크가 잉태된 한국 대중음악은 1970년대를 맞이하면서 이 장르가 시장을 강타하기 시작했다. 김민기, 양희은, 송창식, 윤형주, 김정호 등 젊은 주역이 탄생했고, 이들을 중심으로 포크의 부흥기가 이루어졌다.

언급한 음악가들 모두 놓칠 수 없는 스타이지만, 이 중 '변화'의 측면에서 단연 짚고 넘어가야 할 싱어송라이터 중 한 명을 꼽자면 이장희를 놓칠 수 없다. 이미 조영남, 김세환, 송창식 등 세시봉 친구로도 익히 알려진 그이지만, 1973년 세 번째 정규 앨범에 수록된 타이틀곡「그건 너」의 문법은 기존 포크송에서 들을 수 없는 파격적 문체를 동반했기 때문이다.

노래에서 가사의 가치는 선율과 함께 절대적 지분을 차지하는 필수 조건이다. 특히 통기타 하나로 곡을 이끌어가는 포크란 영역에서 가사는 '포크의 존재'라고 해도 과언이 아니다. 그만큼 어떠한 메시지를 전달하려는 것이 포크가 가진 핵심이자 매력이다.

가요의 가사는 가공되고 압축된 단어와 문맥을 자주 쓴다. 이것은 가사 자체를 서정적으로 표현해내는 방법이며, 내용을 정돈함으로써 유치하거나 가볍게 보이지 않게끔 한다. 이 방식은 수십 년이 지난 21세기 가요에서도 이루어지는 주된 기술이다.

오랫동안 굳어진 이 체제에서「그건 너」가 유독 달리 보이는 건 '자유로움' 때문이다. 물론 짧게 반복하여 '질서'를 지킨「그건 너」의 후렴도 중독성 높지만, 총 3절의 가사에서 '형식'이란 단어는 쉽게 떠오르지 않는다.

'어제는 비가 오는 종로거리를/ 우산도 안 받고 혼자 걸었네/ 우연히 마주친 동창생 녀석이/ 너 미쳤니 하면서 껄껄 웃더군…'(2절)

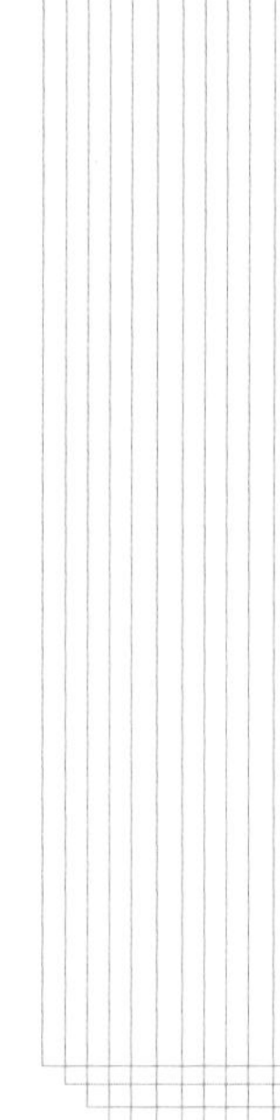

자연스럽게 이야기를 하듯 풀어낸 내용은 지금 들어도 특별한 법칙을 구사했다고는 느끼기 어려운 가사이니, 1970년대 음악팬들에겐 얼마나 큰 충격이었을까. 이제는 세시봉과 함께 구수한 통기타 추억의 대표 인물로 거론되는 이장희이지만, 서태지와 아이들을 넘어 가요계의 '파격의 원조'를 따져본다면 그를 절대 빼놓을 수 없으며, 그 이유는 바로 위와 같은 가사에서 설명될 수 있을 것이다.

그렇다면 이 노래 발표 이후 이장희는 한국 대중음악에서 어떠한 위치가 됐을까. 1973년「그건 너」의 히트에 이어「나 그대에게 모두 드리리」가 수록된 영화〈별들의 고향〉OST까지 큰 성공을 거두며 탄탄대로를 걷지만, 1975년에「그건 너」,「한잔의 추억」등 그가 만든 대부분의 히트곡이 방송 금지곡으로 등록되며 자연스레 활동을 중단할 수밖에 없었다.

비록 노래는 방송 금지를 당하여 아쉬움을 남겼으나, 이렇게 '질서'와 '변화'를 모두 잡은 명곡은 시간이 지나 다시 불리고, 후대에 길이 남는 노래로 추앙된다. 이것이 노래가 가진 힘이며, 대중의 뜻이 아닐까. 이종민

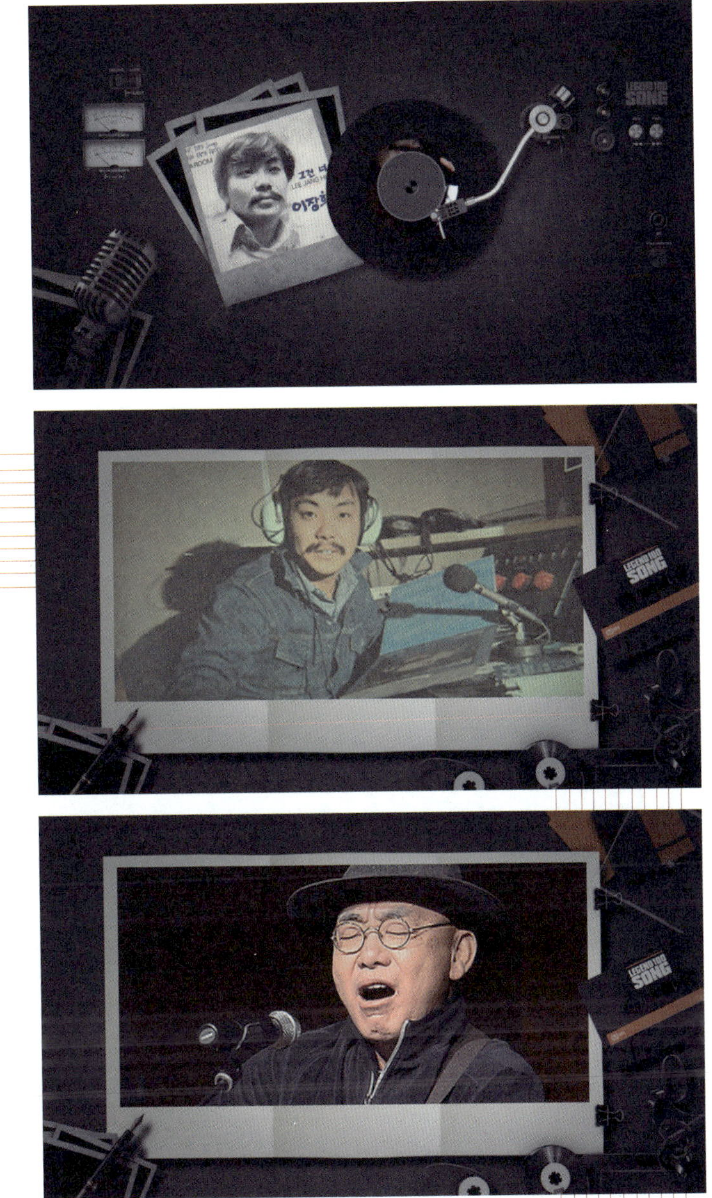

# 행복의 나라 (1974)

희망을 향한 젊은이의 목소리

**가수**

한대수

**앨범**

1집 멀고 먼 길

**작사 · 작곡**

한대수

한대수는 미국에서의 고등학교 시절을 "침울했다"고 고백한다. 17년 만에 만난 아버지와 새어머니와의 관계는 서먹하고 어색하기만 했다. 외로움은 날로 커졌고, 시와 기타만이 유일한 해방구였다. 어린 나이였음에도 창작 활동에 경도되었던 그는 모든 예술은 삶에서 우러나온다는 발상으로 노래를 쓰기 시작한다. 그때의 실망감과 고민을 담은 「행복의 나라」는 훗날의 그를 있게 한 원동력이었다. 청춘과 이내 사라질 추억 그리고 행복하기만을 원했던 젊은이들에게 '방황' 대신 '바른 방향'을 제시한 것이다. 이 순수한 호소는 너무도 보편적이었기에 누구나 품에 안을 수 있었다. 그것이 바로 이 곡이 지닌 '노랫말의 힘'이다.

그가 음악계에 처음으로 충격을 안겨준 것은 1969년, 서울 시내 대학가와 남산 드라마센터에서 펼쳐진 일련의 공연에서다. '순수 자작곡'으로 노래했다는 것이 이유였다. 한대수가 등장하기 이전의 한국 대중음악시장은 자신이 작사·작곡한 곡을 직접 부르는 가수라는 '싱어송라이터'의 개념이 일반 대중과 음악가 모두에게 생경했기 때문에 작곡은 직업 작곡가만이 하는 것인 줄 알았던 시기였다. 가사 역시 외국곡을 우리의 입맛에 맞게 번안해서 불렀고, 잘 알려진 시나 글의 어구를 그대로 따오는 것이 보통이었다. 그래서 자신의 곡을 스스로 노래하는 한대수의 파장은 대단했다.

포크 뮤지션이라면 이 곡을 공연장에서 부르거나 음반에 수록하는 경우가 많았다. 특히 양희은의 버전이 크게 인기를 얻었고, 이를 통해 한대수는 작곡자로서 이름을 널리 알릴 수 있었다. 이 기념비적인 노래가 젊은이들 사이에서 많이 불리며 사랑받았지만, 군 제대 후 음악 작업의 토대가 마련된 1974년이 돼서야 데뷔앨범 『멀고 먼 길』에 뒤늦게 수록됐다. 신중현 밴드 출신의 권용남이 드럼 세트에 앉았고, 배우 조승우의 아버지인 조경수가 베이스를 맡았다. 리드 기타에는 팬이었던 임용환, 첼리스트 최동휘와 피아노와 플루트 연주자 정성조가 가세했다. 드디어 밴드의 위용을 갖춘 「행복의 나라」가 탄생한 것이다.

‘나는 행복의 나라로 갈 테야’라고 외치는 포효에서는 소위 포크 장르 특유의 엘리트주의가 발견되지 않는다. 그보다는 오히려 ‘록의 외침’에 가깝다. 질러내는 창법과 날카롭고 거친, 실로 독특한 음색으로 일관한다. 고운 소리로만 노래하던 당시의 다른 곡들과는 크게 달랐다. 통기타의 유려한 코드 전개, 구슬픈 하모니카와 키보드 연주의 조합 역시 파격이었다. 무엇보다도 「행복의 나라」에서는 외국 레코드에서만 들을 수 있었던 모던 포크의 기조를 찾을 수 있었다. 조악한 ‘날것’의 구성이었지만 그의 음악 체계는 진정한 대중예술을 그대로 구현했다.

이 작품은 이른바 싱어송라이터 붐의 기폭제였으며 척박한 토양에 참된 음악 민주주의의 첫 씨앗을 뿌린 주인공이었다. 이는 젊은 세대가 문화 예술을 창조하는 과정에 직접 참여해야 한다는 자율 의지를 키워주었고, 창작가들에게는 주체적인 작가 의식을 심어준 계기가 되었다. 드디어 가수들은 서서히 자기 노래를 만들면서 음악적 자립에 나선 것이다.

예술가라면 남의 것을 모방하기보다는 온전한 자아를 표현할 줄 알아야 한다. 「행복의 나라」에는 그만의 세계가 담겨 있다. 음악 작가이자 시인으로서 미국에서 몸소 체험한 히피이즘과 반전사상 그리고 당대 대한민국 젊은이들의 순수한 정신이 스며 있다. 행복을 찾아 떠나길 갈구하는 한대수의 메시지는 모두의 마음과 같다. 「행복의 나라」의 탄생은 청년문화의 기지개이며 우리네의 거창한 울음이다.
신현태

행복의 나라 한대수 (1974)

# 왜 불러 (1975)

자유를 향한 후련한 외침

**가수**

송창식

**앨범**

Golden Folk Album(Vol.11)
〈바보들의 행진〉 OST

**작사 · 작곡**

송창식

송창식의 음악 여정을 한마디로 정의하면 '회귀본능'이다. 윤형주와 함께한 트윈 폴리오에서는 서정적이고 감성적인 노래를 불렀지만, 1970년대에 송창식이 들려준 솔로 곡들은 듀오의 음악과는 분명히 달랐다. 부드러운 미성을 지향한 트윈폴리오와 달리, 독립활동에서는 우리의 창처럼 속을 솖아내는 거칠고 투박스러운 보컬 창법으로 이전과는 명확하게 선을 그었다.

그 변화의 계기는 1973년, 입대였다. 텔레비전에서 국악을 접한 송창식은 군대에서 자기와 자신의 음악을 뒤돌아보았고, 제대 후에는 한국적인 음악의 바탕 위에 서양의 포크와 록을 담아내기로 결심했다. 그동안 외국 음악과 클래식을 들어오고 불렀지만 스스로 만족하지 못했던 이유를 깨달은 것이다. 더불어 가사에 멜로디를 갖다 붙이는 가곡 스타일의 노래보다는 음악에 맞춰서 가사가 자연스럽게 흘러나오는 가창조의 노래가 우리에게 더 잘 어울린다는 것도 알게 됐다.

그렇게 해서 탄생한 노래가 「왜 불러」이다. 이후에 「토함산」이나 「가나다라마바사」, 「피리 부는 사나이」, 「참새의 하루」에서 송창식은 한국적인 것에 바탕을 두고 서양음악의 요소를 수혈받아, 국악적인 우리 노래를 시도한 정태춘과 김수철의 훌륭한 롤모델이 되었다. 하지만 그는 한국적인 노래를 만들고 부른 건 "트윈폴리오 시절에 외국 노래만 부른 것에 대한 일종의 속죄였다"고 밝힐 정도로 우리 것에 대한 자존심과 자긍심을 깊게 새긴 예술인이다.

첫 소절부터 제목 "왜 불러!"를 연달아 힘차게 외치는 도입부는 당시의 다른 곡들과는 판이하게 달랐다. 주요 멜로디 부분에서는 목소리를 거칠게 바꿔 우렁찬 울림으로 부르고, 다음에 등장하는 '아니 안 되지…'부터는 간드러지듯 부드럽게 소화함으로써 마치 온탕과 냉탕처럼 전혀 다른 느낌과 경험을 선사한다. 16마디부터는 소위 '쿵짝작 쿵짝'의 트로트 비트가 등장하지만 곡 전체적으로는 단순한 트로트 곡이 아니다. 당시에 인기를 누리던 프로그레시브 록의 영향으로 세 번째 소절까지는 오르간 연주로 곡 분위기를 고조시키고, 보컬에서는 민요와 창의 격정적인 면까지도 담아냈다. 「왜 불러」는 2분 30초라는 짧은 시간 안에 우리가 경험할 수 있는 다양한 음악의 팔레트를 넓게 펼친 것이다. 한마디로 동양과 서양의 에너지가 시너지 효과를 내며 극대화된 우리의 대중문화인 것이다.

뿐만 아니라 이장희의 「그건 너」에서 영향을 받은 가사는 문학적인 산문 형식에서 벗어나 자연스러운 구어체로 이야기하듯 구술하며 대중과의 체감온도를 맞추었다. 내용의 친근함과 외형의 파격을 선보인 「왜 불러」는 「한 번쯤」으로 솔로가수로서의 발판을 만들었던 송창식을 완전한 인기가수로 만들어주었다.

〈바보들의 행진〉의 원작자 최인호가 권유해서 10여 분만에 만들었다는 「왜 불러」는 원래 남녀 주인공의 사랑과 이별을 그린 곡이었지만, 영화에서는 엉뚱하게 장발을 단속하는 경찰을 피해 도망 다니는 장면에 흘렀다(하지만 장발을 단속하는 경찰의 머리카락도 길었다!). 이것이 장발 단속을 조롱했다고 오해되면서 방송 금지가 됐지만, 박제화된 삶을 살아야 했던 당시 젊은이들에게는 답답한 현실을 대신해주는 카타르시스를 선사하며 최고의 인기를 누렸다. 그 결과 1975년도 MBC가 선정한 최고의 인기가요로 선정됐고, 1979년에는 히로세라는 일본 가수가 부를 정도로 1970년대를 대표하는 노래로 인정받았다.

하회탈처럼 친근하게 웃으면서 노래하는 송창식의 별명 중 하나가 바로 '왜창식'. 모든 말에 의문을 갖고 물어본다고 해서 붙여진 별명이다. 그는 이미 1970년대에 노래로 질문을 던졌다. 이제는 우리가 대답할 차례다. 당신이 만들고 부른 「왜 불러」가 우리의 답답한 가슴을 후련하게 만들어줬다고. 소승근

"가사를 지을 때 보통 사람들이 어디에서 영감을 얻는다 말하는데, 그 영감이라는 게 그냥 딱 하고 나오는 게 아니에요. 인생 전체에서 어떤 편린이 나오는 거지, 안테나에서 전파 수신하듯이 틱 이렇게 나오는 게 아닙니다." <sub>송창식</sub>

# 시인의 마을 (1978)

고독을 읊은 포크 시인의 노래

**가수**
정태춘

**앨범**
1집 시인의 마을

**작사 · 작곡**
정태춘

정태춘을 아티스트로 완성시킨 것은 시대다. 늘 소외된 사람들을 향해 시각을 고정해왔고 부조리라고 생각했던 것에 대해 비판을 아끼지 않았다. 투사라는 별명도 이 때문에 생겼다. 본격적으로 가시화되었던 것은 1990년의 음반『아, 대한민국…』에서와 그 전후에 꺼내든 수많은 노래들이었지만, 사실 그 이전부터 정태춘은 사회를 진중하게 바라본 '시대의 예술인'이었다.

동시에 정태춘은 자기 성찰의 아티스트이기도 하다. 시대에 하나의 시선을 향해 두면서도 다른 한 시선으로는 자기를 꿰뚫기에 여념이 없었다. 1978년에 공개한 첫 앨범『시인의 마을』은 끊임없이 스스로를 되묻던 당시의 정태춘이 남긴 방황과 고독, 독백의 나열이었다. 가장 먼저 다가오는 것은 텍스트다. 정태춘의 목소리를 타고 흐르는 가사는 잔잔하면서도 따스하고 또 외로우면서도 경건하다. 누군가 와서 손잡아주길 바라면서도 자기의 머릿속 이곳저곳을 치고 다니는 상념이 지속되길 바라며, 수도승처럼 묵묵히 홀로의 고행을 계속하면서도 누군가의 친구가 되기를 원하고 있다. 벽을 바라보고 스스로에게 건네는 사색과 관념이 가득한 독백이지만, 마치 말을 건네듯 하는 대화체를 사용하고 있어 노래는 더욱 솔직하고 진실되게 들려온다.

또한 그것은 한 편의 시이기도 하다. 「시인의 마을」에도 각종 비유와 형용, 수사가 가득하지만 깔끔하게 맺은 절제와 절정으로 달하는 분출이 적재적소에 배치되어 있다. 매사 고독을 느끼며 방황하는 시인의 시어들이 곳곳에서 생동하는 모습이다. 서구음악에 기원을 둔 포크 속에서도 한국의 정서를 느낄 수 있는 데에는 이리저리 언어를 조합해내는 정태춘의 시적 역량이 살아 있기 때문이다.

「시인의 마을」 전반에 흐르는 사운드도 흠을 찾아볼 수 없다. 가사와 어울리는 한국적인 감성을 불어넣고 있지만 그저 투박하지만은 않은 질감으로 세련되게 뽑아낸다. 코러스를 시작하면서 등장하는 경쾌한 리듬과 키보드, 이를 바로 잇는 하모니카 연주는 노래의 완성도를 끌어올리는 결정적인 요인들이다. 사색으로 일관된 잔잔한 흐름 속에서 은근히 강렬한 감동을 느끼게 한다는 점 역시 같은 맥락에서 해석된다.

이 모든 조합을 가능케 한 것은 바로 정태춘의 창작력이다. 투사의 이미지 때문에 주제의식 강한 노래들이 주목을 받지만 감성적인 부분에서도 탁월한 실력을 발휘한다. 빈틈없이 가득 찬 사색들 중에서도 미묘한 감정을 이끌어내며 선율에서도 충분히 조화를 이루는 소리를 만드는 데 능했다. 이는 같은 앨범에 수록된 「촛불」이나 「사랑하고 싶소」와 같은 노래에서도 확인할 수 있는 부분이며, 사회 참여의 회오리가 가신 이후의 작품들에서도 발견할 수 있는 요소다. 이 때문에 많은 팬들은 서정적인 포크의 선상에 정태춘의 음악을 올린다. 부드러운 포크로 가요계에 이름을 내민 데다 이를 기반으로 인기 연예인이 되었고, 그렇게 사람들에게 널리 알려졌기 때문이다. 그만큼 이 무렵의 정태춘과 「시인의 마을」은 사람의 마음을 움직이게 하는 멜로디를 지니고 있었고 온화한 메시지를 품고 있었던 것이다.

정태춘은 1979년에 MBC 신인가수상을 수상했다. 오늘날 아로새겨진 투사의 이미지에서는 어쩌면 갸우뚱할 이력이지만 이 또한 같은 맥락에서 해석될 기록이다. 정태춘은 메시지에서 힘이 뿜어져 나오는 예술가다. 정체성을 구축한 것도 메시지였으며 지금의 음악을 완성시킨 것도 노래 안에 들어 있는 내용이다. 허나 대중에겐 유려한 선율을 그려냈던 재능도 잊을 수 없는 요소다.

「시인의 마을」은 한 사람의 잔잔하면서도 절절한 자기 독백이 가득한 기록이었지만, 감동의 파문을 일으킬 탁월한 창작 역량의 결과물이기도 하다. 우리가 들어야 하는 텍스트에 잘 들리는 선율을 실을 줄 알았던 정태춘은 몇 안 되는 천부적이고 천재적인 포크 시인이다. 이수호

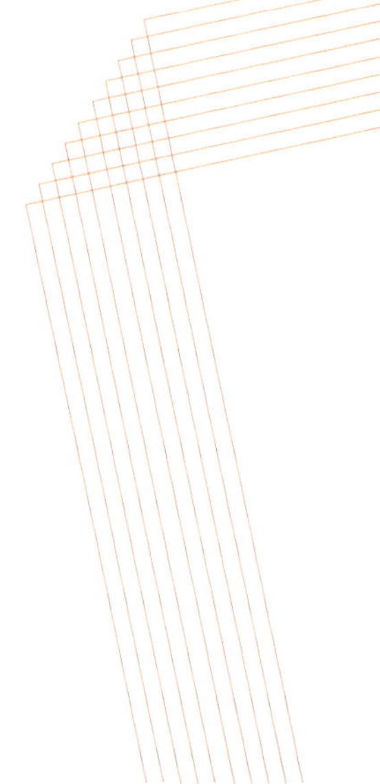

"싱어송라이터는 자기 이야기를 자기 노래로 만드는 사람이기 때문에 그 점이 굉장히 강력한 힘입니다. 왜냐하면 자기 이야기를 자기가 부를 때 나오는 파급력이라는 것은 다른 곡과 비교할 수 없는 부분이거든요. 그만큼 공감이 잘될 수밖에 없고, 상업적으로도 열광적인 지지층을 만들 수 있습니다."

강명석

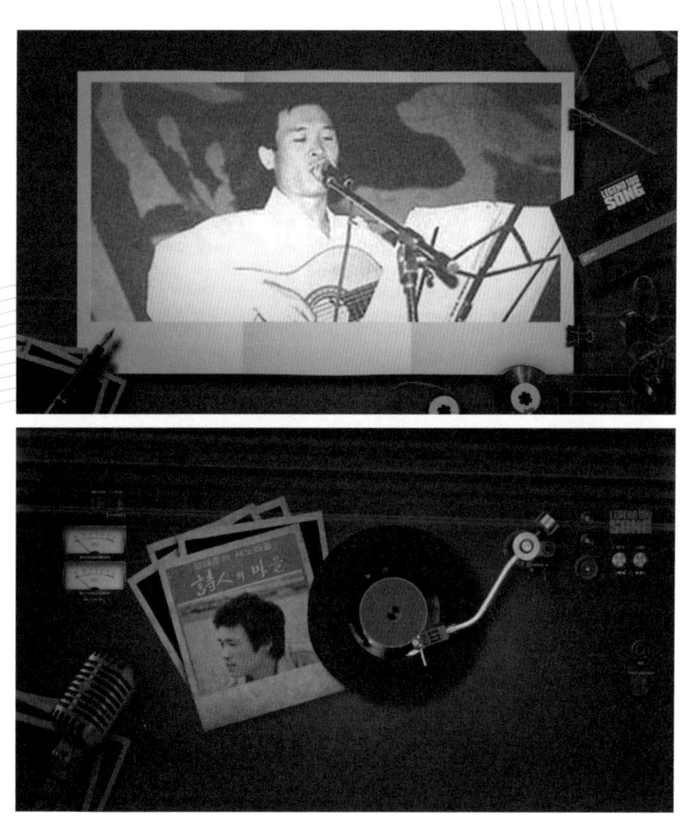

# 단발머리 (1979)

시대를 앞선 명곡의 탄생

**가수**

조용필

**앨범**

1집 창밖의 여자

**작사 · 작곡**

박건호 · 조용필

생각해보면, 그가 가는 길에는 언제나 도전이라는 이름의 가로등이 양옆으로 그 위대한 실루엣을 비추고 있었다. 40년이 넘는 활동기간에도 불구하고 과거에 매몰됨 없이, 현역으로서의 파워를 여전히 과시 중인 조용필. 결코 머물러 있는 법이 없었던 그에게 있어 끊임없는 시도와 뼈를 깎는 노력은 가요계 데뷔 순간부터 몸에 배어 있던 습관과도 같았다.

1980년대를 휘어잡았던 그는 트로트, 스탠더드 팝, 이지 리스닝, 록 등 여러 장르를 자신의 파트너로 끌어들였고, 대중성과 작품성을 두 손에 거머쥐며 아이돌과 아티스트를 양립하는 절대적인 인기가수로 군림했다. 그 단초가 되었던 영민함은 바로 이 곡에서부터 시작한다고 해도 과언이 아니다. 바로 1집에 실려 있는, 지금까지도 여전히 애청되고 불리는 「단발머리」이다.

지금 세대들도 잘 알고 있는 이 노래는 당시로서도 굉장히 세련되고 파격적인 매무새를 갖추고 있었다. 솔로 데뷔작 「돌아와요 부산항에」가 트로트의 색채를 크게 가져간 탓도 있었지만, 이를 떼놓고 보더라도 이 곡이 가져다주는 감성은 그때의 유행과는 확실히 달랐다. '그 언젠가 나를 위해 꽃다발을 전해주던 그 소녀'로 시작하는 첫 구절은 그야말로 한 번 들으면 쉬이 잊히지 않는 센세이셔널한 서두였다. 잘 주목하지 않았던 젊은 세대가 누리는 사랑의 발랄함, 다수가 놓치고 있던 감정을 캐치해낸 그의 팔세토 음색은 10대와 20대 젊은이들을 유난히 설레게 만들었다.

이 특별함을 평범한 편곡으로 장식했다면 이러한 신드롬은 불가능했을 것이다. '뽕뽕' 하고 들려오는, 이 신기하고도 기묘한 음색을 잊지 못하는 이들이 특히나 많았다. 트렌드를 선도해 대중을 휘어잡기를 바랐던 그는 서구의 뉴웨이브와 신스팝의 흐름을 받아들여 신시사이저의 음향을 적극적으로 도입했다. 대중의 호기심을 발동시켰던 이 신기한 음색은 「단발머리」라는 곡을 특별하게 만든 일등공신이 되었고, 뮤지션들은 너나 할 것 없이 신시사이저를 들여오기 시작했다.

더불어 팝에서 영향을 받은 색다른 코드의 사용도 빼놓을 수 없다. 공식인 마냥 빈번하게 쓰였던 코드에서 벗어나 기존의 느낌과는 다른 화성 진행을 이용해 선율의 얼개를 짰다. 여기에 고음을 가성으로 처리하는 팝 보컬의 참신함과 펑크의 흐름을 타고 안착한 그루브 있는 기타 리프까지 완벽하게 맞물린, 그야말로 시대를 초월한 명곡이었다. 그 위대함에 화답하듯 015B와 SG워너비 등의 후배 가수들이 차례로 리메이크하며 거장의 존재 알리기에 앞장섰다. 그만큼 실험성 못지않은 보편적인 매력을 갖추고 있는 노래이기도 하다.

이처럼 조용필이라는 가수는 첫 솔로 작품부터 누구도 예상치 못한 비범함을 내비치고 있었다. 생각이 시도가 되는 일은 심심치 않게 찾아볼 수 있지만 시도가 성공으로 돌아오는 것은 개인이 가진 발군의 감각과 결과물에 대한 집념 중 어느 쪽도 놓치지 않아야 가능한 일이기 때문이다. 단 하나의 노래로 증명한 '스스로 만들고 부르는' 것의 위대함은, 그렇기에 지금까지도 널리 회자되고 있는 것이다.

1980년은 조용필이 반세기동안 행해온 자신과의 싸움이 시작된 지점이자 그 설익은 분투를 가장 선명히 담아내는 시절이기도 하다. 스타덤 이후 적당한 곡과 가사로 얼마든지 성공담을 이어나갈 수 있었지만 그는 이 곡이 가져다준 확신으로 자신만의 노래 인생을 내실 있게 다져나갔다. 그렇게 탄생한 노래들은 잊히기는커녕 시간이 지날수록 더 선명한 추억들을 데리고 돌아와 우리의 입안에서 맴돈다. 그중에서도 엄지손가락을 치켜세우는 것이 아깝지 않은 이「단발머리」라는 명곡, 그것이 바로 조용필이 아로새긴 '새로움'의 출발점이다. 황선업

"조용필은 엄청난 자기 훈련을 통해서 소리의 패턴을 그야말로 고통스럽게 갈고 닦았습니다. 「단발머리」의 '내 마음 외로워질 때면…'하는 이 가성 부분은 솔직히 아무나 내지 못합니다. 이 곡은 새로운 조용필의 진면목을 보여주는 곡이에요. 공백을 뚫고 오랜만에 돌아왔는데 「돌아와요 부산항에」의 보컬 패턴과 완전히 달라진 거죠. 「돌아와요 부산항에」가 귀에서 들리는 소리였다면, 「단발머리」는 가슴을 때릴 정도의 우렁찬 굉음이었습니다." 임진모

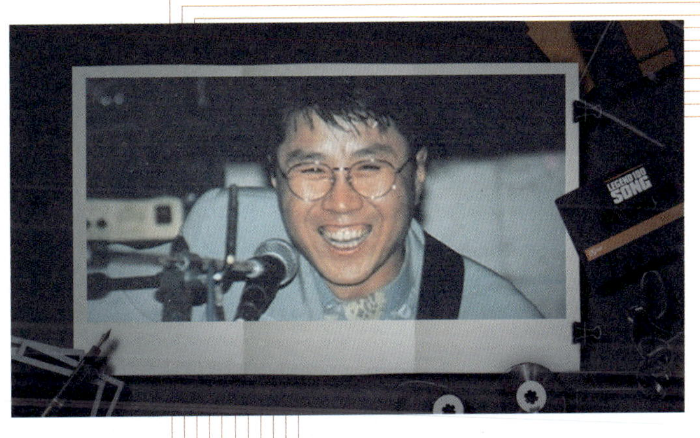

# 8

# 어머니와 고등어 <sup>(1983)</sup>

순수 언어로 노래한 수필

**가수**

김창완

**앨범**

1집 기타가 있는 수필

**작사 · 작곡**

김창완

CF와 방송으로 친숙해진 「어머니와 고등어」. 김창완이 산울림의 멤버였으니 이 노래 또한 산울림의 노래라고 인식하는 경우가 잦지만 이 곡은 김창완의 노래다. 산울림의 정규 디스코그래피에서는 찾아볼 수 없다. 1983년 『기타가 있는 수필』이라는 이름으로 발매된 솔로 앨범의 수록곡이다.

음악으로 훑는 아티스트의 연대기에서 1970년대와 1980년대의 김창완은 구분할 필요가 있다. 산울림과 김창완을 한국 대중음악사의 전설로 올린, 흔히 1집으로 알려진 『산울림 새노래 모음』과 이어지는 『제2집』, 『제3집』은 모두 원초적인 록 사운드를 담고 있는 작품이다. 그러나 1979년의 『제4집』으로 시작된 밴드의 1980년대에는 강렬한 사운드보다도 잔잔한 울림이 점차적으로 비중을 높인다. 왜일까.

산울림의 다른 두 멤버 김창훈과 김창익이 입대로 빠진 『제4집』과 『제6집』은 김창완의 솔로 프로젝트로 보아도 된다. 그렇기에 음악의 변화는 필연이었다. 입대하기 전에 만든 노래에서나 휴가 때 잠깐 나와 만든 노래에서도 물론 원초적인 지난 사운드를 구현할 수 있었지만 당시는 김창완의 감수성이 영역을 넓히던 시기였다. 차분히 흐르는 「찻잔」이나 「창문 너머 어렴풋이 옛 생각이 나겠지요」와 같은 노래들이 바로 이때의 결과들이다. 이러한 경향은 두 형제가 제대하고서 만든 『제7집』에서도 이어진다. 사람들의 사랑을 차지한 「청춘」과 「독백」, 그 이후의 음반에 담긴 「회상」과 같은 김창완식 감성의 결정체들이었다. 정적으로 깔린 차분함 속에서 노래를 읊는 여기에서야말로 서정성이 최고에 올라 있다.

「어머니와 고등어」는 포근하면서 따스하다. 찰랑거리며 떨어지는 통기타 반주와 그 뒤로 들릴 듯 말 듯 어렴풋이 다가오는 기타 연주, 가뜩이나 정겨운 김창완의 목소리에 트로트 창법까지 더해진 보컬은 듣는 사람들의 감정을 아늑한 지점으로 옮겨 놓는다. 냉장고를 열어보니 고등어가 있었더라는, 저편 너머에서는 어머니 코고는 소리가 들리더라는, 때마침 목이 말라 깬 한밤중의 일상을 막 가져온 소박함이 노랫말이다. 서구 주류 음악에서 비롯된 '세련'이라는 단어로 이를 설명할 수 있을까. 우리 정서와 밀접하게 맞닿은 지점이기도 하다.

사람들의 마음을 사로잡은 김창완의 창작력을 여기서 확인할 수 있다. 사이키델릭 록 사운드로 갑작스레 등장했다는 이유로 김창완을 줄곧 폭발과 파격이라는 키워드만으로 수식해왔지만, 사실 그 너머에는 익숙하면서도 급기야는 친절하기까지 한 탁월한 멜로디 주조 비법이 자리 잡고 있다. 사람들의 마음을 동하게 하는 선율을 만들어내는 데 있어서 실로 천재적이며, 산울림에서 김창완으로 옮겨오던 이 시기에 그 작법은 절정에 올라 있다. 산울림의 음반들을 샅샅이 뒤져봐도 「어머니와 고등어」만큼 순박하고 말랑한 노래를 찾아볼 수 없다. 시대와 세대를 넘어 사람들 모두에게 먹혀들 그 부드러움이 손끝에서 뽑아져 나온 것이다.

그러면서도 이 곡에서 김창완은 마냥 잔잔하지만은 않다. 선율의 차원에서도 상당한 힘이 존재하지만, 앞에서 언급한 대로 가사의 창작력이 이 노래에 감탄을 표하게 한다. 예술의 영역에서는 텍스트를 예쁘게 가져가야 한다는 일련의 벽견을 김창완은 단번에 무시한다. 그 이전의 역사 속에서 어머니가 재운 고등어가 테마가 된 적도 없고, 그만큼 일상적인 소재가 테마로 잡힌 사례는 흔히 찾아볼 수 없다.

김창완의 창작력을 논할 때 많은 이들은 산울림의 초창기를 꼽는다. 당연한 선택이지만 이후의 산울림을 커튼 뒤에만 두어서도 안 된다. 잔잔함을 끌어오는 사운드에서의 안정과 여전히 빛을 발하는 텍스트에서의 파격, 그 접점이 바로 「어머니와 고등어」이다. 이수호

어머니와 고등어 김창완(1983)
LEGEND100
SONG

# 9

# 그것만이 내 세상 <sub>(1985)</sub>

무력한 청춘의 기록


**가수**

들국화

**앨범**

1집 행진

**작사 · 작곡**

최성원

1980년대 후반 잠 못 이루던 청춘들은 심야 라디오에서 흘러나오던 한 노래를 듣고 충격에 빠졌다. 작은 스피커 속에서 터져 나오는 묵직한 목소리가 자신들의 심정을 절절하게 대변했기 때문이다. 청춘은 스스로가 무기력하다는 것을 깨달을 때, 그 존재마저 부정당한다. 1980년대 젊은이들도 마찬가지였다.

'세상을 너무나 모른다'는 이유로 사회와 정치에서 배척되었고, 발언권조차 얻기가 힘들었다. 들국화는 '조금은 걱정된 눈빛과 미안한 웃음으로' 자신을 무력화시키는 세상을 향해 '혼자 그 길에 남겠다'고 선포한다. 청춘들은 이 굳건한 선언을 들으며 '내 세상'을 발견한 듯 희망을 얻었다.

1985년 전인권, 최성원, 허성욱, 주찬권이 모여 시작된 들국화는 그 존재만으로도 파격이었다. 특히 전인권이 보여준 창법은 그동안의 가요에서 찾아보기 힘들 정도로 신선했다. 읊조리듯 으르렁거리다 크게 포효하는 이런 동물적 보컬은 사람들에게 큰 충격파를 던졌다.「그것만이 내 세상」도 한때 '목소리가 너무 크고 발음이 부정확하다'며 '창법 수준 미달'이란 명목 아래 방송 금지 처분을 받기도 했다.

최근 들어 이 노래를 검색하면 박정현, 김종서, 박완규, 엠씨 더 맥스의 이수 등이 부른 노래가 연관되어 나온다. 이들은 장르나 창법이 조금씩 다르지만 모두 대한민국에서 손꼽히는 보컬리스트들이다. 그도 그럴 것이「그것만이 내 세상」은 워낙 높은 음역인 데다 점차 고조되는 클라이맥스 구조를 가지고 있어 좀처럼 소화하기 쉽지 않다. 이는 전인권이 얼마나 힘 있고 풍부한 감정을 가진 보컬리스트였는지에 대한 방증이기도 하다.

물론 가창만으로 명곡이 탄생하는 것은 아니다. 이 노래의 숨겨진 저력은 최성원이 만든 아름답고 섬세한 멜로디에 있다. 이는 27년 만에 재결성해 만든 리메이크 버전에서 더욱 드러나는데, 연주가 조금 더 잘 들리고 웅장한 대곡으로 편곡됐다. 전주부터 시작되는 건반의 발걸음을 쫓다 보면 전인권의 목소리 뒤편에 얼마나 훌륭한 선율이 흐르는지 알 수 있다.

　　흔히들 전인권과 최성원을 존 레논과 폴 매카트니에 비유한다. 전인권은 「행진」을 작곡하며 존 레논처럼 록적인 사운드와 강력한 메시지를 외쳤고, 최성원은 폴 매카트니처럼 곱고 대중적인 선율을 쓸 줄 알았다. 이렇게 만든 수작이 「매일 그대와」, 「제주도의 푸른 밤」이다. 두 사람의 개성이 뚜렷하고 주관이 다르다 보니 '안 싸우는 날이 더 적었다'고 고백할 만큼 애증 관계가 깊었다. 공식적인 해체 선언만 두 번, 1993년에는 전인권이 새로 결성한 들국화와 들국화의 원년 멤버인 최성원, 허성욱, 주찬권이 같은 날, 다른 무대에 서는 해프닝이 벌어지기도 했다. 아이러니하게도 극과 극의 성향을 가진 두 사람이 함께 어우러질 때 불후의 명작이 탄생했다. 이를 두고 뮤지션 김수철은 뼈있는 얘기를 남긴다. "최성원의 작사·작곡에 전인권의 노래여야 한다. 이 두 사람이 헤어지면 죽도 밥도 안 되니까."

　　두 사람의 역작은 수십 년이 지난 지금도 촌스럽거나 어색하지 않다. 날것 그대로의 거친 소리는 오히려 '야성'을 지녀 오랜 생명력을 획득했다. '들'이 아름다운 것은 '뜰'이 가질 수 없는 '야성' 때문이다. 「그것만이 내 세상」은 혁명에 대해 말하지 않고도 청년들의 '야성'을 가장 혁명적으로 뒤흔들었다. 김반야

"「그것만이 내 세상」은 새로운 세상, 새로운 분위기를 꿈꿨던 1980년대의 젊은이들이 볼 때 답답하고 응어리졌던 것들을 풀어헤치는, 한마디로 젊음의 아우성과 다름없었습니다."<sup>임진모</sup>

"개인적으로는 제 인생을 바꿨다고 해도 좋을 만한 곡이에요. 그때 그 감동은 말로 표현할 수 없을 정도죠. 제 노래 중에 「노래」라는 노래가 있어요. '어렸을 적 라디오에서 흘러나오던 노래가…'「그것만이 내 세상」에 대한 이야기를 노래로 만들었을 정도입니다."<sup>이적</sup>

# 킬리만자로의 표범 <sub>(1985)</sub>

고독을 벗 삼은 위대한 독백

**가수**

조용필

**앨범**

8집 허공

**작사 · 작곡**

양인자 · 김희갑

'킬리만자로의 표범'은 조용필 바로 그 자신이다. 2013년 19집 『Hello』에서 보여준 끊임없는 창작 욕구에서 드러나듯이, 그는 데뷔 후 반세기에 가까운 세월을 가왕으로서의 외길을 걸어왔다. 일인자라는 타이틀을 가지고 있었기에 편히 갈 수도 있는 길이었지만, 그는 매번 스스로 허물을 벗어던지며 자기 혁신을 추구했다. 조용필의 디스코그래피가 자기 혁신의 역사라면 그중 최고 하이라이트는 1986년에 발표한 8집에 수록된 「킬리만자로의 표범」일 것이다. 조용필은 스스로 이 곡이 삶에 대한 확신을 노래한 곡이라고 밝혔다. 명백한 자기 확신이 있기 때문에 고독한 표범은 짐승의 썩은 고기만을 찾아다니는 하이에나가 되길 거부한다. 이 곡이 탄생하게 된 배경 역시 조용필이 음악 외골수임을 짐작하게 한다.

8집을 발표하기 전까지 그는 최정상의 인기를 구가하지만 살인적인 스케줄을 버텨내지 못하고 창작력의 고갈이라는 위기를 맞이하게 된다. 평범한 경우라면 달콤한 매너리즘을 받아들이며 눈에 보이는 성공에 안주하겠지만 그는 달랐다. 8집 앨범이 나오기 직전 당대 최고 작사·작곡 콤비인 양인자, 김희갑 부부를 찾아간다. 요지는 간단했다. 그동안의 틀을 깰 수 있는 신선한 곡을 달라는 것.

새로운 곡을 쓰고 싶은 욕구는 양인자, 김희갑 부부와도 통했다. 양인자의 펜에서는 1000자에 가까운 분량의 가사가 쏟아져 나왔다. 러닝타임도 무려 5분 27초에 달했다. 한 편의 뮤직드라마를 만들어보자는 조용필과 양인자, 김희갑 부부의 의기투합의 산물이 바로 「킬리만자로의 표범」이다. 문제는 대중성이었다. 아무리 조용필이라지만 방송국에서도 쉽게 내보낼 수 없는 분량의 곡이었다. 랩이 대중화되기 전이었던 터라 서두를 장식하는 독백 내레이션 또한 익숙지 않은 표현법이었다. 하지만 조용필이었기에 이 위험한 도박은 아이러니하게도 그의 철학적인 면모를 증명한 애청곡으로 자리했다.

대학가를 지배하던 포크 열풍의 기류 속에서도 「킬리만자로의 표범」은 전 세대의 호응을 받았다. 자신만의 가치를 갈구하기 위해 고독도 불사하는 가사는 1980년대 중후반의 시대상과 묘하게 맞아떨어졌다. 경제적 호황으로 인해 너도나도 샴페인을 터뜨리는 야망의 도시 아래에서 화자는 주변인에 불과하다. 그럼에도 신념을 저버리지 않는 표범은 고독과 악수하며 꼿꼿이 자기 세계를 만들어간다. 그의 대표곡 「고독한 러너」의 삶인 것이다. 물질적인 부는 충족했지만 가슴속에 텅 빈 자아를 지닌 현대인들의 감성을 정확히 건드린 것이 이 노래가 지금까지 명곡으로 손꼽히는 이유다.

2008년 데뷔 40주년을 맞이한 기념 콘서트의 제목을 '킬리만자로의 표범'이라고 명명했을 정도로 이 곡은 조용필의 음악 인생을 압축하는 성격을 지닌다. 이 곡이 수록된 8집 이후로 그의 음악적 행보는 다소 반추의 메시지를 담은 성향을 유지하기도 한다. 10집의 「회색의 도시」, 13집의 「꿈」 등이 비슷한 예이며, 11집에 수록된 19분 58초의 대작 「말하라 그대들이 본 것이 무엇인가를」은 「킬리만자로의 표범」의 확장판이다.

이전까지 대중가요는 단순한 사랑 타령이라는 인식이 도처에 깔려 있었다. 사랑 가사의 경중을 따지기 이전에 조용필은 자기애라는 소중한 가치를 가요로 풀어보려고 노력했다. 유행가 이상의 무언가를 만들어보고자 했던 도전이었을지도 모른다. 이처럼 매 순간 굴복하거나 타협하지 않는 끊임없는 매진은 조용필을 가왕의 자리에 오르게 한 힘이다. 홍혁의

"「킬리만자로의 표범」이 실린 8집은 철저히 30대부터 50대를 위한 음반으로 기획됐음에도 불구하고, 당시 10대 후반이나 20대 대학생들에게도 굉장한 충격으로 다가왔어요. 바로 그러한 점이 이 노래가 가진 위대한 가치가 아닌가 싶습니다." 강헌

"「킬리만자로의 표범」의 매력은 무엇보다도 내레이션에 있습니다. 물론 그 이전에도 가요계에 내레이션이 있었지만 그렇게 철학적인 가사로 그렇게 오래 내레이션을 한 경우는 단 한 번도 없었습니다. 그런데 가사가 심도 있고 내레이션 분량이 길다고 해서 그게 결코 대중적이지 않다고는 또 말할 수 없습니다. 이상한 흡입력이 있어요. 조용필이라는 가수가 대중성을 끝끝내 잃지 않으면서도 음악적인 실험을 게을리하지 않는구나 라는 것을 다시 한 번 느끼게 해줬습니다." 배순탁(대중음악평론가)

# 11

# 사랑하기 때문에 (1987)

대한민국 발라드의 새로운 문법

**가수**

유재하

**앨범**

1집 사랑하기 때문에

**작사 · 작곡**

유재하

「사랑하기 때문에」는 한국 대중음악사에서 명곡으로 손꼽히지만, 유재하가 살아 있을 당시의 배급사나 방송국 관계자에겐 그저 특이하고 생경한 노래로 치부되기 일쑤였다. 그는 곡과 동명인 앨범을 발매한 후 방송사 오디션에서 노래를 못한다는 이유로 고배를 마셔야 했고(당시 방송 출연을 위해서는 심의위원 앞에서 오디션을 봐야 했다), 배급사로부터도 여러 차례 거절을 당해 본인이 직접 대학교 앞 카페를 돌며 앨범을 홍보했다. 그의 노래가 이렇게 외면을 당한 이유는 이 곡이 당시의 문법과는 조금 다른 곡이었기 때문이다. 단장斷腸의 애절한 한이 담긴 '뽕끼'가 각광받던 시기에 유재하의 곡은 너무 점잖고 화사하게만 보였다.

그의 노래에 이런 특출한 성향이 드러나는 데는 그의 음악적 환경도 한몫했다. 그는 한양대학교 음대 작곡과를 전공한, 한마디로 클래식을 공부하는 음악학도였다. 이 시기에는 악보를 그리는 것조차 익숙하지 않았던 뮤지션도 많았는데, 그는 튼튼한 화성학을 토대로 작곡을 했다. 게다가 기타, 건반의 획일적 편성에서 벗어나 클라리넷부터 플루트까지 현악기와 관악기의 다채로운 편성을 시도했고, 무엇보다 그런 악기들을 조화롭게 손질할 수 있는 편곡 능력이 있었다. 어떻게 보면 가요와 클래식을 두고 최초로 크로스오버를 시도한 셈이기도 한데, 유재하와 음악적 교류가 깊었던 김수철은 그의 음악을 두고 '진정한 의미에서 한국 최초의 팝 발라드'라고 칭송한다.

작사·작곡은 물론 편곡, 연주까지 모두 해냈던 그는 솔로 앨범을 발표하기 전부터 음악적 재능을 여러 곳에서 발현한다. 음반 취입 전부터 거성들과 접촉을 했고, 거성들은 그의 재능을 발견하고 그와 다양한 교류를 나눴다. 유재하는 조용필 밴드 위대한 탄생에서 건반 연주자로 활동하면서 조용필에게 「사랑하기 때문에」의 악보를 건넸고, 조용필은 이 노래를 자신의 7집 『여행을 떠나요』에 수록하기도 했다. 김현식과도 봄여름가을겨울로 인연을 맺어 김현식은 유재하의 「가리워진 길」을 부른다. 하지만 두 레전드와 유재하 사이에는 좁히기 힘든 음악적 해석의 차이가 있었다. 조용필의 「사랑하기 때문에」를 들어보면 그 간극이 무엇인지 분명하게 드러난다. 조용필은 그 노래를 철저히 당대 발라드 문법에 맞춰 애절한 피아노 반주와 꺾기 기교로 슬픔을 표현해낸다. 하지만 유재하는 자신의 노래가 다른 발라드와 같은 방식으로 불리는 것에 만족하지 않고 자신의 곡을 모두 다시 연주하고 편곡했다.

　그는 열창이나 기교보다는 오히려 있는 그대로, 담담하게 노래를 했다. 약간은 수줍음까지 묻어나는 목소리는 돋보이거나 화려하진 않지만 감정을 담아내기에 충분했다. 당시에 실제로 사귀고 있던 여자친구를 생각하며 지은 절절한 러브송이기 때문에 그 진심이 고스란히 묻어난 것이다. 유재하가 사랑했던 그녀는 「사랑하기 때문에」의 뮤즈가 됐을 뿐 아니라 앨범 작업에도 직접 참여해 플루트를 연주했다. 여기에서 두 사람이 연인 사이였을 뿐 아니라 깊은 신뢰를 가진 음악적 동료였음을 유추해볼 수 있다.

　그는 비록 앨범 발매 후 3개월 만에 교통사고로 세상을 떠났지만 「사랑하기 때문에」는 대한민국 발라드의 새로운 괄호를 만들었다. 신승훈은 "그의 앨범에 작사·작곡·편곡자가 모두 유재하인 것을 보고 충격을 받았다"며 그가 사망한 날과 자신이 데뷔한 날이 같다는 것을 숙명처럼 알아왔다고 밝힌 바 있다. 더구나 1989년부터 개최된 〈유재하 음악경연대회〉는 유희열, 조규찬 등 후배 싱어송라이터들을 배출하며 그들이 가야 할 길을 활짝 열어주고 있다.

　한 아티스트의 뛰어난 재능은 한동안 멀어져 있던 클래식이 얼마나 아름다운 음악인지를 확인시킨다. 그리고 차분하게 벅차오르는 노랫말을 통해 사랑이야말로 환희와 슬픔을 좌우하는 감정의 본성임을 전한다. 27년 전에 발매된 단 한 장의 앨범이, 결국 '아름다운 러브송'은 시대와 유행을 초월한다는 불변의 진리를 입증한다. 김반야

사랑하기 때문에  유재하(1987)
LEGEND100
SONG

# 12

# 가시나무<sub>(1988)</sub>

자기반성과 자아의 고통스러운 고백

**가수**

시인과 촌장

**앨범**

3집 숲

**작사 · 작곡**

하덕규

'내 속엔 내가 너무도 많아 당신의 쉴 곳이 없네/ 내 속엔 헛된 바램들로 당신의 편한 곳 없네/ 내 속엔 내가 어쩔 수 없는 어둠 당신의 쉴 자리를 뺏고/ 내 속엔 내가 이길 수 없는 슬픔 무성한 가시나무 숲 같네/ 바람만 불면 그 메마른 가지 서로 부대끼며 울어대고/ 쉴 곳을 찾아 지쳐 날아온 어린 새들도 가시에 찔려 날아가고/ 바람만 불면 외롭고 또 괴로워 슬픈 노래를 부르던 날이 많았는데…'

구절구절마다 아픈 자기 고백이 절절히 흐른다. '내 속엔 내가 너무도 많아'라는 한 구절만으로도 실생활에서 '서로 다른 나'의 충돌에 따른 혼돈을 경험한 사람들은 가사에 깊이 공감하게 된다. 1988년 이 곡이 발표되었을 때 이미 포크 음악팬들은 시인과 촌장의 진중한 고백과 토로에 사로잡혔고, 팀의 지휘자인 하덕규의 빼어난 시적詩的 언어들에 빠져들었다.

이 노래는 사연이 있다. 이 곡을 만들기 전 하덕규는 진취적 성향의 노래를 하기로 가닥을 잡고 음반 녹음을 시작했으나, 도중에 자신이 '누군가에게 돌을 던질 자격이 있는가'에 대한 심각한 회의와 고뇌에 시달리게 된다. '과연 내가 그런 진보적 메시지의 노래를 부를 수 있느냐'는 것! 그는 '포장된 나'와 '진짜 나'의 혼돈을 깊이 반성한 끝에 처절한 자각을 내용으로 한 「가시나무」를 써내기에 이른다. 시인과 촌장의 3집 앨범은 그리하여 중간에 비판적인 기조로부터 정반대인 자기 성찰의 차분하고 종교적인 분위기로 환골탈태했다.

또한 하덕규는 이것을 끝으로 더 이상 대중가요를 하지 않기로 결심한다. 그는 이후 실제로 CCM, 즉 기독교 대중음악 세계에 천착했다. 2006년 유학길에 오른 미국에서 선교학을 전공한 뒤, 2010년에는 미국 워싱턴DC에서 목사 안수를 받았다. 현재는 전국 교회를 돌며 복음을 전하는 '음악 목사'로 활동하고 있다. 결국 「가시나무」는 시인과 촌장 음악의 정점인 동시에 종결인 셈이다. 대중가요 분야로 볼 때는 어쩌면 사색적인 가사와 유려한 멜로디를 풀어내는 천재 음악가를 한 명 잃었다고 할 수도 있다.

진실했기에 노랫말과 멜로디도 술술 나왔던 걸까. 하덕규에 따르면 「가시나무」는 저절로 멜로디가 이어져 피아노로 10분 만에 완성했다고 한다. 녹음을 하면서 "무지 많이 울었"으며 피아노 세션을 담당했던 들국화의 멤버 고[故] 허성욱도 자신에게 "형, 이거 내 얘기 같아!"라고 했다고 하덕규는 그때를 회고한다.

원래 구상했던 비판의 메시지가 사라졌기에 당대가 요구한 강한 메시지를 기대했던 사람은 실망했을지 모르지만, 타의 추종을 불허하는 그 솔직성 그리고 탁월한 감성은 예나 지금이나 다수의 경이감과 공감을 부른다. 하덕규의 쓰라리고도 처절한 고백조의 보컬은 심지어 우리의 영혼마저 흔든다. 이 곡은 나중에 국정 교과서에도 실려 진실한 메시지의 곡이 역사에 남는다는 사실을 다시 한 번 증명했다.

「가시나무」는 후대로의 대물림으로 말하자면 거의 특혜를 받고 있다고 할 곡이다. 지난 2000년, 그 시절 최고의 인기를 자랑하던 발라드 가수 조성모가 리메이크해 100만 장 음반 판매라는 일대 광풍을 일으켰다. 조성모의 인기에 힘입은 점도 있지만 곡 자체가 가진 미학의 승리였음은 두말할 필요가 없다. 시인과 촌장을 모르는 2000년대의 청소년들도 이 곡을 흥얼거리게 됐다. 또한 이 곡은 2011년에 개봉한 청각장애인학교 성폭력 사건을 다룬 영화 〈도가니〉에서도 휘슬 연주로 배경음악을 장식, 또다시 관객들의 청각에 떨림을 제공했다.

수많은 욕심과 헛된 기대로 가득한 인간 내면의 소용돌이와 그 황량한 풍경을 이보다 더 잘 담아낸 곡이 있을까. 한 인간의 진실을 향한 탐색이라는 진정성만으로도 대중음악의 위대한 성과요, 문화유산급 명작이라고 해도 과언이 아닐 것이다. 그 독보적인 울림은 지금도 계속되고 있다. 임진모

가시나무 시인과 촌장 (1988)
LEGEND 100 SONG

# 13

# 아주 오래된 연인들 (1992)

90년대 연애 스케치

**가수**
015B

**앨범**
3집 The Third Wave

**작사 · 작곡**
정 석 원

연인들에게 권태기는 언젠가는 맞닥뜨리게 되는 복병과도 같다. 특히 사귄 기간이 오래된 짝일수록 잠재해 있던 관계의 싫증과 나른함이 조금씩 각자의 영혼 없는 행동으로 나타나기 마련이다. 이 심드렁함이란 그럭저럭 인연을 유지해주긴 해도 연애 초반의 열렬함을 회복해주진 못한다. 연인 사이에 무신경한 상태가 계속되면 그들은 결국 이별을 맞이할 수밖에 없다.

015B의 세 번째 앨범 『The Third Wave』에 수록된 「아주 오래된 연인들」은 권태기에 접어든 연인들의 속마음과 메마른 생활을 적확하게 묘사한다. '저녁이 되면 의무감으로 전화를 하고 관심도 없는 서로의 일과를 묻곤 하지', '주말이 되면 습관적으로 약속을 하고 서로를 위해 봉사한다고 생각을 하지' 등의 가사는 애정이 식었음에도 늘 그렇게 해왔기 때문에 의미 없는 행동을 반복하는 오래된 커플의 일상성을 표현한다. 무척 단순하지만 감정이 무뎌질 대로 무뎌진 연인의 심리를 꿰뚫은 문장은 신세대의 공감을 불러일으키기에 충분했다. 여기에 몰래 다른 사람을 만나고 헤어짐을 준비하는 단계도 추가함으로써 흥미로움은 배가된다.

노래는 단지 아슬아슬한 국면만을 그리지 않는다. '처음에 만난 그 느낌 그 설렘을 찾는다면 우리가 느낀 싫증은 이젠 없는 거야'라며 명료한 해결책도 제시한다. 초심으로 돌아가기를 조언하는 후렴은 안타까운 이야기를 긍정성이 깃든 청춘들의 트렌디한 사랑 노래로 뒤바꿔놓는다. 노래가 나온 지 20년이 넘었음에도 당시와 비교해 세월의 격차가 느껴지지 않는 이유는 연인들의 일반적인 정서와 진리에 가까운 위기 극복 해법을 고루 담은 가사 덕분이다.

감각적이고 치밀한 편곡 역시 노래가 강한 생명력을 과시하는 데 일조했다. 「아주 오래된 연인들」은 1990년대 초반 미국, 영국 주류 음악계에서 점차 인기를 얻던 하우스를 발 빠르게 도입함으로써 제목과는 정반대로 아주 신선한 스타일을 선보였다. 각종 효과음을 비롯한 샘플링 위주의 구성은 그때 당시 국내에서는 세력을 얻지 못했던 힙합과 일렉트로닉 댄스음악의 묘미를 전달했다. 반주로도 유행에 민감한 젊은 청취자들과 소통한 것이다. 또한 후렴에 아카펠라 방식의 코러스를 입혀 노래의 채도를 높이는 동시에 아기자기함을 확보했다. 이는 마니아 장르를 기반에 둔 반주가 은근히 내비칠 생소함을 상쇄해주는 대중 맞춤형 경량화 기법이었다.

곡은 참신한 짜임새로도 기존의 가요와 차별화했다. 1분 20초에 달하는 긴 전주는 그야말로 파격이었다. 그동안 한국에서 그 어떤 뮤지션도 36마디나 되는 전주를 노래에 들인 적이 없었으며, 정통 하우스 음악 중에도 이처럼 상당한 길이의 전주를 지닌 곡은 찾기 어려웠다. 동일한 마디의 반복이지만 피아노를 바탕으로 퍼커션, 탬버린, 베이스 드럼, 해먼드 오르간 등 다양한 악기들이 차례로 추가돼 소소한 재미를 준다. 끝부분 간주에서 피아노, 베이스, 기타를 호명하며 전주와 같이 연주를 덧씌우는 연출 또한 이채로운 방식의 브리지였다. 점진적인 변화를 통해 편곡의 색다른 멋을 성공적으로 구현했다.

「아주 오래된 연인들」은 다수의 청춘 남녀가 생각하거나 경험했을 법한 고민을 건드리며 보편성을 획득했다. 꿈같고 막연히 환상적인 사랑이 아닌 현실에서의 사랑을 노래해 수월하게 동감을 구할 수 있었다. 일상의 언어를 산뜻하게 구사하는 작사 능력이 또 한 번 빛을 발했다. 젊은 연인을 주인공으로 한 가사에 맞춰 최신 경향의 음악을 토대로 신선미 넘치는 편곡을 선보인 것도 노래의 견고성을 올리는 데 공헌했다. 일련의 장점들로 노래는 세월이 지나도 많은 이에게서 사랑받는, 트렌디하면서도 스테디한 연애 스케치로 등극했다. 한동윤

"가사는 곧 스토리입니다. 이야기를 전달해줌으
로써 이미지를 만들어내는 거죠. 노래에서 일단
가사가 잘 들리면 곡을 이해하는 게 편해집니
다. 어떻게 보면 제일 앞에서 곡을 이끄는 역할
을 하는 게 가사라고 볼 수도 있겠죠." 강명석

# 14

# 하여가 (1993)

시대의 영웅이 선보인 실험적 음악

**가수**

서태지와 아이들

**앨범**

2집 Seotaiji and Boys II

**작사 · 작곡**

서태지와 아이들

서태지는 1992년 「난 알아요」의 초대형 대박 이후 어떻게 자신의 존재를 다시 한 번, 아니 그 이상으로 드러낼까 하는 생각에 골똘했다. 그가 내린 결론은 「난 알아요」의 접근법, 이를테면 자신의 진정한 영토인 록 음악에 랩을 끌어들여 섞는 방법을 한 번 더 동원하자는 것이었다. 그 곡과 함께 랩 시대가 열리면서 음악계 전체가 과열의 '랩 댄스'로 쏠려가 버린 마당에 랩을 마다할 수는 없었다.

물론 단순한 재현은 아니었다. 아티스트는 '진화'를 보여줘야 할 의무가 있지 않은가. 뭔가 달라야 했고 그것도 혁신적이어야 했다. 서태지와 아이들의 음악 지휘자 서태지는 크게 두 가지를 달리해 전작과 차별화를 꾀했다. 하나는 「난 알아요」보다 사운드의 덩치와 볼륨 측면에서 "더 크게 가자!"는 것이었다. 여기서 그는 자신의 음악적 본능과 본색을 택했다. 그는 주지하다시피 국내 최초로 헤비메탈을 실험한 밴드 시나위의 베이시스트 출신으로 '뼛속까지 로커'라 할 인물이다. 다시 말해 랩을 하되 자신의 정체성인 메탈을 가져와 그것을 잘 융합하자는 것이었다. 당연히 강도는 세졌다. 그는 이를 위해 「난 알아요」에 이어 또다시, 그러나 더 강력하게 '기타 노이즈'를 전면화한 사운드를 구사했다. '메탈 랩'의 완성이었다.

이것으로 그는 막대한 소득을 얻었다. 무엇보다 랩으로서 인기 열풍을 유지하는 데 성공했다. 1993년 「하여가」의 인기 화염은 결코 전해의 「난 알아요」 열풍에 조금도 뒤지지 않았다. 아티스트는 때로 2집에서 실패를 겪는 이른바 소포모어 징크스에 시달리곤 한다. 서태지와 아이들은 우리한테는 그런 것이 없다는 듯 비웃으며 가뿐히 그 벽을 넘어섰다. 게다가 서태지는 비록 자신이 주도한 랩 트렌드에 봉사하고 있을지라도 실제는 로커라는 것을 만천하에 알리는 효과도 기했다. 그는 이듬해 「교실 이데아」와 「내 맘이야」, 「지킬박사와 하이드」 등이 수록된 3집부터는 자신의 정체성을 거리낌 없이 드러내며 강성의 록으로 질주해갔다.

다른 하나는 더 중요하다. 메탈 랩으로 구성하다 보니 「난 알아요」의 '오 그대여 가지 마세요/ 나를 정말 떠나가나요/ 오 그대여 가지 마세요/ 나는 지금 울잖아요'의 코러스 대목이 갖는 전통적 친화력이 부족했다. 한국적인 느낌을 부여해야 했다. 이를 위해 서태지는 김덕수 사물놀이패를 동원해 전통의 느낌이 물씬하다 못해 청각을 진하게 파고드는 국악의 충격적인 사운드를 깔아놓았다.

사물놀이 사운드에서 '난 그냥 이대로 뒤돌아 가는가/ 넌 그냥 이대로 날 잊어버리나/ 난 그냥 이대로 뒤돌아 가는가/ 널 그냥 이대로 보내긴 내 가슴이 너무나/ 난 그냥 이대로/ 날 잊어버리나/ 난 그냥 이대로' 부분을 타고 흐르는 태평소 가락은 잊을 수 없다. '날라리'로도 불리는 태평소는 농악기 가운데 유일하게 선율을 구사하는 악기다. 서태지는 이것으로 곡에다 전통의 맛을 심는 데 성공하면서 언론으로부터 '국악과 양악의 성공적 결합'이라는 찬사를 얻었다. 랩을 하는 사람이 태평소 가락의 사물놀이 판을 구상했다는 것은 지금 생각해도 참으로 각별한 것이었다. 그야말로 천재적이고 획기적인 곡 만들기였다고 할까.

「하여가」의 대박과 함께 「난 알아요」는 결코 한때의 흥분과 유행이 아님이 밝혀졌다. 서태지는 이 곡으로 어떤 시점에든 존재하는 단순한 인기가수가 아니라 발군의 음악적 역량과 아이디어를 지닌 아티스트라는 것을 대중에게 확실히 각인시켰다. 이후로 음악관계자들은 서태지의 음악적 행보와 일거수일투족을 주시하지 않으면 안 되었다. '서태지와 아이들 인기 시대'가 아니라 '서태지 음악 시대'의 개막! 「하여가」는 서태지와 아이들 열풍의 꼭짓점에 위치한 곡이기도 하지만 우리 음악시장의 정점을 찍은 기념비적인 걸작이다. 그때를 추억하는 세대들에게는 이 곡 이상의 '응답'이 있을 수 없다. 임진모

"「하여가」는 1990년대 이후에 나온 후배 뮤지션들에게 굉장히 좋은 영감을 줬습니다. 이제는 장르에 얽매일 필요 없이 다양한 걸 다 해볼 수 있구나 하는 자신감을 그들에게 불어넣어 준 것이죠. 그래서 발라드나 테크노 댄스 등에도 랩이 섞이는 양상이 굉장히 자연스러워졌습니다. 그런 점에서 시대를 열었다고 봐야죠." 강명석

# 서른 즈음에 (1994)

청춘과의 이별을 노래한 시


**가수**

김광석

**앨범**

4집 김광석 네번째

**작사 · 작곡**

강승원

「서른 즈음에」는 달리 서른 언저리의 청춘만을 위한 노래는 아닐 것이다. 사회에 마모되어가는 모든 어른들을 위한 노래다. '또 하루 멀어져간다'라는 첫 소절로 젊은 날을 울먹이며 회상하고 '매일 이별하며 살고 있구나'의 마지막 가사에서는 내 곁을 떠나가는 모든 것들을 되돌아보게 만든다. 김광석을 동시대에 경험했던 세대들이 지금도 어깨동무를 하며 「서른 즈음에」를 목놓아 부르는 것도 이들이 많은 것을 떠나보내야만 했던 어른들이기 때문이다.

서른은 불안하다. 본격적으로 사회에 발을 디디며 인생의 갈래를 예측할 수 없는 시기이기 때문이다. 「서른 즈음에」는 안개 속에 던져진 혼란을 숨김없이 노래한다. 누구나 한 번쯤 자신의 미래에 대해 치열하게 고민한 적이 있는 이라면 단어 하나하나를 쉬이 지나칠 수 없다. 30대 언저리의 군상을 노래 한 곡으로 어우를 수 있는, '감정의 연대'가 이 곡이 지닌 힘이다.

김광석이 자신의 명곡을 직접 작사·작곡한 경우도 많이 있지만 이 곡은 강승원의 작품이다. 강승원은 「서른 즈음에」는 내가 서른 살쯤에 만든 노래"라며 "기타를 잡고 아무 코드나 쳤는데 첫 가사가 바로 나왔다"고 기억을 떠올린다. 즉흥적으로 탄생한 이유 때문이었는지, 이 곡은 화려한 코드를 자랑하지 않으며 시종일관 단순한 코드로 나지막한 분위기를 이어간다. 소박한 기타 연주는 오히려 위안이 됐다. 그리고 1990년대 포크의 끄트머리를 향유한 세대에게 추억의 기록이 되고 있다.

이 곡이 아직까지 사랑받는 까닭에는 김광석의 가창을 빼놓을 수 없다. 김광석의 저음은 독백이다. 회한의 가사들을 저음으로 읊조리면서 입안에서 맴돌게 한다. 결코 누군가 알아주길 바라며 자랑하는 창법이 아니다. 무대 위 의자에 앉아 수줍게, 재미없는 농을 던지던 촌스럽던 그의 모습과 별반 다르지 않다. 술 한잔 기울이며 친구 앞에서 넋두리를 내뱉는 것처럼 주거니 받거니 노랫말을 놓는다. 때로는 막힌 가슴을 풀기 위해 절규도 한다. 비록 자신이 쓴 가사는 아니었지만 곡을 발표했던 때에 그의 나이는 만 서른이었다. '내가 떠나보낸 것도 아닌데/ 내가 떠나온 것도 아닌데…' 격한 그리움 뒤에 내뱉는 독백에서 나의 의사와는 상관없이 멀어지게 된 것들에 대한 고뇌가 읽힌다. 순수와 더럽혀짐의 경계선인 서른에서 김광석은 위태로웠지만 역설적으로 풍부한 감수성을 발산했다. 그랬기에 다른 이의 손을 거친 곡이었지만 놀라운 소화 능력으로 동시대의 감성을 오차 없이 파고들었다. 인생을 내포하는 가사와 가창의 만남은 서른 살에 들어도, 마흔 살에 들어도, 쉰 살에 들어도 매번 다른 감흥을 준다.

시대를 뛰어넘는 감동은 김광석의 부재 이후에도 계속되고 있다. 성별과 장르를 불문하고 수십 명의 가수들이 자신의 문법으로 이 곡을 재해석했다. 리메이크뿐만 아니라 힙합 듀오 드렁큰 타이거가 2003년 발표한 곡 「엄지손가락」 역시 「서른 즈음에」를 모티브로 한 노래다. 2007년 음악 웹진 《이즘IZM》이 음악전문가 42명에게 물은 '우리를 흔든 노랫말' 순위에서도 1위를 차지하며 '가객' 김광석임을 증명했다. 이리도 광범위한 진폭으로 영향력을 끼친 곡을 찾기란 결코 쉽지 않다.

어느덧 「서른 즈음에」가 세상에 나온 지 20년이 다 되었다. 야속하게도 대중은 김광석의 서른을 돌보지 않았고, 그가 남긴 빈자리에서 뒤늦게나마 그를 추억하고 그들이 보낸 서른을 추억한다. 어딘가에 늘 울음이 배어 있었던 그의 노래에 반응했던 잔상은 쉽게 지워지지 않는다. 다시는 되돌아갈 수 없는 그곳을 간절히 바라는 슬픔의 응어리가 사라지지 않는 한 「서른 즈음에」는 시간이 지나도 늘 호출될 수밖에 없다. 홍혁의

서른 즈음에 김광석(1994)
LEGEND 100 SONG

# 16

# 마법의 성 (1994)

동화적 순수함의 감성 음악

**가수**

더 클래식

**앨범**

1집 마법의 성

**작사 · 작곡**

김광진



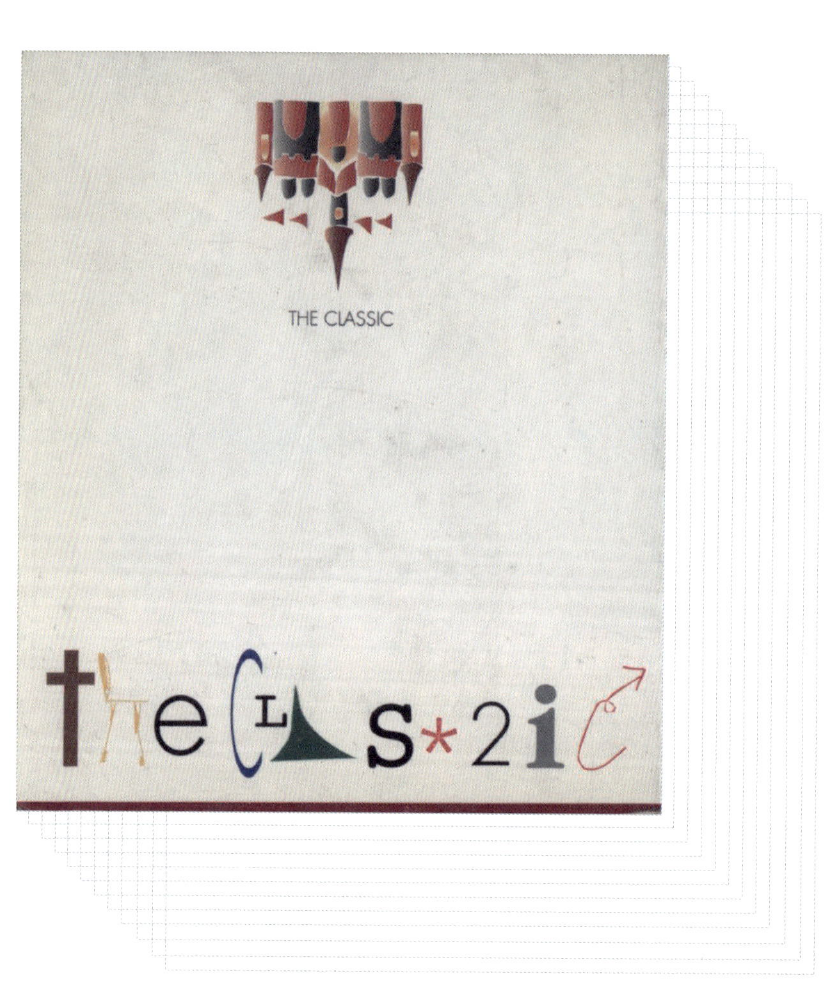

'믿을 수 있나요 나의 꿈속에서/ 너는 마법에 빠진 공주란 걸/ 언제나 너를 향한 몸짓엔/ 수많은 어려움뿐이지만…' 어쩌면 '사랑'이라는 주제를 이토록 순수하게 표현해낼 수 있을까. 마치 한 권의 동화책을 펼친 것만 같은 느낌을 주는 서정적인 노랫말로「마법의 성」은 시작된다. 노래 속에서 '너'는 마법에 걸린 공주고 '나'는 그런 너를 구하기 위해 나선 기사, 혹은 왕자다. 가요에서는 쉽게 찾아보기 힘든 이러한 동화적 감성은 곡이 처음 세상에 나오던 당시부터 대중의 이목을 집중시켰다.

1994년 8월, 더 클래식은 곡을 발표한 후 TV 출연은 물론이고 라디오 활동조차 거의 하지 않았음에도「마법의 성」의 인기는 그해 하반기를 꽉 채우도록 지속되었다. 각종 차트에서 높은 순위를 기록한 것은 물론이고 곡이 실린 더 클래식의 첫 번째 앨범은 무려 130만 장 이상이 팔렸다. 김광진은 이 곡으로 연말 시상식에서 작사가 상을 수상하기도 했다. 그야말로 곡 하나만으로 승부를 걸고 거둔 값진 성과였다.

이러한 인기는 곡에 대한 더 클래식의 두 멤버가 가진 탁월한 감각이 있었기에 가능했다. 작곡에는 두 멤버 김광진과 박용준이 함께 참여했고, 노랫말은 김광진이, 편곡은 박용준이 전담했다. 아이부터 어른까지 다양한 세대의 공감을 이끌어낼 수 있는 감성을 기반으로 멜로디와 사운드, 가사 등 곡을 이루는 요소들은 어느 하나 불협화음을 내는 것 없이 아름다운 조화를 이룬다.

건반을 중심에 두고 팀 이름에 어울리게 클래식 악기들을 폭넓게 사용하지만 웅장하기보다는 섬세하다. 기교를 빼고 담백하게 노래를 이어가는 김광진의 목소리에서는 떨림이 느껴진다. 이러한 보컬은 사운드와 자연스럽게 어우러지며 한층 진솔하게 다가온다. 가사에는 그야말로 이야기와 같은 서사가 있다. 풍부하면서도 부드러운 사운드를 통해 펼쳐지는 고운 멜로디와 그 위에 실린 동화 같은 노랫말은 절로 어린아이와 같은 순수한 감성을 불러일으킨다.

이와 더불어 곡이 앨범에 실린 방식 또한 이들의 새로운 시도였다. 「마법의 성」
은 김광진이 부른 버전을 비롯해 당시 15세 소년이었던 백동우가 부른 키드 버전
<sup>Kid version</sup>, 이승환, 윤종신 등의 여러 뮤지션이 함께 부른 싱 투게더 버전<sup>Sing together</sup>
<sup>version</sup> 등 세 가지 외형으로 수록돼 대중에게 세 가지 다른 매력을 어필했다. 이는
결국 「마법의 성」이 더 많은 사람에게서 사랑받는 또 하나의 요인으로 작용했다.

곡이 발표된 해로부터 꼬박 20년이라는 세월이 흐른 지금, 이들의 감각은 더욱
빛을 발한다. 지금 들어도 별다른 이질감을 남기지 않는다. 덕분에 「마법의 성」은
먼 기억 속에서 끄집어내어 보는 흑백사진과 같은 곡으로 남지 않고, '현재형' 곡
으로서 꾸준히 사랑을 받아왔다. 그간 이승환, 애즈원, 서영은, 동방신기 등 여러
가수들이 이 곡을 리메이크했으며 광고와 오디션 프로그램 등에서도 여전히 재생
되고 흘러나온다.

이처럼 긴 시간이 흘렀지만 「마법의 성」의 감성은 여전히 강한 호소력을 지닌
다. 「마법의 성」은 순수하지만 결코 촌스럽지 않다. 1994년의 대중들을 감동시킨
「마법의 성」의 서사에 2014년의 대중들 또한 환호를 보낸다. '듣는' 동화 「마법의
성」을 통해 지금도 우리는 한 편의 이야기 속 주인공이 된다. 위수지

마법의 성 더 클래식(1994)
LEGEND100 SONG

# 17

# 기억의 습작 (1994)

90년대를 상징하는 기억 속 명작

**가수**

전람회

**앨범**

1집 Exhibition

**작사 · 작곡**

김동률

대중문화에서의 복고 현상은 특별할 것 없는 움직임이다. 옛것을 그리워하는 노스텔지어 감성은 시간을 초월해 실재하는 인간의 속성인 까닭이다. 정도의 차이만 있을 뿐, 복고는 어느 시대나 존재해왔다. 그럼에도 2012년 대중음악계에 분 복고열풍은 유다른 특징이 있었다. 통기타 포크송으로 대변되는 7080 시절의 음악을 지나 복고의 자격을 갖출 수 있는 시간의 영역 속에 1990년대가 새로이 진입했다는 점이 그것이다.

직접적인 계기가 된 것은 그해 초 개봉한 영화 〈건축학개론〉의 흥행이었다. 서툴기만 했던 첫사랑에 대한 추억을 1990년대 감성으로 풀어낸 이 영화의 주요 모티브는 영화의 메인 테마곡이기도 한 전람회의 「기억의 습작」이다. 덕분에 이 노래는 2012년 다시 한 번 대중의 마음을 파고들며 죽지 않은 생명력을 여실히 증명했다. 전람회를 모르는 오늘날의 젊은 세대들에게도 어필하며 1990년대를 소환하는 대표 넘버로 자리 잡게 된 것이다.

전람회는 김동률과 그의 창작곡을 일찍이 알아본 베이시스트 서동욱이 함께 결성한 남성 듀오다. 이들은 1993년 〈MBC 대학가요제〉에서 「꿈속에서」로 대상과 특별상을 동시에 수상하며 처음 존재감을 알렸고, 이듬해 신해철과 김형석이 참여한 1집 『Exhibition』을 발매해 음악계에 반향을 불러일으켰다. 이 앨범의 얼굴이라 할 수 있는 타이틀곡이 바로 「기억의 습작」이다. 1994년 세상에 나왔으니 올해로 꼭 20년이 되었다. 김동률이 이 곡을 쓴 시기가 고등학교 2학년 때였음을 감안하면, 멜로디의 나이는 그보다 더 오래된 셈이다.

태어난 지 스무 해가 지난 노래지만 지금 세대가 들어도 세월의 격차를 조금도 느끼지 못할 만큼 곡의 세련미는 상당하다. 완성도 높은 「기억의 습작」의 등장은 당시 대중음악 지형의 가장자리 한편을 조용히 흔들었다. 기존 가요와는 그 스타일이 현격히 달랐기 때문이다. 발라드에 클래식 화성이 묘하게 접합된 노래는 유려한 멜로디와 감성을 섬세하게 점층하는 전개로 곡의 차원을 높였다. 풋풋한 서정의 노랫말과 이를 전하는 김동률의 중후한 중저음의 음색으로 이 노래는 순수하면서 묵직하고, 진지하면서도 부담스럽지 않았다.

메시지, 보컬, 아름다운 피아노 선율, 간주 부분의 트럼펫 솔로, 반음과 전조를 자연스레 넘나드는 세련된 편곡 등 모든 부분에 있어 「기억의 습작」은 아련한 아날로그 감성과 품위 있는 호소, 그리고 엘리트적인 감각을 동시에 배양하고 있었다. 무엇보다 이러한 스타일은 누군가의 의도에 의해 철저히 기획된 산물이 아니라 그들 자신의 음악적 역량에서 자유로이 펼쳐진 것이었기에 더욱 독보적이었다. 사실 이런 식의 작법은 큰 틀에서 보면 현재의 김동률 음악 특징과도 많은 부분 궤를 같이 한다. 그러나 「기억의 습작」을 기억하는 팬들은 노래에 대한 향수를 여전히 전람회를 향한 그리움으로 충족한다. 그만큼 전람회의 소박한 감성에는 김동률의 음악으로도 대체하지 못할 특유의 독창이 있었다.

　서태지와 아이들, 듀스 등을 필두로 한 댄스음악이 대세로 군림하던 시절, 전람회는 감수성 민감한 청년들이 노래로 안위할 세계를 슬며시 제시하며 대중음악의 균형을 맞췄다. 춤과 랩으로 충족할 수 없는 감성과 지성의 영역을 나긋하게 채워주면서 마음으로 품을 수 있는 노래를 안긴 것이다.

　3집 『졸업』을 끝으로 팀을 해체한 전람회는 이제 온전히 기억 속 듀오가 되었다. 그러나 그들이 노래한 「기억의 습작」은 추억이 필요한 오늘날의 대중에게도 간절한 현재의 곡으로 남았다. 「기억의 습작」은 1990년대에 불완전하고 서툴지만 진지하고 열렬한 20대를 보낸 청년들에겐 회고의 매개체이지만, 2014년 오늘을 살아가는 젊은이들에게는 그 순수함과 치열함을 그릴 수 있는 여백의 스케치북이기도 하다. 윤은지

기억의 습작 전람회(1994)

# 18

# 달팽이 (1995)

은유와 상징의 미학

**가수**

패닉

**앨범**

1집 Panic

**작사 · 작곡**

이적



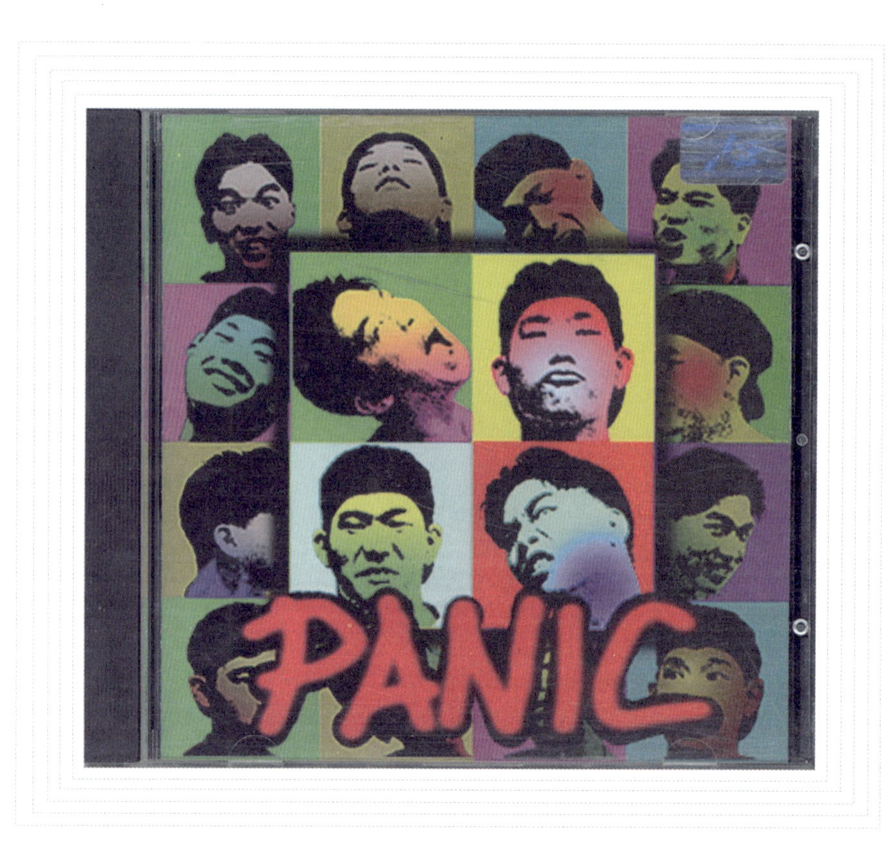

차분했지만 꿈틀대는 힘이 있었고 조금은 난해했지만 현학적인 말투는 아니었다. 화려한 구석은 없더라도 울림이 존재했으며, 울적해 보였으나 한편으로는 희망적이었다. 이처럼 독특하고 이채로운 분위기를 자아낸 패닉의 「달팽이」는 1996년 초 텔레비전과 라디오 전파를 두루 타며 큰 인기를 얻었다. 다수의 호감을 사기에 수월한 사랑 얘기도 아니어서 히트마저 이례적이었다.

가사는 마치 한 편의 시를 보는 듯했다. 일상의 평범한 언어를 사용했지만 문장들은 그 이상의 의미를 함축하고 있었다. 고된 일과를 반복하면서 언제나 외로움을 맞이해야 하고('집에 오는 길은 때론 너무 길어/ 나는 더욱더 지치곤 해/ 문을 열자마자 잠이 들었다가/ 깨면 아무도 없어…'), 삶에 쫓겨 한결같이 움직이는 사람들 틈에서 부대끼며 소소한 것으로 위안을 삼는('모두 어딘가로 차를 달리는 길/ 나는 모퉁이 가게에서/ 담배 한 개비와 녹는 아이스크림/ 들고 길로 나섰어…') 현대인의 일상을 표현한다. 직장인은 물론 예비 사회인, 현실에 고달파하는 이들로부터 공감을 충분히 획득할 내용이었다.

노래는 마냥 애처로움을 풍기지만은 않는다. 힘들어하는 화자 곁에 온 달팽이는 '언젠가 먼 훗날에 저 넓고 거친 세상 끝 바다로 갈 것'이라고 말한다. 도저히 불가능함을 뜻할 때 흔히 '달팽이가 바다를 건너간다'고 한다. 패닉은 남들은 다 안 된다고 하는 이야기를 토대로 가능성에 대해 노래한다. 얼마나 걸릴지, 얼마나 힘들지 모르는 길고 험난한 과정일지라도 이상을 향해 나아가서 반드시 이루겠다는 원대한 포부가 핵심이다. 「달팽이」는 꿈을 굳게 쥔 이들의 역설적 희망인 것이다.

곡은 크게 세 파트로 나뉘는 단순한 구성을 취했으며 현란한 치장을 들이지도 않았다. 나지막이 한탄하듯 말하다가 후렴에서 크게 터뜨리고, 브리지로 명백한 클라이맥스를 표출한다. 복잡한 음계를 취하지 않은 덕분에 청취자들은 편안하게 받아들일 수 있었다. 그럼에도 주요 멜로디를 효과적으로 부각해 영리한 작곡 능력을 드러냈다. 이적은 마지막 음에서 아마추어적인 수수한 보컬을 선보였지만 이것이 오히려 꾸밈없는 풋풋함과 정형화되지 않은 개성으로 어필했다.

앨범에 수록된 원곡은 피아노와 신시사이저 스트링, 이적의 보컬이 전부였다. 그룹의 노래인데도 다른 멤버인 김진표의 참여가 없다는 것은 애초에 큰 비중을 두거나 히트를 기대하지 않았다는 뜻으로 해석된다. 하지만 음악팬들 사이에서 좋은 반응을 얻음에 따라 방송 활동을 위해 김진표가 색소폰을 연주한 버전을 녹음했다. 패닉은 「달팽이」로 지상파 음악 프로그램에서 여러 차례 1위를 차지했다. 1995년 말 데뷔하자마자 PC통신에서는 서태지와 아이들에 견줄 만한 그룹이라며 화제가 됐는데, 눈에 띄는 흥행 성적이 없었던 사실을 감안하면 무척 놀라운 일이다. 「달팽이」는 그룹에게도 역설적 희망이 됐다.

노래는 직접적으로 힘내라고 독려하지 않는다. 고단한 사정을 넌지시 이야기하며 찬찬히 동감을 구했고, 보잘것없는 존재를 매개로 가능성을 그렸다. 듣는 이들이 주도적으로 깊이 음미하고 해석할 수 있도록 표현을 아낀 가사는 은유와 상징의 미학을 제대로 보여줬다고 해도 과언이 아니다. 여기에 점차 톤을 더하며 감정을 끌어올리는 구도는 긍정을 전하는 메시지를 극대화했다. 가사와 곡이 완벽하게 하나의 이야기로 나타난 셈이다.

테이, 플라이 투 더 스카이, 더블유 앤 웨일 등이 리메이크했고, 오디션 프로그램에서도 수많은 가수 지망생이 이 노래를 불렀다. 세월이 흘러도 많은 이에게 선택됨으로써 식지 않는 인기를 자랑했다. 이야기와 곡의 참신성, 탄탄한 예술성을 증명한 것이다. 한동윤

M

M

___________

# 19

# 거위의 꿈 <sub>(1997)</sub>

좌절의 벽을 무너뜨린 꿈의 노래

**가수**

카니발

**앨범**

1집 Carnival

**작사 · 작곡**

이적 · 김동률

1997년에 발표됐지만 주목받지 못했던 「거위의 꿈」은 시간이 흐르면서 조용한 반란을 일으켰다. 패닉의 이적, 전람회의 김동률이 만나 각기 다른 개성을 바탕으로 프로듀싱, 하모니, 발라드, 서정성 가득한 노랫말, 공감 요소 등 갖가지 창작을 아우르는 단단한 기본기를 무기로 그 당시 가요계에서 몇 발자국 앞서 있었기 때문이다. 댄스음악이 주류를 이루던 당시 가요계의 유행에서 뒤로 물러나 실험적인 음악을 추구했던 이적과 고전적인 음악을 지향했던 김동률은, 음악에 대한 순수한 애정이라는 공통된 뿌리를 가지고 서로의 다양성으로 시너지 효과를 내며 명곡 「거위의 꿈」을 탄생시켰다.

「거위의 꿈」은 노랫말이 감동적이다. 고작 스물네 살의 청년 이적이 써내려간 가사는 특정 연령층이 아닌 노래를 듣는 모든 층을 아울렀다는 점이 경이롭다. 그가 작사를 할 당시 처음부터 듣는 이들에게 진심을 전달하고 싶었던 것은 아니었다. 단지 음악을 한다고 했을 때 주변의 비웃음과 염려를 들어가며 고민했던 것을 떠올리며 만들어냈다고 한다. 조용히 품고 있어야 했던 꿈과 타인의 질타를 받아애써 묻어두었던 희망은 사람들의 마음속에 각기 다른 사연으로 스며들었고, 그들에게 앞으로 당당히 나아갈 용기를 심어주었다. 꿈을 꾸고 있다면, 아픔을 간직하고 있다면, 또 보란 듯이 당당히 일어날 희망이 있다면 「거위의 꿈」은 누구라도 가슴 뭉클해지는 매력 아닌 마력을 지니고 있다.

곡을 발표한 해로부터 꼬박 10년이 흐른 2007년, 「거위의 꿈」은 인순이에 의해 화려하게 개화했다. 인순이는 그동안 각 연령층마다 다양한 기억을 선사해왔다. 1970년대에는 희자매의 멤버였고, 1980년대에는 불멸의 인기곡 「밤이면 밤마다」로 골든 레퍼토리를 간직할 수 있었다. 2000년대에는 조피디의 「친구여」에 피처링으로 참여해 신구 세대의 조화를 이룩했던 그는 늘 리듬과 비트를 통해 친숙해진 댄스 디바의 이미지로 포장되어 있었다. 늘 에너지 넘치고 신명 나는 무대를 선사해왔던 인순이는 원작자인 카니발보다 곡을 더욱 잘 살려냈다는 평과 함께 대중적으로도 히트를 기록했다. 심지어 그해 최고 인기곡이자 열풍이었던 원더걸스의 「Tell Me」를 누르고 가요 프로그램에서 1위를 차지하기도 했다.

발라드 인기곡이 없던 인순이는 히트곡 반열에 당당히 「거위의 꿈」을 세트리스트로 올렸고, 사람들은 비로소 '진실한 디바'의 면모를 느끼게 되었다. 발라드 히트곡을 갈망했던 인순이는 리메이크곡에 대한 부담감을 과감히 떨치며 「거위의 꿈」을 완전히 자신의 곡으로 소화해냈다. 진정성이 듬뿍 묻어나는 감정 전달과 관록이 느껴지는 완숙함이 제대로 통한 것이다. 대한민국에서 혼혈인과 유복자로 자라면서 받아온 설움과 차별의 벽에 당당히 맞서 이겨낸 그는 이 노래를 통해 거위의 꿈뿐만 아니라 자신의 꿈도 실현했다. 이 노래는 인순이뿐만 아니라 김연아 선수도 불렀다. 그가 광고와 팬미팅 자리에서 직접 부른 「거위의 꿈」은 넓고 깊은 감동을 선사해주었고, 실패를 두려워하지 않고 최선을 다해 화려한 비상을 이룩한 김연아의 모습 역시 「거위의 꿈」과 완벽히 매치되었다.

누구나 꿈을 꾸지만 그 꿈을 이루기 위해선 아픔과 슬픔이 동반된다. 스스로에 대한 믿음으로 그 꿈을 묵묵히 감내하면 그 어떠한 벽도 허물 수 있다. 편견의 틀을 과감히 깬 「거위의 꿈」은 꿈이 있는 사람에게 날개를 달아주어 세상을 향한 힘찬 날갯짓을 독려하는 긍정의 노래이자 희망의 찬가다. 허보영

"〈레전드 100 - 송〉을 선정하는 것은 기록을 남기는 일이죠. 정확히는 대중적으로 사랑받고 음악성으로도 인정받은, 그렇게 해서 시대의 흐름에 영향을 준 곡들을 인정하는 작업입니다. 시간이 지나면 많은 곡들이 잊히기 마련입니다. 하지만 이런 기록이 남으면 10년이나 20년 후에 태어날 사람들도 이 기록을 보면서 좋은 곡들을 듣게 되고, 당시 보편적인 사랑을 받은 노래들의 가치를 알게 되지 않을까요? 처음에 들었을 때는 신선하고, 10년이나 20년 뒤에 들었을 때는 놀라운 음악이 바로 레전드 송이 아닌가 싶습니다." 강명석

# 감동의 음악

## 2

마음을 움직이는
진심의 노래,
레전드 100 – 송은
'감동'입니다.

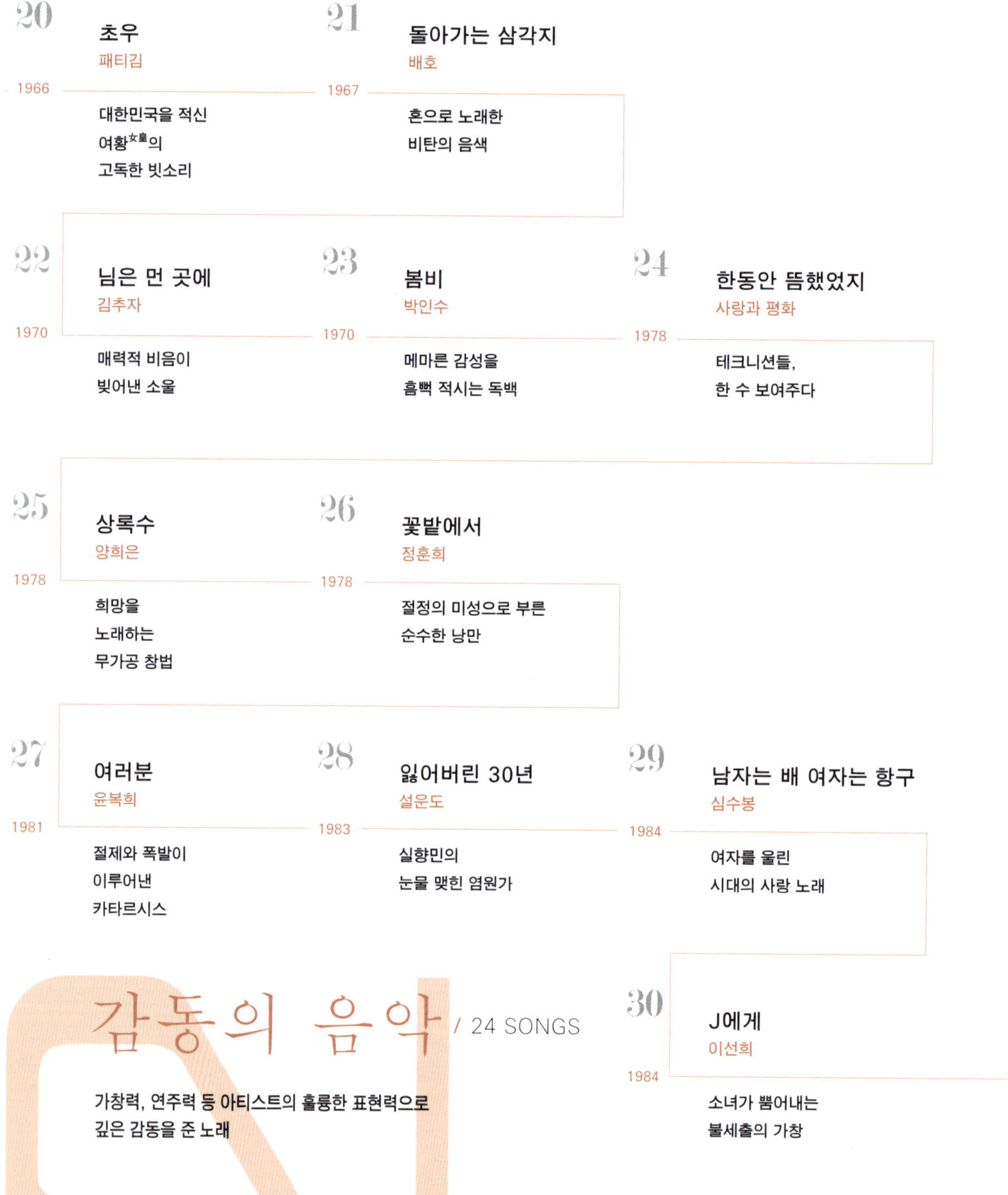

## 20
### 초우
패티김
1966

대한민국을 적신
여황☆皇의
고독한 빗소리

## 21
### 돌아가는 삼각지
배호
1967

혼으로 노래한
비탄의 음색

## 22
### 님은 먼 곳에
김추자
1970

매력적 비음이
빚어낸 소울

## 23
### 봄비
박인수
1970

메마른 감성을
흠뻑 적시는 독백

## 24
### 한동안 뜸했었지
사랑과 평화
1978

테크니션들,
한 수 보여주다

## 25
### 상록수
양희은
1978

희망을
노래하는
무가공 창법

## 26
### 꽃밭에서
정훈희
1978

절정의 미성으로 부른
순수한 낭만

## 27
### 여러분
윤복희
1981

절제와 폭발이
이루어낸
카타르시스

## 28
### 잃어버린 30년
설운도
1983

실향민의
눈물 맺힌 염원가

## 29
### 남자는 배 여자는 항구
심수봉
1984

여자를 울린
시대의 사랑 노래

# 감동의 음악 / 24 SONGS

가창력, 연주력 등 아티스트의 훌륭한 표현력으로
깊은 감동을 준 노래

## 30
### J에게
이선희
1984

소녀가 뿜어내는
불세출의 가창

| 31 | 희나리 | 32 | 비처럼 음악처럼 |
|---|---|---|---|
| 1985 | 구창모 | 1986 | 김현식 |
| | 마르지 않는 남자의 순정 | | 비보다 처연한 울림 |

| 33 | 홀로 된다는 것 | 34 | 누구 없소 | 35 | 무시로 |
|---|---|---|---|---|---|
| 1988 | 변진섭 | 1988 | 한영애 | 1989 | 나훈아 |
| | 미성으로 부르는 외로움의 미학 | | 블루스 여제의 쓸쓸한 혼잣말 | | 대중을 사로잡은 유려한 꺾기 창법 |

| 36 | 안녕이라고 말하지마 | 37 | 옥경이 |
|---|---|---|---|
| 1989 | 이승철 | 1989 | 태진아 |
| | 천재 보컬의 정제된 감성 | | 가슴 아픈 옛사랑의 이름 |

| 38 | 내 사랑 내 곁에 | 39 | 미소 속에 비친 그대 | 40 | 옛사랑 |
|---|---|---|---|---|---|
| 1991 | 김현식 | 1991 | 신승훈 | 1991 | 이문세 |
| | 가객이 남긴 마지막 목소리 | | 신승훈표 발라드의 성대한 서막 | | 시적 감수성으로 노래한 가을의 그리움 |

| 41 | 난 행복해 | 42 | 천 일 동안 | 43 | 낭만에 대하여 |
|---|---|---|---|---|---|
| 1995 | 이소라 | 1995 | 이승환 | 1995 | 최백호 |
| | 신비한 음색과 짙은 비감의 결정체 | | 호소력 짙은 애절한 이별곡 | | 추억에 바치는 나지막한 헌사 |

# 초 우 <sup>(1966)</sup>

대한민국을 적신
여황<sup>女皇</sup>의 고독한 빗소리

**가수**

패티김

**앨범**

파란 낙엽

**작사 · 작곡**

박춘석

전쟁의 상처가 아직 가시지 않은 1958년, 나이 스무 살의 패티김(본명 김혜자)이 린다김이란 예명으로 미8군 무대에 섰을 때 주한 미군들 사이에서는 탄성이 흘러나왔다. 그들은 마치 미국 여가수를 방불케 한 폭발적인 가창력 그리고 큰 키와 서구적이고도 섹시한 외모와 몸매에 넋을 잃었다. '섹시한 가수가 등장했다'는 소문은 삽시간에 국내 가요계에 퍼졌고, 이 소문은 당대 최고의 작곡가 박춘석의 귀에도 들어갔다.

박춘석을 만나고도 패티김은 무대에서는 주로 서구 팝송을 영어로 노래했다. '외국곡은 외국어로 불러야지' 하는 생각에 우리말로 노래 부르기를 주저했다고 한다. 박춘석은 팝송을 우리말로 개사해 노래해야 한다고 설득했고, 그리하여 데뷔앨범에는 「사랑의 맹세<sup>Till</sup>」, 「파드레<sup>Padre</sup>」 등 기성세대 팬들의 기억에 선연한 팝 번안 명곡들이 수록되기에 이른다.

박춘석은 여기서 한발 더 나아갔다. 패티김에게 팝송을 번안한 것만 부를 게 아니라 우리 대중가요를 취입해야 한다고 강조한 것이다. 작곡가의 주장에 마침내 고집을 꺾은 패티김이 취입한 가요 1호 곡이 바로 지금도 50~60대 기성세대들이 명곡 중의 명곡으로 손꼽는 「초우」였다.

패티김은 1962년 이 곡을 취입하고 난 뒤 국내 최초로 리사이틀이란 타이틀을 내건 서울 피카디리 단독 공연을 가졌고, 이듬해에는 아무나 설 수 없는 미국 뉴욕과 라스베이거스의 무대를 한국 가수 최초로 밟아 '한류 가수의 원조'로 등극한다. 패티김은 "미국에서 돌아와 보니 「초우」가 라디오 전파를 타며 엄청난 호응을 얻고 있더라"고 술회했다. 가요 취입 1호만이 아니라 패티김 가요 히트곡 1호가 된 것이다.

'가슴속에 스며드는/ 고독이 몸부림칠 때/ 갈 길 없는 나그네의/ 꿈은 사라져/ 비에 젖어 우네…' 많은 사람들이 다소 강한 어조인 '고독이 몸부림칠 때'와 '너무나 사랑했기에 너무나 사랑했기에'라는 「초우」의 노랫말에 사로잡혔다. 또한 가수 패티김의 환상적 가창력에도 포로가 됐다. 국내 여가수에게서는 좀처럼 들을 수 없는 풍성한 성량과 하이톤, 맑은 음성에 끌린 것이다.

무엇보다 가요팬들은 이 곡을 통해 당대 주류인 트로트와는 전혀 다른, 고급스럽고 세련된 스탠더드 팝의 진수를 맛보았다. 사실상 스탠더드 팝의 국내 첫 히트곡이라고 할 「초우」와 함께 패티김은 단숨에 '스탠더드 팝의 여왕'으로 솟아올랐다.

기성세대들은 '초우'라는 이름을 신성일, 문희 주연의 영화 제목으로도 기억한다. 자동차 정비공과 프랑스 대사의 집에서 식모살이를 하는 여자의 밀애와 좌절을 그린 이 영화는 1966년에 공전의 히트를 쳤고, 당연히 패티김의 「초우」는 주제가로 채택되었다. 다분히 서구적인 느낌의 곡이지만 패티김의 빛나는 노래 솜씨가 빚어낸 가사의 절절한 내용으로 트로트 못지않게 당대를 살아간 사람들의 시린 가슴을 달래주었다.

박춘석 작곡가와의 만남, 대중가수의 명성을 안겨준 첫 히트곡 등 이런저런 인연을 지닌 곡이기에 패티김 입장에서 이 곡을 잊을 수는 없다. 「서울의 찬가」, 「9월의 노래」, 「이별」, 「가을을 남기고 간 사랑」 등 어마어마한 히트곡을 보유하고 있지만 한 곡을 꼽으라면 패티김의 선택은 「초우」다.

마침 곡목에도 처음이란 의미의 초初가 들어가 있으니 더욱이나 그 인연은 깊다. 그래서 2010년 박춘석이 사망했을 때 패티김은 발인식에서 조가弔歌로 「초우」를 골라 눈물을 흘리며 노래했다. 16년간이나 투병하다 세상을 떠난 작곡가의 명복을 빌며 노래하는 순간 패티김의 마음은 만감이 교차했을 것이다. 임진모

# 돌아가는 삼각지 <sub>(1967)</sub>

혼으로 노래한 비탄의 음색

**가수**

배호

**앨범**

돌아가는 삼각지

**작사 · 작곡**

배상태, 이인선 · 배상태

우리 100년 가요 역사를 찬란하게 빛낸 가수들은 즐비하지만 지금의 노년층은 압도적으로 고<sup>故</sup> 배호를 사상 최고의 남자가수로 손꼽는다. 가요관계자들 가운데는 "배호 이전에 남인수가 있고 이후에 조용필이 있다"고 말하는 사람이 많다. 배호는 감정이 깃든 음색, 변화무쌍한 창법 그리고 당대 누구보다도 높은 음역으로 환상의 가창력을 자랑한 가수라는 점에서 '불세출의 가객'으로 평가받는다.

당대 쇼 무대에서 진행자로 활약한 고<sup>故</sup> 최성일은 생전에 "당시 최고 인기가수였던 최희준도 내심 크게 두려워했던 가수가 배호이고, 그가 오래 살았더라면 남진·나훈아 라이벌전도 약했을지 모른다"고 털어놓기도 했다. 배호 가창의 정점은 대표곡인 「돌아가는 삼각지」 한 곡으로 충분하다.

'삼각지 로터리에/ 궂은비는 오는데/ 잃어버린 그 사랑을 아쉬워하며/ 비에 젖어 한숨짓는 외로운 사나이가/ 서글피 찾아왔다 울고 가는 삼각지…'에서 배호는 '삼각지 로터리에' 부분을 특유의 텁텁한 저음으로 시작한다. 하지만 '오는데 잃어버린' 대목은 아주 얇은 음색으로 음을 변화시키고 클라이맥스인 '사나이가 서글피'에서는 한 옥타브를 올려 누구와도 비교할 수 없는 매혹적인 고음을 구사한다.

자세히 들으면 가사 한 소절 한 소절마다 음의 두께, 폭 그리고 색깔이 다르다. 노래를 하는 게 아니라 마치 붓으로 그림을 그리는 형국이다. 바로 이 황홀한 음색과 울긋불긋한 감정 표현에 전 국민이 홀렸다. 1967년 MBC 라디오 프로그램 〈인기가요〉에서 20주간 정상의 기염을 토하는 공전의 히트였다. 「돌아가는 삼각지」로 배호는 단숨에 무명 신세에서 벗어나 최희준, 금호동, 남진과 어깨를 나란히 하는 최고 인기가수로 우뚝 섰다.

하지만 그는 데뷔 때부터 와병 상태였다. 1964년 「황금의 눈」과 「두메산골」을 불렀을 때 이미 신장염으로 투병 중이었고, 이듬해 「누가 울어」와 「안개 속에 가버린 사랑」을 녹음할 때도 병상에서 녹음했다고 한다. 아직 스타덤과 연이 닿지 않은 그에게 인생 역전을 마련해준 노래가 배상태 작곡의 「돌아가는 삼각지」였다. 이 곡은 발표하지는 못했지만 김호성이란 가수가 취입한 바 있고, 작곡자 배상태는 그 뒤에 당대 톱 가수들인 남일해, 남진, 금호동에게 주려 했으나 뜻을 이루지 못해 결국 무명의 신인 가수인 배호를 택했다.

배상태는 나중에 이렇게 썼다. "그때 배호가 종로2가 '궁전카바레'에서 드럼 마스터로 아픈 몸을 이끌고 연주할 무렵이었는데, 신장염으로 몸이 몹시 부어 있었고 호흡까지 곤란해서 취입하기가 아주 힘들었다. 그러나 노래 욕심이 많았던 배호는 곡을 듣는 순간 열을 다해 취입하겠다는 의지를 보였다." 다음 날 오후, 그는 40분간 연습한 뒤 몸을 가누지 못해 의자에 앉아 가래를 뱉어가며 가까스로「돌아가는 삼각지」의 녹음을 마쳤다.

두 번째 빅히트 넘버인 1967년 가을의「안개 긴 장충단 공원」도 병상에서 녹음했다. 배호의 전성기는 이처럼 인기의 화려한 스포트라이트와 병마와의 가혹한 투쟁으로 정확히 이등분되었다. 환희와 절망 그리고 빛과 그림자의 완벽한 동거였다고 할까. 결국「마지막 잎새」를 끝으로 그는 1971년 11월 7일, 스물아홉 살 푸르디푸른 청춘에 세상을 떠났다.

「안녕」,「당신」,「안개 속으로 가버린 사랑」,「비 내리는 명동」,「능금 빛 순정」,「영시의 이별」등 무수한 히트곡을 터뜨렸지만, 배호의 대표곡은 단연코 그의 이름을 가요팬들과 연결해준「돌아가는 삼각지」다. 실제로 서울 용산의 삼각지를 지날 때마다 사람들은 즉각 배호의 이름을 떠올린다. 2000년에는 삼각지 로터리 이면 도로명이 '배호길'로 정해졌고, 이듬해에는 로터리 인근 녹지에「돌아가는 삼각지」의 가사를 새긴 노래비도 건립되었다. 몸은 가도 음악은 죽지 않는다는 진리의, 더 이상의 증명이 없다. 임진모

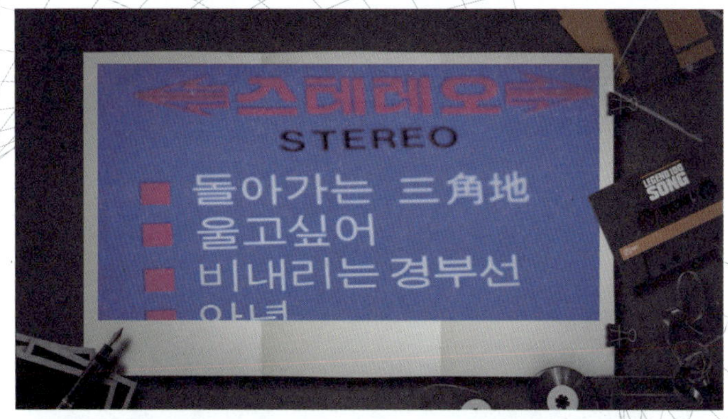
스테레오
STEREO
돌아가는 三角地
울고싶어
비내리는 경부선
안녕

# 22

# 님은 먼 곳에 <sup>(1970)</sup>

매력적 비음이 빚어낸 소울

**가수**

김추자

**앨범**

신중현 작곡집

**작사 · 작곡**

신중현

「님은 먼 곳에」는 이른바 신중현 사단의 간판급 여가수 김추자의 대표곡이다. 로커 신중현은 밴드가 비대중적인 당시 풍토를 고려해 펄 시스터즈라는 춤추는 여가수로 텔레비전 인기를 돌파해냈다. 뒤이어 밀어올린 김추자는 당대를 대표하는 여가수가 되었고, 그중 가장 넓은 호소력을 발휘하며 대중적으로 히트한 노래가 「님은 먼 곳에」였다. 강한 도발성과 파격적인 선율 등 신중현 노래의 특성을 고루 지니면서도 이들 노래보다 훨씬 익숙한 대중성을 지녔다. 바로 이 지점이 신중현 노래에 낯설어하던 대중들까지 폭넓게 휘어잡은 요인일 것이다.

그 익숙한 대중성의 정체는 이 곡이 드라마 주제가였다는 점과 무관하지 않다. 이 노래는 1969년 TBC TV의 멜로드라마 〈님은 먼 곳에〉의 주제가였다. 우리나라 드라마 주제가는 1950년대 후반부터 품격 있으면서 드라마틱한 서정성이 넘치는 스탠더드 팝 음악이 주를 이루었고, 그래서 1960년대의 다소 느린 템포의 단조 스탠더드 팝의 노래가 전형적인 드라마 주제가의 관행을 이루어왔다. 「님은 먼 곳에」는 단조 스탠더드 팝의 익숙함을 기반으로 신중현식의 변형을 더하여 완성한 작품이라는 점에서 주목할 만하다.

그래서 「거짓말이야」나 「늦기 전에」처럼 첫 머리에서부터 도발적으로 몰아치고 올려치지 않는다. 템포는 느리고 얌전하게, 1·2마디의 '사랑한다고' 부분의 선율은 평범하고 잔잔하게 시작한다. 아마 보통의 단조 스탠더드 팝이었으면 그런 잔잔한 중저음의 선율로 한두 소절을 이끌어갔을 것이다. 그리고 중반부에 전환을 꾀하면서 선율은 고음을 향해 가고, 결정적으로 클라이맥스와 대단원으로 이어질 것이다. 이것이야말로 가장 고전적인 이 시대의 스탠더드 팝의 구성 방법이다. 그런데 이 노래의 전개는 비슷하면서 다르다. 3·4마디 '말할걸 그랬지' 부분에서 마지막 음절 '지'는 4도쯤 하행할 것 같은 예상을 깨고, 5도 위로 치솟는다. 하행할 것 같은 기대감까지 치면 한 옥타브 위로 올린 셈이다. 이 대목에서 로커 신중현의 도발성이 빛난다.

도발적으로 끌어올리는 이러한 선율을 감당해낸 것이 김추자의 가창력이다. 소울의 끈적한 질감으로 선율을 쭉 끌어올리면서도 당시 사람들이 좋아하는 맑고 명징한 질감을 잃지 않는다. 야구의 변화구처럼 목소리로 절묘하게 표현해내는 가창력은 놀랄 만하다. 느린 템포의 노래가 지루해지지 않게 어떤 음은 점을 찍듯 탕치고, 어떤 부분은 한 번에 찌르고, 또 어떤 부분은 훑어 올린다. 가창이 하도 변화무쌍해서 전혀 지루할 틈이 없다.

신중현 사단의 펄 시스터즈가 그러했듯이 김추자 역시 춤추는 여가수였다. 그의 춤은 펄 시스터즈보다 한층 더 과격했다. 첫 부분에서부터 손목을 말아 비틀어 뻗고, 몸과 허리 전체를 비틀고 휘저으며 소울 특유의 관능적인 몸짓을 이 노래에 실었다. 오디오로만 이 노래를 들었을 때 느껴지는 묘한 관능성은 텔레비전 쇼에서 김추자의 춤추는 모습으로 한층 더 폭발했다. 이 노래의 인기는 급기야 노래의 제목만 따로 팔리는 지경에 이른다. 드라마의 리메이크가 아니라 오로지 제목만 팔려 영화 〈님은 먼 곳에〉가 제작될 정도였다.

노래가 귀에 쏙쏙 들어오도록 한 것에는 가사도 한몫했다. 가사는 드라마의 작가였던 유호가 직접 지었다. 유호는 이미 대중가요계에서는 잘 알려진 히트 제조기로 1940년대 말 「비 내리는 고모령」, 「서울야곡」부터 「맨발의 청춘」, 「떠날 때는 말없이」, 「좋아서 만났지요」 등 수많은 명가사를 쓴 극작가 겸 작사가이다. '사랑한다고 말할걸 그랬지'나 '눈물 주고 꿈도 주고'처럼 의미 단위가 짤막짤막하면서 명징하고 군더더기가 없다.

이런 특징은 신중현의 록과 소울이 경쾌하지만 다소 시끄러운 노래라고 여겼던 스탠더드 팝과 트로트 팬들까지 감동시켰고, 그럼으로써 이 노래는 신중현과 김추자 황금 콤비의 노래 중 최고의 작품으로 자리 잡았다. 이영미

"신중현은 미국 대중음악의 문법을 바탕으로 굉장히 새롭고 창조적인 한국 대중음악의 세계를 거의 첫 번째로 연, 정말로 위대한 궤적을 남긴 아티스트입니다." 강헌

"신중현은 미국 대중음악의 문법을 바탕으로 굉장히 새롭고 창조적인 한국 대중음악의 세계를 거의 첫 번째로 연, 정말로 위대한 궤적을 남긴 아티스트입니다." 강헌

# 23

# 봄비 (1970)

메마른 감성을 흠뻑 적시는 독백

**가수**

박인수

**앨범**

여보세요/ 그대는 바보

**작사 · 작곡**

신중현

1947년 평안북도 길주에서 태어난 박인수는 한국전쟁 중에 어머니를 잃어버려 전쟁고아가 됐다. 고아원을 전전하다가 선교사의 도움으로 열두 살에 미국으로 입양돼 그곳에서 3년여 동안 머문 박인수는 그 시절에 할렘가의 흑인음악을 들었고, 이 경험은 그의 대표곡 「봄비」에 투영돼 한국 소울의 든든한 자양분이 되었다.

하지만 미국에서의 생활도 잠시, 양부모와의 관계가 순탄치 못해 국내로 돌아와 미군 부대에서 허드렛일로 생계를 이어가던 어느 날, 박인수를 유심히 본 한 미군의 소개로 미8군 무대에 올라 노래 부른 것이 계기가 되어 본격적으로 미군을 상대로 한 쇼에 서게 된다. 클럽을 떠돌며 활동했던 그는 유창한 영어와 한국인의 정서와 어우러진 흑인 감성의 깊은 소울 창법을 바탕으로 인기를 얻으며 기존 가수들과의 차별화에 성공했다. 약간은 무심한 듯 온갖 열정을 토해내는 무대 매너는 여군들은 물론 일반 무대를 찾아온 여대생들마저 사로잡았으며, 곧바로 기존 가수와 대등한 인기를 얻을 정도로 유명해졌다.

이렇게 여러 클럽에 다니며 인기를 얻고 있을 무렵, 록의 대부 신중현이 박인수의 소문을 듣고 그를 스카우트했다. 신중현 사단에서 작은 역할로 무대에 오르는 것을 시작으로 나중에는 '신중현과 퀘스천스'의 음반에서 「봄비」를 불러서 일약 스타덤에 오른다.

하지만 「봄비」가 원래 표현하려던 것은 밴드의 이미지에 어울리는 사이키델릭 록이었다. 강하게 흐르는 연주를 바탕으로 툭툭 내던지는 박인수의 보컬은 모든 것을 보여줄 듯 말듯, 터질 듯 말듯 밀어내다가도 다시 당겨 그가 이끄는 대로 노래가 움직였다. 자연스러운 소울 창법까지 어우러져 밴드가 뿜어내고자 했던 목표를 이룩한 것이다. 박인수의 깊고 고독한 보컬에 이끌리다 보면 어느새 각기 다른 상상에 빨려 들어가는 현상이 나타나는 듯했다. 하지만 그는 곡의 무드를 적나라하게 전달하려 하지 않았다. 한없이 녹아들 만한 부드러움도 없었고, 감미로움도 존재하지 않았지만 박인수만의 안정되지 못한 소울 보컬이 곡에 신비롭게 젖어드는 시너지 효과를 일으켰다.

원래 「봄비」는 리메이크곡이다. 신중현 사단의 여가수 2호 이정화가 그 주인공인데, 그의 버전이 예상과 달리 널리 알려지지 못하자 박인수가 「봄비」를 다시 불러서 우리가 기억하게 된 것이다. 사이키델릭을 기반으로 만든 「봄비」는 그래서 박인수에게 초점을 맞춘 곡도 아니었고, 밴드에 치중해서 만든 곡도 아니었다. 박인수의 참여로 「봄비」는 오히려 그 중간 어딘가에 몽롱하게 떠 있는 사이키델릭 소울곡이 되었다. 촉촉이 내리는 봄비만이 내 마음을 달래주는 것 같다가도 몽땅 들켜버린 것 같아 원망스러워하기도 한다.

평생 단 한 곳도 편히 기댈 곳 없었던 그의 정서는 오로지 봄비에 스며들어 있다. 관객과의 진지한 눈맞춤 하나 없이 오직 외로움을 달래주는 봄비만을 향해 공허함을 부르짖는다. 후반부 '언제까지 내리려나 마음마저 울려주네…'의 노랫말에서는 인상을 구겨가며 가슴 깊은 처연함을 끄집어낸다. 시종일관 박자와 발음을 칼같이 맞추지 않고도 어느새 곡의 흐름에 진입해 있다. 가볍게 쓸어내리는 드럼 소리와 숨을 죽이다가도 적당히 등장하는 건반은 그치지 않는 봄비의 구슬픈 분위기를 극대화한다.

보컬이 노래로서 대중에게 선사하려는 의도가 빤히 드러난다면 감동을 줄 수 없다. 장르에 적합한 사운드를 모두 동원해야 하며 보컬은 곡의 분위기와 노랫말을 약간의 과장도 없이 자연스럽게 표현해야 한다. 「봄비」에서 박인수는 이런 필요충분조건을 갖추었고, 그래서 이 곡이 오랜 시간이 흐른 지금까지도 명곡으로 꼽히는 이유다. 허보영

봄비 | 박인수 (1970)
LEGEND 100 SONG

# 24

# 한동안 뜸했었지 (1978)

테크니션들, 한 수 보여주다

가수
사랑과 평화

앨범
사랑과 평화 1집

작사 · 작곡
이장희

한동안 수면 아래로 가라앉은 한국의 록을 되살려낸 3형제 밴드 산울림의 「아니 벌써」, 「문 좀 열어줘」, 「내 마음에 주단을 깔고」가 대중가요 판을 장악하고 있던 1978년 늦가을에 대중들은 같은 록이되 사뭇 괴상한 록 가요 한 곡에 일대 충격을 맞이한다. 사랑과 평화라는 밴드의 「한동안 뜸했었지」라는 곡이었다.

얼핏 듣기에도 세련되고 풍성한 곡이었지만 이전에 청취하지 못한 이질적인 곡조와 연주라서 생소했고 이상했다. 자연스럽게 멜로디가 흐르는 스타일이 아니라 통통 튀는 리듬의 연주였기 때문에 트로트에 익숙한 사람들은 '빨래판 긁는 소리'라고 투덜거리기도 했다. 하지만 록의 수요자들과 뮤지션들은 즉각적으로 이 곡이 아무나 구사할 수 없는 빼어난 연주력의 결정체라는 것을 알았다.

당시의 많은 아마추어 캠퍼스 밴드들은 이들의 프로 연주에 마치 게릴라 뒤통수 맞는 것 같은 충격을 경험했다. 나중에 '송골매'가 된 밴드 활주로의 리더 배철수도 그중 한 사람이었다. "그룹 활주로로 해변가요제와 대학가요제에 입상하면서 정식 가요계로 들어와서, 프로 밴드 사랑과 평화를 보면 부러웠고 열등감이 가득했다. 우리는 할 수 없는 정말 환상적인 연주였다. TV로 생중계된 〈MBC '78 대학가요제〉에서 경연이 끝나고 게스트로 출연한 그들이 들려준 「한동안 뜸했었지」와 「베토벤의 운명」에 우리 활주로 멤버들은 넋을 잃었다."

같은 캠퍼스 밴드 작은 거인의 김수철 역시 "발군의 음악성을 보인 것도 대단했지만 사랑과 평화의 「한동안 뜸했었지」는 대중적으로도 크게 히트했다. 그런 음악이 통하기 어려운 시절에 대중성을 확보했다는 점에서 정말 대단하다고 생각한다!"고 말했다.

실력도 물론이었지만 이들은 다른 가수나 밴드들이 8채널 혹은 16채널로 녹음하던 그 시절 24채널로 악기 소리를 분리 녹음해 사운드의 질적 향상을 꾀하는 등 음향 측면에서도 타의 추종을 불허했다. 당시 음악관계자들이 사랑과 평화 음악에 깜짝 놀랐던 이유는 출중한 연주력 외에도 당시 기준에서 매우 정교하고 세련된 퀄리티의 사운드 때문이었다.

데뷔 때 사랑과 평화는 최이철(기타), 김명곤(키보드), 이근수(키보드), 이남이(베이스), 김태홍(드럼) 등 다섯 멤버 모두가 각 악기 부문 최고 실력의 플레이어들이었다. 그들은 '서울나그네'라는 이름으로 수년간 미8군 무대에서 활약했다. 이들을 주류 무대로 끌어낸 주인공은 당시 라디오방송의 유명 디스크자키이기도 했던 포크 록의 장인 이장희였다. 그가 이들이 연주하는 업소에 찾아와 음반 취입을 요청한 것이었다. 「한동안 뜸했었지」도 이장희가 작사·작곡했다.

「한동안 뜸했었지」가 획을 그은 것은 펑크$^{Funk}$라는 16비트 음악을 가요화했다는 점에 있다. 당시 미국에서 인기 있던 이 흑인음악 장르는 미8군 무대나 업소에서는 들을 수 있었지만 대중가요로 소개되지는 않았다. 「한동안 뜸했었지」는 그 생경한 펑크 리듬을 대중들이 소화할 수 있도록 만들었다는 점에서 기념비였던 셈이다.

최이철은 기타 연주만이 아니라 펑크의 리듬을 제대로 타는 탄력적이고 기름진 보컬을 선사했다. 많은 후배 밴드들이 사랑과 평화의 탁월한 실력을 숭배하며 따라간 것은 물론, 1970년대의 획일화된 가요패턴을 뒤엎고 「한동안 뜸했었지」와 같은 펑키 록 가요를 실험해 뿌리내린 것에 무한 존경을 표한다. 2008년에는 댄스 그룹 거북이가 「한동안 뜸했었지」를 리메이크해 재조명되기도 했다.

이 곡을 1970년대 후반 그 무렵에 유행하던 가요와 견주어 듣는 즉시, 우리에게 이렇게 시대를 앞서간 록 음악이 있었다는 점에 새삼 놀라고 또 자랑스러울 것이다. 단숨에 곡에 빨려 들어갈 만큼 재미있고 동시에 최상급 수준을 자랑한 「한동안 뜸했었지」가 대중가요 역사에 심어놓은 것은 한국 록의 자부심이었다. 임진모



"「한동안 뜸했었지」는 우리나라 밴드의 연주력에 있어서 한 획을 그은 노래입니다."

전태관(봄여름가을겨울)

한동안 뜸했었지 사랑과 평화(1978)

희망을 노래하는 무가공 창법

**가수**

양희은

**앨범**

거친 들판에
푸르른 솔잎처럼

**작사 · 작곡**

김민기

20세기 말 한국의 상황을 집약하는 단 하나의 이미지를 꼽는다면? 그 유명한 1998년 7월 '박세리의 맨발 샷' 우승 장면과 함께 울려 퍼진 양희은의 「상록수」를 꼽는 데에 주저할 사람은 없을 것이다. 정부 수립 50주년을 기념하여 '제2의 건국'을 슬로건으로 삼아 1998년 8월에 제작된 홍보 영상물은 한편으로는 1997년 말 외환위기로 IMF 구제금융을 받아야 할 정도가 된 위태로운 경제 상황을 극복해나가야겠다는 의지를, 다른 한편으로는 '민중가요'가 정부의 공식 홍보물에 등장할 정도로 민주화된 정치 상황을 보여주고 있었기 때문이다. 「상록수」는 이후에도 대통령취임식 축가 등으로 쓰이는 등 국가, 정부, 국민을 상징하는 노래로 종종 쓰였다. 이렇게 통 큰 상징성을 지닌 노래는 「아리랑」, 「우리의 소원」, 「고향의 봄」 등을 포함해도 10곡이 채 되지 않는다.

「상록수」가 이런 큰 의미를 품게된 것은 이 노래가 거쳐온 독특한 상황에도 기인하지만, 무엇보다 노래 자체가 지니는 특성에도 기인하는 바가 크다. 대중가요와 민중가요를 오간 노래 중에서도 이렇게 쓰이는 노래는 김민기의 「아침 이슬」과 이 곡, 단 2편뿐이다. 담담하면서도 큰 스케일, 미래지향적이며 의지적인 태도, 이를 에워싸는 숭고한 아름다움이 두 곡이 보여주는 공통점이다. 하지만 「아침 이슬」과 「상록수」는 비슷하면서도 다른 측면이 많다.

우선 「상록수」는 창작자 김민기의 작품 중 1970년대 후반을 대표하는 작품이다. 「아침 이슬」이 그 웅장한 스케일과 성숙한 태도에도 불구하고 갓 스물의 앳된 청년의 고뇌 어린 목소리가 곡에 깃들어 있다면, 「상록수」에서는 군대까지 다녀오고 사회물을 먹기 시작한 20대 후반 청년의 목소리가 들린다. 김민기는 군을 제대한 후 부평의 한 공장에 사무직으로 취직했고, 그곳의 노동자들에게 아침마다 공부를 가르쳤다. 이때 함께 생활한 노동자가 합동결혼식을 한다고 해서 축가로 지어준 노래가 「상록수」이다. 그래서 이 노래에는 스무 살 고뇌의 흔적은 거의 존재하지 않는다.

「상록수」는 '묘지'가 보이는 언덕 위에서의 고뇌를 끝내고 이미 '광야'에 내려와 여러 사람과 함께 생활하는 사람의 모습이다. 이 노래에서 설정된 환경은 '거치른 들판', '비바람', '눈보라' 등으로 고통스럽지만, 이미 자신을 포함한 동료들은 늘 푸른 소나무, 상록수로 그 들판에서 살아가고 있다. 10대에 고향을 떠나 공장일하며 꿋꿋하게 살아가는 1970년대의 젊은 노동자들을 '돌보는 사람도 하나 없는' 소나무에 비유한 것은 매우 적절하다. 「아침 이슬」의 '나 이제 가노라'가 개인 혼자의 결단이라면, 이 노래의 주인공은 '손에 손 맞잡'은 '우리'로 집단화되어 있고 '서럽고 쓰리던 지난날들'도 이미 겪어온, 산전수전 겪은 느낌을 지닌다. 자신들이 '나갈 길'이 '멀고 험해도' 이미 늘 푸른 솔잎처럼 살아온 '우리들'이니 이대로 가는 것은 이미 정해져 있고, '끝내 이기리라'는 미래를 향한 전망도 훨씬 밝고 힘차다. 「상록수」가 「아침 이슬」을 제치고 국가의 위기상황에 함께 힘을 모으는 노래로 선택된 것은 바로 이러한 집단적이고 강인한 느낌 때문일 것이다.

악곡도 그러하다. 작품은 비교적 짧고 단순하며, 첫 부분부터 장조에서 단조를 살짝 거쳐 장조로 돌아오는 화성은 대중적이고 드라마틱한 느낌을 만들어낸다. 그러나 가장 힘을 준 마지막 구절 '온누리 끝까지'로 나아갈 때에는 베이스를 반음씩 하행한 뒤 힘을 모아 고음으로의 상행을 준비하는, 김민기다운 치밀한 음악적 구사를 잊지 않는다.

노래를 부른 양희은의 1978년의 가창력 역시 20대 후반에 무르익은 모습을 보여준다. 양희은은 이 시대까지 패티김을 제외하고는 누구도 따라올 수 없는 스케일 크고 표현력 풍부한 가창력을 보여준 가수였다. 스무 살 시절에는 예쁜 소녀 목소리가 남아 있었다면, 20대 후반의 이 노래에서는 짜랑짜랑한 예리함과 함께 힘으로 불끈 쳐올리는 뒷심을 보여주어 나이와 함께 생겨난 풍부한 표현력을 느낄 수 있다. 양희은은 1997년에 김민기에게 헌정하는 음반에서 다시 이 노래를 불렀는데, 젊은 시절의 날카로움과 명징한 질감이 사라진 대신 바이브레이션이 섞인 부드럽고 풍만한 소리로 원숙함을 보여주었다. 1998년 정부 홍보 동영상에 쓰인 음악은 1997년 40대 후반에 도달한 양희은의 목소리이다.

이 노래가 '서럽고 쓰리던 지난날들'과 '손에 손 맞잡고 눈물 흘리'는 상황을 거쳐온 것이야말로 한 편의 짧은 노래에 많은 의미를 담게 된 이유일 것이다. 결국은 노래 가사처럼 '끝내 이기리라'의 신념을 온 국민에게 전파하는 노래로 되살아날 수 있었다. 이영미

LEGEND 100
SONG

# 26

# 꽃밭에서 <sub>(1978)</sub>

절정의 미성으로 부른 순수한 낭만

**가수**
정훈희

**앨범**
꽃밭에서

**작사 · 작곡**
이종택 · 이봉조

정훈희의 전매특허는 비음이 가득한 매력적인 미성이다. 「안개」에서부터 「강 건너 등불」, 「꽃길」, 「그 사람 바보야」 등을 히트시킨 아름답고 고운 미성은 그가 가진 최고의 강점이자 무기다. 1967년의 데뷔곡 「안개」를 건네준 작곡가 이봉조와의 만남도 이 음색 덕분에 성사된 인연이다. 이봉조는 쟈니 브라더스의 허밍으로만 이루어진 곡을 완성시킬 마지막 열쇠를 정훈희 특유의 목소리에서 찾았기 때문이다.

「안개」를 시작으로 정훈희는 톱스타의 자리에 쾌속 질주로 닿는다. 라디오에는 신청곡 요청이 쇄도했고, 그해 〈MBC 10대가수가요제〉에서 신인가수상을 수상했다. 10대가수상도 1970년에 발표한 「그 사람 바보야」와 함께 다가온다. 그 이후 정상까지 오르는 시간은 얼마 걸리지 않았다.

더불어 1970년대에 들어서면서는 '국가대표 가수'라는 새로운 별칭도 붙는다. 「안개」로 42개국이 참가한 1970년 〈도쿄 야마하 국제가요제〉에서 입상에 성공하더니, 1971년의 〈그리스 국제가요제〉에서는 「너」로 아시아권 국가 중에서 홀로 입상했다. 「좋아서 만났지요」와 「무인도」도 각각 1972년 〈도쿄 야마하 국제가요제〉와 지구 반대편의 〈칠레 가요제〉에서 수상한 곡이다.

그 정점이 바로 「꽃밭에서」였다. 잠시 침체기를 맞은 가요시장을 피해 정훈희는 다시 칠레 가요제를 찾아 입상에 성공한다. 이쯤에서 생각해볼 점은 정훈희가 어떻게 이런 국제 무대에서 강한 면모를 보였느냐 하는 것이다.

「꽃밭에서」가 이를 증명할 결정적인 곡이다. 정훈희의 보컬은 팝 사운드에 친화된 측면을 갖고 있었다. 한국적인 요소도 분명 들어 있었지만, 그는 정제되고 세련된 스탠더드 팝의 색깔을 구사하는 데에도 모자람이 없었다. 그만큼 정훈희는 우리나라 텔레비전 프로그램에서 팝 음악을 가장 많이 부른 가수이기도 했다.

재즈에 특화된 관록의 작곡가 이봉조가 스탠더드 팝을 구현한 것도 같은 맥락이라고 할 수 있다. 「꽃밭에서」에는 과하지 않게, 깔끔하게 맺힌 피아노와 오케스트레이션 편곡이 담겨 있다. 이는 보컬에 특화된 정훈희의 매력을 극대화시킨 배경이기도 하다. 미성으로 깔리는 도입부에서부터 단숨에 귀에 파고들었고, 매끄럽게 나가는 목소리 뒤에는 은근한 힘이 있었다. 하지만 이 노래의 압권은 코러스다. 고음의 절정을 달리는 정훈희는 노래의 감정선을 최고조로 끌어올린다.

이 부분이 「꽃밭에서」를 감동의 노래라는 자리에 올리는 부분이다. 노래의 마지막까지 떨어지지 않는 완력과 어느 순간에도 흐트러지지 않는 아름다운 목소리는 다분히 감성을 자극하고 충분히 감동을 잡아간다. 흐름에 따라 강약을 타며 완급을 조절하는 역량은 또 어떠한가. 수많은 팬들이 사랑을 아끼지 않는 부분도, 수많은 선후배와 동료 가수들이 찬사를 마다하지 않는 부분도 바로 여기다. 1995년에 조관우의 아름다운 가성으로 리메이크된 「꽃밭에서」도 정훈희의 곡을 원곡으로 두고 있다.

그 어느 악기도 사람의 목소리만큼 매력적이지 않다는, 보컬의 힘을 역설力說하는 이 한 구절이 왜 유효한지를 「꽃밭에서」가 깨닫게 한다. 아름다운 목소리, 미성의 결정체를 언급했을 때에는 단연코 이 곡이 꼽혀야 한다.

「꽃밭에서」는 단순히 정훈희라는 아티스트의 특색만 가리키는 지표에 그치지 않는다. 이 곡이 우리나라 대중음악 역사에서 무게가 실리는 이유는 30년이 넘도록 그 미성으로 수많은 사람들에게 계속 회자되는 감동을 낳았다는 점일 것이다. 이수호

꽃밭에서 정훈희(1978)

# 27

# 여러분 (1981)

절제와 폭발이 이루어낸 카타르시스

**가수**

윤복희

**앨범**

윤항기 윤복희 대표곡 모음

**작사 · 작곡**

윤항기

1979년 6월 2일, 세종문화회관에서 열린 제2회 〈서울 국제가요제〉. 세계 12개국을 대표하는 18명의 가수들이 치열한 경연을 벌였던 그 무대의 주인공은 한국 대표 윤복희였다. 「여러분」으로 그랑프리를 수상한 후 오빠 윤항기와 격렬하게 부둥켜안고 오열한 모습은 한국 대중음악사의 불후의 명장면으로 아로새겨져 있다. "윤복희가 외로울 때면 위로해줄 사람은 누구? 바로 여러분!"이란 윤항기의 인사와 눈물로 범벅된 윤복희의 앵콜송은 객석과 전국의 시청자들에게 감당하기 힘들만큼 뭉클한 감동을 안겼다.

「여러분」은 파란만장한 인생 역정에 대한 좌절보다는 극복의 미학을 보여준 명곡이다. 대중가요의 가장 위대한 기능인 위로의 미덕을 증명한 결정판이라 해도 좋다. 이 노래는 록 밴드 키보이스의 멤버로 한 시대를 풍미했던 윤항기의 창작곡이다. 1978년 폐결핵 말기 판정으로 6개월 시한부 선고를 받았던 그와 더불어 1979년 초, 윤복희도 이혼의 아픔을 겪고 두문불출했다. 병마에 시달리면서도 동생의 가슴앓이를 더 이상 지켜보기 힘들었던 윤항기는 '절망 속에서도 희망을 놓지 말자'는 메시지를 담은 노래 「여러분」을 만들었다.

굳게 닫아버렸던 방문을 열고 자신을 위해 만들어준 노래 악보를 힘없이 따라 부르던 윤복희의 눈에서는 눈물이 주르르 흘렀다. 이들 남매가 〈서울 국제가요제〉에 출전한 것은 극한 절망에서 건져낸 노래 「여러분」이 단 한 사람만이 아닌, 자신들처럼 어려움을 겪고 있는 세상 모든 사람들에게 위로가 되길 바라는 마음 때문이었다. 노래를 듣는 사람들의 폐부를 찌르는 애절한 이 노래에 대중이 감동한 것은 격동의 시대를 살았던 대중의 아픔과 상처를 보듬어주는 윤복희, 윤항기 남매의 따뜻한 진심 때문이었다.

「여러분」의 가사는 한마디로 직설화법이다. 클라이맥스는 '네가 만약 괴로울 때면 내가 위로해줄게/ 네가 만약 서러울 때면 내가 눈물이 되리…'라는 독백 부분이다. 진심을 담은 가사가 탁월한 보컬로 발화할 때, 고단한 삶에 조금이라도 지친 청자라면 극한의 위로를 경험하는 마법 같은 기적이 일어난다. 노래, 춤, 연기 능력을 모두 갖춘 멀티플레이어인 윤복희는 불우했던 어린 시절부터 험난한 세파에도 예술혼을 불태우며 당찬 음악 인생을 살아온 기린아였다. 진정을 다해 부르는 노래, 혼신을 다해 움직이는 몸짓과 내뱉는 대사 하나하나에 진심을 녹여 감동을 선사하는 그녀는 프랑스의 국민가수 에디트 피아프에 비견된다. 두 사람은 소녀 시절의 고난과 역경, 고독의 몸부림, 노래에 대한 열정, 정열적인 사랑의 편력, 대중예술에 대한 확고한 감각 등에서 상당 부분 닮은꼴이다. 실제로 뮤지컬 배우로 변신한 윤복희는 1977년 〈빠담 빠담〉에서 에디트 피아프 역으로 백상예술대상을 수상했다.

타의 추종을 불허하는 그녀의 노래에 대한 열정은 온몸으로 혼을 쥐어짜듯 노래하는 모습에서 여과 없이 드러난다. 가녀린 몸매에서 어떻게 저런 야성적인 열창이 가능할까 감탄하는 사이, 그녀의 목에 시퍼렇게 돋아나는 동맥은 우리들을 사정없이 비극미로 이끈다. 이런 예술적 감동은 윤복희의 노래에 대한 집념과 노력을 통해 획득한 독특하고도 매력적인 특유의 스타일로 구체화되었다. 「여러분」에서도 감정의 굴곡에 따라 자연스럽게 표출되는 몸짓과 표정은 노래의 맛을 극대화시키는 효력을 발휘했다.

한동안 각본 없는 감동 드라마를 연출했던 서바이벌 노래 경연 프로그램 〈나는 가수다〉는 윤복희의 대표곡 「여러분」을 다시금 뜨거운 화두로 떠올렸다. 그녀처럼 굴곡진 삶을 살아온 가수 임재범의 탁월한 재해석을 통해 대중은 노래가 주는 감동이 무엇인지를 다시 한 번 자각했다. 명곡 「여러분」은 대중가요가 몇 번 듣고 버리는 소모적 대상이 아닌 오랫동안 감동을 안겨주는 예술적 대상으로 인식의 전환을 불러오는 계기를 마련했다. 관객의 기립박수 장면을 이끌어낸 그 무대 이후, 이전에는 생소했던 대중음악 공연장에서 기립박수를 치는 관객의 모습은 자연스러운 일상이 되었다. 윤복희의 「여러분」은 그동안 대중문화인을 '딴따라'로 불렸던 사회적인 편견에 놀라운 반전을 실현시킨 우리의 명곡이다. 최규성

# 잃어버린 30년 <sup></sup>(1983)

실향민의 눈물 맺힌 염원가

**가수**

설운도

**앨범**

잃어버린 30년

**작사 · 작곡**

박건호 · 남국인

실향민과 이산가족의 애끓는 사연과 극적인 상봉으로 전국을 감동의 울음바다로 만들어버린 지난 1983년의 KBS 특별생방송 〈이산가족을 찾습니다〉는 동시에 한 트로트가수의 스타 탄생을 알렸다. 〈신인탄생〉이라는 오디션 프로그램을 통해 데뷔한 가수 설운도는 이 생방송을 보고 이산가족들이 운집한 현장에 함께 있다가 막간에 부른 「잃어버린 30년」이라는 곡으로 무명에서 벗어나 일약 전국적 스타덤에 올랐다.

이 프로그램에는 여러 가수가 출연해 노래를 불렀고 프로그램 타이틀곡은 1964년 곽순옥 원곡으로 패티김이 다시 부른 「누가 이 여인을 모르시나요」였지만 시청자들은 이산가족이 품은 통한의 사연을 애절하게 소화한 설운도의 「잃어버린 30년」에 더욱 가슴을 울먹이며 끌려 들어갔다.

'비가 오나 눈이 오나 바람이 부나/ 그리웠던 삼십 년 세월/ 의지할 곳 없는 이 몸/ 서러워하며 그 얼마나 울었던가요/ 우리 형제 이제라도 다시 만나서/ 못다 한 정 나누는데/ 어머님 아버님 그 어디에 계십니까/ 목 메이게 불러봅니다…'

당시 진행자였던 이지연 아나운서는 「잃어버린 30년」을 두고 "딱 들어맞는 노랫말과 애절한 가창이 만나 일궈낸 승리로, 전 국민을 이산가족 찾기 생방송에 주목하게 하는 데 크게 기여한 노래"로 평가한다. 『잃어버린 30년』이란 제목의 생방송 기념 음반이 발표되었고, 당연히 설운도의 노래는 앨범의 머릿곡이었다. 본인도 주저하지 않고 이 곡을 30년 가요활동 중에서 가장 애착이 가는 노래로 꼽는다.

박건호 작사, 남국인 작곡의 이 노래는 원래 「아버지」라는 기존 곡이 있었으나, 이산가족 상봉 행사에 맞춰 가사를 조금 바꾸고 제목을 달리해 완연히 새로운 생명을 얻었다. 1953년 정전停戰 후 꼭 30년이 흐른 시점에 이산가족 찾기 생방송이 기획되었기에 제목에 30년이 붙게 된 것이다. 단순한 곡조임에도 불구하고 이 노래가 잊을 수 없는 한국인의 애청, 애창곡으로 승격한 이유는 이러한 시의성에 기초한 역사적 의미 때문이다.

남북 분단의 아픔과 실향민의 애환 정서에 기초한 노래들은 1960년대까지는 「눈물 젖은 두만강」, 「단장의 미아리 고개」, 「불효자는 웁니다」 등이 말해주듯 가요계에 보편적이었지만 1970년대 들어서 그 계보가 뚝 끊겼다. 설운도의 「잃어버린 30년」은 이러한 실향가失鄕歌의 전통과 맥을 되살렸다는 점에서도 역사적 의의를 평가받는다.

이후 설운도는 「나침반」과 「원점」이란 노래와 함께 주요 트로트가수로 부상했고, 1980년대 후반 주현미와 현철이 맹활약한 트로트의 르네상스기를 맞아 인기의 보폭을 더욱 넓혔다. 1991년의 「다함께 차차차」로 10대가수상의 영광을 안았고 이후 현철, 태진아, 송대관과 함께 '트로트의 4대 천왕'으로 통했다.

「다함께 차차차」 이후에는 과거에 나훈아가 그랬듯 노래만 부르는 가수에서 탈피해 스스로 곡을 쓰는 작사·작곡자로서도 역량을 발휘했다. 1992년의 「여자 여자 여자」, 1995년의 「쌈바의 여인」, 1997년 「사랑의 트위스트」, 1999년의 「누이」, 2004년 「춘자야」 등 그를 대표하는 히트곡들 대부분을 그가 직접 썼다. 문희옥의 「해변의 첫사랑」과 박주희의 「럭키」 등 남에게 준 곡들도 많다.

작사·작곡을 한 덕에 그는 트로트가수 가운데 드물게 저작권료의 강자로 알려져 있다. 이 모든 영광이 「잃어버린 30년」으로 시작되었다. 곡목과 다르게 설운도의 가수생활은 '많이 얻은 30년' 세월이었다. 임진모

잃어버린
30年

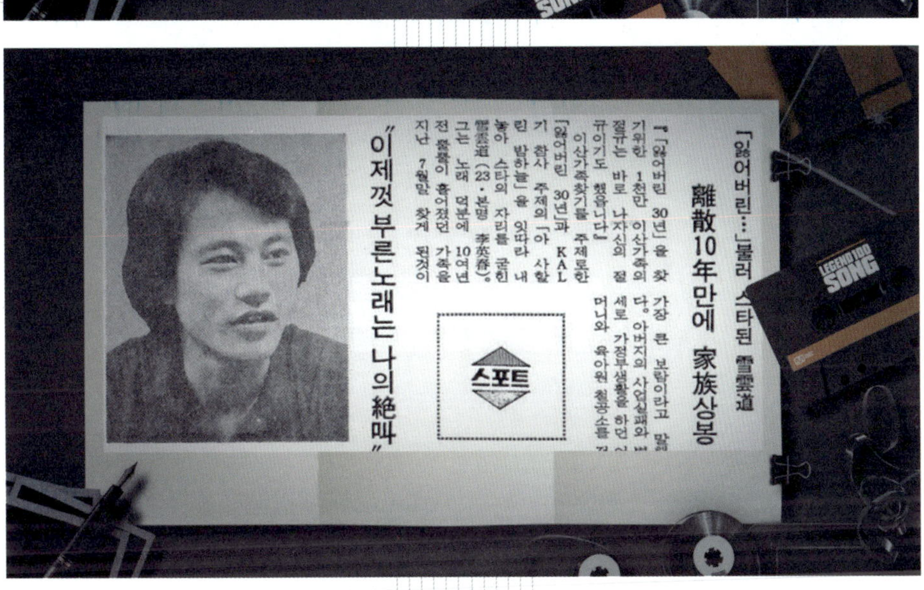
「잃어버린…」불러 스타된 雪雲道
離散 10年만에 家族상봉
「잃어버린 30년」을 찾기위한 1천만 이산가족의 절規는 바로 나자신의 절뮤이기도 했읍니다」
이산가족찾기를 주제로한 「잃어버린 30년」과 KAL기참사 주제의 「아 사할린 밤하늘」을 잇따라 내놓아 스타의 자리를 굳힌 雪雲道(23·본명 李英春).
그는 노래 역분에 10여년 전 뿔뿔이 흩어졌던 가족을 지난 7월말 찾게 됐것이
가장 큰 보람이라고 말당. 아버지의 사업실패와 세로 가정부생활을 하던 머니와 육아원 철풍소를
"이제껏 부른노래는 나의 絶叫"
스포트

# 남자는 배 여자는 항구

(1984)

여자를 울린 시대의 사랑 노래

**가수**

심수봉

**앨범**

심수봉 신곡 1집
그대와 탱고를/ 님이여/
남자는 배 여자는 항구

**작사 · 작곡**

심수봉

35년이 더 흐른 지난 1978년, 2회를 맞은 〈MBC 대학가요제〉에 흰 블라우스에 검정 치마를 입은 한 여학생이 출연했다. 옷차림부터 달랐던 그는 피아노 앞에 다소곳이 앉아 사뭇 이상한 노래를 불렀다. 그 여학생의 이름은 심민경이었고, 출전곡은 트로트 기운이 완연한 「그때 그 사람」이었다. 청년세대의 음악이 록이나 포크가 대세이던 시절, 「그때 그 사람」에 많은 젊은이들이 "어떻게 트로트로 〈대학가요제〉에 나온 거지?"라며 의아해했다.

그는 결코 큰 상을 받지 못하고 입상에 만족해야 했지만, 많은 시청자들은 대학가요제의 주류와는 색깔이 판이했던 그 노래와 가수의 정체가 너무도 궁금했다. 당장 다음 날 전국의 대학생들은 삼삼오오 모여 '그 노래 참 특이했다'고 소곤거렸고, 심민경은 이름을 심수봉으로 바꿔 이듬해 정식 앨범을 발표했다.

하지만 그는 수년간 라디오와 TV 등에서 가수로서의 공식 활동을 하지 못했다. 사람들은 오랫동안 심수봉을 볼 수 없어서 더욱 그의 매혹적인 노래를 학수고대했다. 주류 활동을 못했어도 대중의 '물밑 사랑'은 여전했고, 신비감은 필연적이었다. 그 신비감 때문에라도 금지가 풀린 1984년에 공개한 곡 「남자는 배 여자는 항구」에 대한 대중의 반응은 무척이나 센세이셔널했다.

여전히 텔레비전에 얼굴을 드러내지 못해 인기차트 순위에는 오르지 못했어도 이 노래는 업소에서, 모임에서 끊임없이 불렸다. 주류 매체를 통해 호응과 관심이 겉으로 드러나지는 않았어도 다수의 가슴을 파고드는 데 성공한 것이다. 화려한 무대에서 스포트라이트를 받은 게 아니라 가려진 '뒤편'에서 그 존재의 중력이 불어났다고 할까. 이 점에서 '물밑'과 '뒤편'은 심수봉을 이해하는 중요한 키워드들이다.

어른들만이 아니라 트로트와 거리감이 있는 여대생들도 심수봉의 「남자는 배 여자는 항구」에는 열광했다. 그들은 심지어 이 곡의 마지막 가사인 '남자는 다 그래!'를 응용해 '여자는 더 그래!'를 시정의 유행어로 만들기도 했다.

「남자는 배 여자는 항구」는 심수봉 작사·작곡이다. 팬들이 심수봉을 높이 평가하는 것은 이 창작력 때문이기도 하다. 이 곡 외에 「그때 그 사람」, 「사랑밖에 난 몰라」, 「미워요」 등 심수봉의 주요 히트곡은 모두 그가 직접 썼다. 성인가요 가수 가운데 거의 유일하게 곡을 쓰는 인물이기에 심수봉은 '트로트 작가' 혹은 '트로트 아티스트'라는 영예로운 타이틀을 얻었다.

「남자는 배 여자는 항구」를 노래방에서 불러본 경험이 있는 사람들은 수긍하지만 곡을 쉽게 여기고 덤볐다가 갈수록 호흡을 쫓아가지 못해 숨을 허덕대는 경우가 허다하다. 하늘이 내려준 비음이라는 찬사를 받는 독특하고 간드러진 음색과 더불어 심수봉의 특기라고 할 호흡이 그만큼 가파르고 뛰어나다는 증거일 것이다.

심수봉은 이 곡을 쓰게 된 배경을 이렇게 밝혔다. "당시 저와 친한 부부가 있었는데 남편이 외항선을 타고 떠나 이별을 맞게 됐지요. 마침 제가 그 부부를 인천 연안부두까지 배웅했는데, 아내는 헤어진 후부터 신림동에 돌아오는 순간까지 차 안에서 줄곧 애처로이 울더라고요. 너무 절절하고 마음이 찡해서 그 느낌을 남녀 이야기로 구성해 곡으로 옮겼습니다."

이 곡의 성공은 창작성의 승리이자 대중의 개가라고 할 수 있다. 매스컴에 의해, 기획에 의해 스타를 쫓아가는 것이 아닌, 단지 노래가 좋아서 가사가 실감나서 솔직하게 감성을 따른 '보이지 않는 다수'가 「남자는 배 여자는 항구」를 명곡으로 만들었다. 발군의 창작만으로 팬을 끌어들인 드문 사례가 아닐 수 없다. 가수 이미지와 곡 분위기는 물론 인기를 얻은 과정 또한 신비롭다. 임진모

"심수봉 선배님은 전혀 예상할 수 없는 측면에서 곡을 쓰고 작사를 하는데 그야말로 놀라울 따름입니다. 예상할 수 없다는 게 왜곡한다거나 에둘러 표현한다는 게 아니라 정말 그분의 진심을 곡에 담는다는 거죠. 선배님이 가사 쓰는 거 보고 '아, 이렇게도 할 수 있구나…' 하고 굉장히 놀랐던 기억이 납니다." 정원영(뮤지션·교수)

# 30

# J에게 <sub></sub>(1984)

소녀가 뿜어내는 불세출의 가창

**가수**

이선희

**앨범**

’84 〈MBC 강변가요제〉

**작사 · 작곡**

이세건

1984년 제5회 〈MBC 강변가요제〉가 대중가요 역사에서 끊임없이 회자되는 건 순전히 이선희의 등장 덕분이다. 당시 대학 동아리 멤버 임성균과 함께 4막 5장이라는 혼성 듀엣으로 출전해서 대상을 수상한 이선희는 이를 계기로 하루아침에 일약 스타가 됐다. 그에게 화려한 데뷔를 안긴 출전곡 「J에게」는 그래서 수많은 히트곡들 중에서도 특히 각별하다. 1980년대 중후반 가요계를 평정한 이선희 열풍은 가는 길마다 「J에게」가 울려 퍼지면서 시작됐다.

〈강변가요제〉에서 이선희의 무대는 여러모로 인상적이었다. 음악을 반대하는 아버지의 눈을 피하기 위해서 무성하게 파마된 헤어스타일에 얼굴 절반을 가린 커다란 안경을 낀 모습은 당시를 공유한 대중들의 기억에 아직도 선명하게 각인되어 있다. 어색하게 걸친 월남치마에 관한 에피소드도 유명하다. 원래는 청바지를 입고 왔지만 여성 출연자가 바지 차림으로 무대에 오르는 것이 꺼려됐던 시대 분위기 탓에 급한 대로 관객의 치마를 빌려 입었던 것이다.

가장 인상적인 지점은 스물한 살의 나이에 좌중을 휘어잡는 놀라운 가창력에 있었다. 힘 있게 뻗어나가는 우렁찬 목청과 압도적인 역창이 대중의 이목을 흡입하지 않았다면 어설픈 무대 의상도 이처럼 또렷이 각인될 수는 없었을 것이다. 대중은 남녀노소를 불문하고 이선희 가창에 즉각적으로 심취했다. 완벽한 발성과 파워풀한 성량으로 듣는 이의 마음을 뻥 뚫어버리듯 장쾌하게 노래하는 이선희의 창법은 이후 많은 보컬리스트에게 일종의 교과서가 되었다.

지금은 이선희 솔로곡으로 인식되고 있지만 초기 「J에게」는 남녀 듀엣곡이었다. 남자 파트인 임성균의 보조를 받으며 노래를 주도하는 이선희의 목소리는 애절하고도 시원하다. 떠난 이에 대한 그리움의 정서를 청아한 목소리로 가만히 풀어가다가 필요한 순간 참아온 고백의 감정을 온전히 발산할 때 전이되는 전율은 이름에 이니셜 J가 들어 있는 모든 이들을 설레게 할 만큼 강력했다.

이렇듯 이선희는 여리게 더듬고 강렬하게 터뜨리며 대중의 마음을 노래로 주물렀다. 여학생들의 환호가 특히 컸다. 짧은 머리와 바지 차림의 다소 소년 같은 인상으로 애절한 소녀의 마음을 대변하는 모습이 그들에게 독특한 매력으로 다가간 것이다. 작은 체구와 거대한 에너지, 여림과 강함, 절제와 폭발, 소년 이미지와 소녀 감성 등 이러한 상반의 조화는 이선희 음악의 매력을 한없이 끌어올렸다.

「J에게」의 대히트는 〈강변가요제〉의 위상을 높여주었고, 그해 MBC 연말시상식에서 10대가수상, 신인상, 최고인기가요상 등 이선희 독식의 기록을 세우게 했으며, 〈강변가요제〉와는 방송사가 다른 〈KBS 가요대상〉 신인상까지 거머쥐게 했다. 이후 「아! 옛날이여」, 「나는 사랑에 빠졌어요」, 「알고 싶어요」 등 여러 히트곡을 내며 이선희는 가요계에 굵직한 존재감을 새겼다.

'1980년대의 남자 국민가수가 조용필이라면 여자는 이선희'라는 말은 그의 영향력과 대중 흡입력의 정도를 직감케 한다. 이선희는 김수철과 함께 작은 몸집에서 믿을 수 없는 에너지를 뿜어내는 '작은 거인'이었고 '언니 부대'를 이끄는 스타가수였으며 우먼파워를 떨친 대표 여성 가수였다.

2000년대 들어선 그의 음악 제자 이승기의 리메이크로 「J에게」는 다시 한 번 세상의 조명을 받는다. 일본 가수 카도쿠라 유키도 이 곡을 번안하는 등 「J에게」는 세대와 국적을 초월해 끊임없이 사랑받는 현재의 곡으로 남았다. 곡을 쓴 당시 무명 작곡가 이세건이 「J에게」가 포함된 자신의 노래를 쓰레기통에 던진 일화는 아찔하다. 그때 이선희가 버려진 곡을 목격하지 않았다면, 그 곡을 주워 자신의 노래로 삼지 않았다면 우리는 귀한 명곡 하나를 놓치고 살았을지도 모른다. 윤은지

# 31

# 희나리 <sub>(1985)</sub>

마르지 않는 남자의 순정

**가수**

구창모

**앨범**

1집 發(발)

**작사 · 작곡**

추세호

구창모는 1981년부터 1985년까지 밴드 송골매의 리드 보컬이었다. 막 송골매를 탈퇴하고 솔로 활동을 개시한 그는 「희나리」라는 노래로 1985년 하반기부터 전파를 완전히 잠식하면서 최고 가수로 우뚝 섰다. 당대의 가왕 조용필이 결코 부럽지 않은 그 인기의 위용은 단숨에 그로부터 송골매의 흔적을 지웠다.

송골매는 TV에 거의 단골로 출연해 록을 록이라 부르지 않았어도 대중들에게 자연스레 록을 심은, 이른바 록 대중화의 견인차였다. 그는 이 시절 록 밴드답게 「어쩌다 마주친 그대」와 「처음 본 순간」 등 록 감성의 노래뿐 아니라 동경가요제 참가곡인 「모두 다 사랑하리」와 「아가에게」와 같은 발라드를 두루 소화하며 다양한 보컬 능력을 과시했다.

멤버들의 입대로 송골매의 활동이 어려워진 1981년에 배철수가 구창모를 찾아가 의기투합을 제안한 것도 1978년 〈해변가요제〉에 같이 출전해 「구름과 나」를 부른 블랙테트라의 구창모에 대한 인상이 강렬하게 남아 있었기 때문이다. 배철수가 이끌었지만 송골매의 전성기는 분명 구창모가 들어오면서부터였다.

솔로로 전향해 첫선을 보인 곡 「희나리」는 당연히 밴드 감성이 지배했던 송골매 시절의 노래와는 감이 달랐다. '나의 잘못이라면 그대를 위한/ 내 마음의 전부를 준 것뿐인데/ 죄인처럼 그대 곁에 가지 못하고/ 남이 아닌 남이 되어버린 지금에/ 기다릴 수밖에 없는 나의 마음은/ 퇴색하기 싫어하는 희나리 같소…'

조금은 애절한 기조까지 느껴지는 전통적인 선율 노선에 충실한 노래였다. 구창모는 헤어진 여인을 기다릴 수밖에 없는 안타깝고 비통한 감정을 그린 이 노랫말을 비감悲感 어린 톤으로 해석해내면서 음악관계자들로부터 '보컬의 승리'라는 찬사를 얻었다. 밴드 출신이면서 밴드 음악과는 다른, 거의 트로트에 준하는 흡수력을 발휘한 것에 많은 팬들은 신선한 충격을 경험했다. 다분히 록 성향의 송골매 노래에 약간의 거리감을 느낀 기성세대들도 「희나리」는 흥얼거리곤 했다. 노래에 흠뻑 빠져든 그들은 한동안 도대체 희나리가 무슨 뜻인지를 두고 설왕설래를 거듭했다(덜 마른 장작이라는 순수 우리말인 희나리는 아직 사랑의 불씨가 꺼지지 않은 마음을 비유하고 있다).

솔로 활동을 시작하자마자 대박을 터뜨린 구창모는 첫 앨범 『發(발)』에서 「문을 열어」로도 호응을 얻은 데 이어, 이듬해 2집 『飛(비)』에선 「희나리」 못지않게 대중의 사랑을 만끽하며 제목이 하나의 유행어로 발전한 「아픈 만큼 성숙해지고」와 「방황」으로 거의 독점하듯 전파를 석권했다. 조용필이 없었다면 가수왕에 올랐을지도 모를 가공할 기세였다.

1991년 가수 활동에 회의를 느낀 그는 미련 없이 가요계를 떠나 사업가로 변신했다. 그랬어도 7080 대중들은 구창모를 잊지 않았다. 송골매의 「어쩌다 마주친 그대」와 솔로 「희나리」로 대변되는 두 마당의 활동 궤적이 워낙 강했기 때문이다. 세월이 흐르면서 두 곡은 불후의 명곡으로 승격되었다. 1987년 홍콩영화 〈영웅본색〉에서는 「희나리」를 중국어로 번안한 「기허풍우幾許風雨」라는 노래가 흘러나와 이 노래의 국제성을 입증했다. 1990년대 이후의 '서구 지향적인' 새로운 세대와는 음악 감수성이 다를 수밖에 없는 어른들이 이 노래를 오랜 세월 애청하는 것도 지극히 한국적이고 동양적인 맛 때문일 것이다.

이 노래는 또한 오디션 열풍을 일으킨 TV 프로그램 〈나는 가수다〉에서 김범수의 호소력 짙은 해석으로 다시금 그 매력을 입증했다. 원조 구창모의 「희나리」를 대중에게 각인시킨 요소도 바로 가수의 빼어난 표현력이었다. 임진모

“〈레전드 100 - 송〉의 가장 큰 의미는 역시나 대한민국에서 가장 부족한 사료적인 가치입니다. 우리나라만큼 예전 자료들이 빈약한 나라가 없습니다. 후대가 대중음악을 공부하고 즐길 때 참조할 만한 자료를 만든다는 측면에서 굉장히 중요한 가치가 있다고 봅니다.” 배순탁

“레전드가 되기 위해서는 노래가 다음과 같은 것들을 지니고 있어야 합니다. 첫째, 창조적인 음악의 압도적인 완성도입니다. 둘째, 그 시대와 대중과의 소통 능력입니다. 셋째, 미래를 향해 열려 있는 가능성입니다.” 강헌

# 비처럼 음악처럼 <sub>(1986)</sub>


**가수**

김현식

**앨범**

3집 비처럼 음악처럼

**작사 · 작곡**

박성식


비보다 처연한 울림

김현식이 남기고 떠난 명곡들 중에서 가장 오래 기억될 노래 중 하나가 「비처럼 음악처럼」이다. 비와 그리움이 교차하는 감정의 지점을 그 무엇도 이처럼 절절하게 파고들 수는 없다. 이를 보여주듯 비가 오는 날이면 언제나 라디오에서는 「비처럼 음악처럼」이 흘러나온다. 노래를 들으며 떠나간 연인을 생각하고, 세상과 작별 인사를 고한 김현식을 추억한다.

그의 가창에 지금도 가슴이 흔들리는 이유는 감성을 머금은 목소리가 듣는 이에게 직진으로 향하기 때문이다. 눈물샘을 자극하기 위한 철저한 계산도 없다. 애써 다듬지 않은 진심 어린 울림이 마음을 자극한다. 그의 캐릭터라 할 수 있는 거침없는 가창은 아류조차 발견하기 어려울 정도다. 적당히 걸걸한 목소리에 힘을 빼고 부르면 누구나 다 따라 부를 수 있을 것 같지만 어떤 노래라도 그의 스타일대로 멋스럽게 부르는 능력까지 모사하지는 못한다.

김현식은 블루스, 펑크<sup>Funk</sup>, 레게 등 어떤 장르라도 자신의 방식대로 소화해냈다. 동료 연주자들이 그를 그토록 추앙했던 이유 중 하나다. 하지만 「비처럼 음악처럼」은 고전적인 발라드다. 무대 위에서 성나게 포효하던 그였지만 세심한 감정선도 표현할 수 있었다는 최대 장점을 이 곡에서 여지없이 증명한다.

이 곡을 사랑하는 이들의 대다수는 노래의 클라이맥스를 장식하는 후렴구를 늘 언급한다. '당신을 생각하는' 회상을 거쳐 끝내는 '하루를 그냥 보내버리고 마는', 지금 이 순간에도 그리움에 몸부림치는 바로 그 대목이다. 사실상 울음에 가깝다. 누구나 한 번쯤 사랑 때문에 느껴봤을 파괴적인 비통함. 그는 누구보다 격정적인 감정 표현에 능했기 때문에 낭만적인 후렴구를 극적인 애탄으로 승화시켰다. 그를 대체할 어떤 울부짖음도 떠올릴 수 없다.

「비처럼 음악처럼」을 작사·작곡한 '빛과 소금'의 박성식은 애초에 자신이 구상했던 곡의 분위기가 김현식의 남다른 소화력 때문에 완전히 뒤바뀌었다고 회상한다. 원래 이 곡은 박성식이 군 복무 시절 헤어진 연인에게 선물한 피아노 소곡이었다. 이후 가사가 붙기 시작하고 연습실에서 박성식이 흥얼거리는 멜로디를 들은 김현식이 바로 녹음을 제의, 그의 목소리를 거쳐 결코 복제할 수 없는 애절한 사랑가로 변신했다.

그의 곡 지배력은 거대했다. 「비처럼 음악처럼」이 수록되어 있는 3집은 김현식에 대한 후배 뮤지션들의 헌정 앨범이나 다름없다. 그의 3집은 지금도 각종 조사에서 한국 대중음악 명반 리스트에 빠지지 않고 등장한다. 봄여름가을겨울의 김종진과 전태관, 빛과 소금의 장기호와 박성식 그리고 유재하까지, 훗날 한국 가요사의 중흥을 견인한 대가들이 자신이 직접 써낸 멜로디를 아낌없이 그에게 바쳤다. 그 이유는 전태관이 밝혔듯 수많은 보컬들을 경험한 뮤지션들조차도 '현식이 형의 목소리에 빠져들기 때문'이다.

뛰어난 후배 뮤지션들과 협업을 한 곡이기 때문에 편곡조차 현재 기준에서 봐도 세련된 느낌이다. 전주부터 시작해 곡의 전반을 관통하는 박성식의 피아노 연주가 김현식의 거친 보컬을 조율하는 역할을 하는가 하면, 후반부에 본격적으로 등장하는 블루스 톤의 기타 연주는 울부짖는 감정을 배가시키는 조력자 역할을 한다. 1절이 2절에서 반복되고 종결부에서 절정에 다다르는 다소 일반적인 구조를 가지고 있지만, 오히려 한국인의 정서와 통하는 애상의 멜로디가 감동을 각인시킨다.

이 곡의 대히트를 바탕으로 김현식은 대중적인 성공과 함께 후배 뮤지션들과 밴드 음악을 하고 싶었던 꿈마저 완성하게 된다. 어찌 보면 그의 음악사 중 최고 정점에 다다른 순간이라고 볼 수 있다. 그만큼 보컬의 표현력도 최상이었다. 죽음을 4년 앞두고 감정을 있는 그대로 부르는 백조의 노래였던 셈이다. 그토록 아름다웠기에 대중은 비가 오는 날이면 또다시 김현식을 소환한다. '비가 내리고 음악이 흐르면' 언제나 김현식을 추억할 수 있다는 사실에 우리는 만족한다. 홍혁의

# 홀로 된다는 것 (1988)

미성으로 부르는 외로움의 미학

**가수**

변진섭

**앨범**

1집 홀로 된다는 것

**작사 · 작곡**

지예 · 하광훈

홀로 된다는 것 (1988)

변진섭

1집 홀로 된다는 것

「홀로 된다는 것」은 변진섭을 유재하, 이문세와 함께 1980년대를 대표하는 '발라드 삼총사'로 등극시켰다. 1987년에 발표했지만 이듬해인 1988년 여름부터 서서히 방송을 타기 시작한「홀로 된다는 것」은 노래 제목에 맞춰 가을의 쓸쓸함과 외로움을 흡수하면서 '가을의 전설'이 되었다. 이별의 아픔을 덤덤하게 받아들이듯 하다 절정 부분에서 고독함과 가슴 어린 슬픔을 토로하는 격정적인 보컬은 귀엽고 앳된 외모로 여성들의 모성본능을 자극한 변진섭을 일약 전국구 스타로 등극시켰다. 이「홀로 된다는 것」의 대형 히트로 그의 데뷔앨범은 우리나라에서 100만 장을 돌파한 최초의 음반이라는 기록을 인쇄했다.

"단조의 노래고 어딘지 모르게 성인가요 같아서 처음에는「홀로 된다는 것」이 싫었습니다. 하지만 기획자, 작곡자, 제작자 모두 좋아했고 나중에는 저도 이 노래의 가사 내용이 조금씩 이해가 됐어요. 발표하고 나니 제 의도와는 관계없이 소위 '뽕발라드' 같은 트렌드가 잡혔고 제 색깔도 정해진 거죠." 자신을 대형 가수로 만들어준「홀로 된다는 것」에 대한 변진섭의 말이다.

하지만 그는 인생의 노래로 역시「홀로 된다는 것」을 꼽는다. "멋모르고 불렀기 때문에 지금 들으면 허점이 발견되지만 그래도 저를 있게 한 곡임에는 틀림없습니다. 시간이 흐르고 나이가 들수록 좋아지더라고요."

「홀로 된다는 것」은 다분히 여성적인 노래다. 하광훈이 작곡한 슬픈 곡조도 그렇지만 지예가 쓴 노랫말은 여성의 관점에서 바라본 이별을 일기처럼 솔직하게 담아내어 많은 여성들의 감성을 토닥여주었다. '이별은 두렵지 않아/ 눈물은 참을 수 있어/ 하지만 홀로 된다는 것이/ 나를 슬프게 해…' 이 유명한 노랫말은 탤런트와 가수로도 활동했던 지예의 작품으로, 이후에는 변진섭의 2집에 수록된「로라」를 작사하는 인연으로 이어지기도 했다.

1989년에 대학생들을 상대로「홀로 된다는 것」을 좋아하는 이유에 대한 설문조사에서 40%가 넘는 응답자가 '멜로디가 좋아서'라고 대답했고, 28%는 '가사가 좋아서', 25%는 '노래를 잘해서'라고 대답했다. 한마디로 노래에서 가장 중요한 멜로디와 가사 그리고 가창력이 들어맞는 완벽에 가까운 대중 노래라는 방증이다.

1989년, 한 해를 정리하는 〈MBC 인기가요〉에서 당당히 1위를 차지한 변진섭의 「홀로 된다는 것」은 시간의 흐름에 관계없이 김범수와 브라운 아이드 걸스의 나르샤, 이루, 유리상자 등 가창력을 인정받은 후배들뿐만 아니라 심수봉, 태진아 같은 대선배이자 음악 스타일이 다른 트로트가수들에 의해서도 꾸준하게 불리고 들을 수 있었다. 이 긴 생명력이야말로 「홀로 된다는 것」이 좋은 곡이라는 것을 말없이 증명하고 있는 것이다.

1992년에 서태지와 아이들이 등장하기 전까지 중얼거리는 것처럼 부르는 발라드의 트렌드를 이룰 정도로 큰 유행의 흐름을 주도한 「홀로 된다는 것」은 변진섭의 음성이 가녀린 미성이었기에 큰 반응을 얻을 수 있었다. 고즈넉한 가을 저녁을 연상시키는 고독과 아름다움을 동시에 간직한 마성의 음색이지만 변진섭은 자신의 음색에 대해 "좋게 말하면 부드럽고 달콤하지만 솔직히 말하면 옐로우 보이스"라고 정의한다.

하지만 그 가늘고 고운 목소리를 가지고 있는 변진섭은 이 노래를 통해 홀로 된다는 것도 아름다울 수 있다는 사실을 우리에게 깨우쳐준다. 소승근

"대중음악에 있어서 서구화된 발라드라는 것이
본격적으로 주류화되었다는 것을 알린 한 곡이
바로 변진섭의 「홀로 된다는 것」입니다." 배순탁

올해 최다방송 변진섭
2.136회 조용필 이선희 뒤이어

 ——————— 누구 없소<sup>(1988)</sup>

블루스 여제의 쓸쓸한 혼잣말

**가수**

한영애

**앨범**

2집 바라본다

**작사 · 작곡**

윤명운

1980년대 중후반, 우리 대중음악계의 키워드는 '다양성'이었다. 댄스와 발라드, 록과 블루스, 포크와 트로트 등 다양한 음악들이 각축전을 벌이며 음악계 전체의 몸집을 불려가던 이 시기는 다수의 걸출한 뮤지션들이 혜성처럼 등장했고 또 재조명받은 시기이기도 하다. 지금까지 소위 '레전드'로 회자되는 뮤지션들 중 상당수가 이 시기에 등장했다. 1980년대 중후반이 국내 대중음악의 황금기로 기억되는 이유다.

한영애 역시 이 시기에 새롭게 재조명받으며 언더그라운드의 주류화에 기여한 음악가였다. 그룹 해바라기를 통해 이미 가수 경력을 갖고 있던 그였지만, 본격적인 대중의 눈도장을 찍은 것은 이때부터였다. 그룹 활동을 통한 화음과 절제가 미덕으로 여겨지던 때, 그는 정반대의 행보를 통해 자신만의 소리의 성을 구축해 나갔다. 절제의 미덕보다는 표현의 미학을 택했고, 흡사 주술을 부리듯 무대 위에서 독보적인 카리스마를 발산했다.

그것이 가시화된 것이 바로 정규 2집 앨범인 『바라본다』이다. 타이틀인 「누구 없소」는 독자적인 발성과 구성진 연기 등 한영애만의 오묘한 매력을 제대로 살려낸 곡이었고, 덕분에 주류 감성의 곡이 아니었음에도 불구하고 라디오와 친근할 수 있었다. 그룹 신촌블루스로부터 체득한 블루스에 대한 탁월한 해석력을 십분 발휘해 '블루스 여제'라는 별명을 얻은 것이 바로 이 시기다.

처음부터 이 영광스러운 칭호가 온당했던 것은 아니다. 포크 그룹 해바라기 시절에는 전면에 나서기보다는 화음과 질서를 중시하는 그룹의 멤버로 가능하기도 했다. 해바라기는 한영애와 「누구 없소」를 설명하기 위해서 반드시 짚고 넘어가야 하는 팀이다. 당시 해바라기에는 이정선과 이광조가 함께 있었는데, 이 둘은 후일 신촌블루스 활동까지 그 연을 이어가며 음악계의 걸출한 인재들과 한영애가 연을 맺을 수 있도록 하는 고리 역할을 해주었기 때문이다. 「누구 없소」가 수록된 공식 2집 『바라본다』 제작을 도와준 김수철, 프로듀서를 맡은 사랑과 평화의 송홍섭과의 만남은 어쩌면 해바라기가 아니었다면 불가능한 만남이었을 것이다.

한영애는 해바라기 시절 이후에는 극단 활동을 하기도 했지만 결국 자신이 진정으로 원하는 길은 음악에 있음을 깨달았다. 결국 긴 음악적 공백을 깨고 신촌블루스를 통해 블루스를 체득해냈고, 더 나아가 독집을 준비하기에 이른다. 신촌블루스에서 보여준 디바로서의 가능성은 그의 솔로 커리어 두 번째 앨범에 이르러 비로소 만개했다. 때문에 「누구 없소」는 그의 음악에 대한 열망과 능력의 정점, 그리고 그의 주변 관계에서 나온 화학작용이 완벽하게 맞아떨어진 작품이다.

이는 우리 음악계의 독보적인 여성 디바가 탄생하는 순간이기도 했다. 그것은 대한민국 블루스의 '안착'이었다. 속삭이다 울부짖고 읊조리다 포효하는, 관능적이면서도 영적인 카리스마적 디바의 탄생이었다. 광기가 어린 그의 노래를 두고 '마녀', 혹은 '무당'을 연상케 한다고 표현하는 이들도 있었다. 이토록 오묘한 개성으로 폭넓은 대중성을 획득했다는 것은 그의 지향이 '아티스트'를 향하면서도 '대중'을 향해서 항상 열려 있음을 말해준다.

무엇보다 「누구 없소」가 우리에게 감동으로 남아 있는 것은 이 땅에서 이제껏 없었던 노래를 그가 불렀기 때문이다. '블루스 본뜨기'를 넘어 완벽한 체화를 통해 자신만의 독보적 세계를 구축한 그의 노래는 지금까지도 대한민국 블루스의 시그니처 송으로 남아 있다.

「누구 없소」는 정통적 블루스를 우리나라의 블루스로 탈바꿈시켰다는 점에서 국내 블루스 계보의 정점에 위치하는 곡이며, 1980년대 중후반 언더그라운드 형성을 말할 때 반드시 언급되어야 하는 노래다. 대한민국 블루스 신의 형성, 그 완성의 시점에 한영애가 있었다. 「누구 없소」가 바로 그 증거다. 여인협

 무시로 <sup></sup>(1989)

대중을 사로잡은 유려한 꺾기 창법


**가수**

나훈아

**앨범**

나훈아 22년 기념
BEST HIT 곡

**작사 · 작곡**

나훈아

나훈아는 노래 한 곡을 부를 때마다 혼신의 힘을 다하는 완벽 스타일을 추구한다. 토속적이고 구수한 음색을 바탕으로 구성지고 애절하게 표현하는 그의 창법은 반 세기 가까이 그가 성인 트로트의 황제로 군림하게 한 원동력이다.

그는 데뷔 때부터 극성 여성 팬들에게 와이셔츠가 찢기고 손등이 할퀴어지는 봉변을 다반사로 겪었다. 환갑을 넘긴 나이가 무색한 건강미 넘치는 구릿빛 피부, 탄탄한 몸매와 불룩거리는 근육에 애간장을 살살 녹이는 간드러지게 꺾이는 목소리가 여성들에게 중장년 섹시미의 상징적 존재로 어필되었기 때문이다.

인기만큼이나 대중의 이목을 집중시킨 스캔들도 많았지만 그의 존재 가치는 가창력이 뛰어난 가수라는 점보다 트로트가수로는 드물게 싱어송라이터라는 사실에서 빛난다. 일부에서는 그가 1980년대에 들어 창작을 시작한 것으로 생각하지만 오해다. 그의 창작 역사는 1972년 발표한 나훈아와 하춘화의 히트 선곡집 『해풍/ 그리움』에서부터 시작되었다. 당시 그 음반은 〈TBC 방송가요대상〉 시상식에서 최우수남자가수상을 안겼고, 대중가요사적으로도 최초의 남성 트로트 싱어송라이터라는 특별한 의미를 부여해주었다.

1980년대 들어 나훈아는 단순한 트로트가수에서 뮤지션으로 대변신을 시도한다. 성인들의 영원한 애창곡이 된 자작곡인 「잡초」를 시작으로 「무시로」, 「갈무리」, 「영영」 등은 그 결과물이다. 전통적으로 트로트가요는 실연의 아픔과 떠나간 연인에 대한 그리움, 고향을 그리워하는 향수를 주 소재로 사용한다. 나훈아는 현대인의 감성을 어루만지는 가사와 대중의 취향에 맞는 작법을 시도하며 전통 트로트와는 차별적인 새로운 노래를 제시했다. 1988년 발표한 자작곡 「무시로」는 그 중심이다.

이 노래의 소재는 진부한 '이별'이지만 이별 이후의 심리 상태를 섬세하게 터치했다는 점에서 트로트 장르에서 텍스트의 대전환을 시도했다. 떠나간 연인에 대한 그리움에 몸살을 앓기보다는 이별을 기정사실화하는 새로운 가사 쓰기는 이별의 슬픔에 매몰된 기존 트로트가요의 가사 작법에 일대 변화를 불러왔다. 장르적으로도 트로트에 발라드를 접목한 성인 발라드라는 발전적인 모델을 제시했다. 사랑의 아픔을 한 번쯤 경험해본 성인들은 '떠나간 사랑에 대해 슬퍼하지도, 미련도 두지 말라'고 다독이는 「무시로」의 가사를 마치 자신에게 건네는 따뜻한 위로의 메시지로 받아들였다.

사실 이 노래 발표 초기에 나훈아 특유의 구수한 전통 트로트 창법과 180도 달라진 젊은 감각의 분위기에 생소함을 느낀 대중이 적지 않았다. 하지만 대중의 마음을 쥐락펴락하는 나훈아의 새로운 매력이 그들에게 어필되기까지는 그리 오랜 시간이 필요치 않았다. 트로트의 정형을 깨는 신선한 가사, 때론 격정적이고 때론 애절함을 더했던 그의 유려한 창법은 일렉트릭 기타와 통기타를 넘나드는 드라마틱한 편곡이 덧칠되면서 엄청난 감흥을 구현했다. 무한돌풍을 일으킨 「무시로」는 MBC 라디오에서 선정한 '1989년 트로트 부문 인기가요 톱10'에 선정되었다. 또한 당시 젊은 층을 겨냥한 발라드와 댄스 위주의 노래가 장악했던 대중가요계에서 외면당했던 성인들의 관심을 다시금 견인했다.

1987년 일본 동경에서는 〈나훈아 노래 전국노래자랑대회〉가 열려 화제를 모았다. 이에 자극받아 1992년 SBS도 그의 꺾기 창법과 독특한 무대 매너를 흉내 내는 〈나훈아 모창대회〉를 개최해 '너훈아'등 무수한 이미테이션 가수들을 탄생시켰다. 나훈아는 명곡 「무시로」를 통해 보여준 청자의 마음을 사정없이 사로잡는 독보적인 창법과 탁월한 무대 장악력으로 후배가수들에게는 닮고 싶은 뮤지션의 롤모델로 각인되었다. 관객의 심리를 정확하게 읽어내는 그의 동물적 감각은 실로 탁월했다. 또한 무대의 성격과 분위기에 따라 국악기와 일렉트릭 현대 악기를 혼합시키는, 전통과 현대를 아우르는 퓨전 연출력은 「무시로」에 시대와 세대를 초월하는 생명력을 부여했다. 최규성

"「무시로」는 나훈아의 노래이지만, 또 한편으로는 40대 이후 장·노년층의 노래이기도 합니다. 그들로 하여금 '이건 정말 우리 마음이야, 우리의 감정이야…'라는 생각이 자연스럽게 들게끔 하거든요. 이것이 바로 이 노래가 열광적인 지지를 얻을 수 있었던 비결입니다." <sup>강헌</sup>

# 36

# 안녕이라고 말하지마

(1989)

천재 보컬의 정제된 감성

**가수**

이승철

**앨범**

1집 안녕이라고 말하지마

**작사 · 작곡**

박광현

노래는 대부분 세대 분리적인 속성을 갖는다. 젊은 층이 좋아하는 음악과 기성세대가 좋아하는 음악이 각자의 영역을 '따로' 구축하곤 하는 것이다. 이승철의 솔로 데뷔곡「안녕이라고 말하지마」는 그런 면에서 일반적인 노래가 아니었다. 헤비메탈 밴드 부활의 보컬에서 발라드 가수로 변신했다는 사실은 청년세대의 음악가가 기성세대의 음악가로 이동했다는 것을 의미하기도 했지만, 오히려 그의 기존 팬들을 사수하는 동시에 새로운 팬들을 창출해내는 성과도 가져왔다. 덕분에 1989년은 기성세대와 청년세대, 두 세대가 취향의 분리를 넘어 세대 간 취향 교집합을 형성할 수 있었던 몇 안 되는 순간으로 기억된다. 바로 이 노래,「안녕이라고 말하지마」가 그 시작이었다.

항상 가창력으로 거론되는 이승철이지만 그의 노래가 처음부터 완벽했던 것은 아니었다. 격정적인 사운드의 헤비메탈과 맞지 않는 구석이 있던 그의 타고난 미성은 솔로 활동을 통해 비로소 어울리는 옷을 입을 수 있었다.「안녕이라고 말하지마」가 바로 그런 곡이었다. 록계의 미소년이 국민가수로 변모하는 순간이었다.

1985년,「희야」를 통해 '부활'의 보컬로 처음 데뷔했던 이승철은 밴드를 떠나 홀로서기를 감행했다. 헤비메탈 밴드의 보컬로 시작한 그였지만 이미 헤비메탈이 사양길로 접어들던 추세였던 만큼 그는 자신의 영역을 새롭게 구축할 필요가 있었다. 까슬까슬한 맛이 있던 자신의 창법을 유려한 스타일로 바꾸며 좀 더 대중적인 발라드의 영역에 안착한 것은 그런 연유다.

「안녕이라고 말하지마」는 그런 대중 지향 행보의 첫걸음이었다. '부활' 시절의 히트곡「희야」와 이 곡을 비교해 들어보면 음색의 차이가 확연함을 알 수 있다. 고음으로 올라갈수록 건조해지고 갈라지던 록의 발성은 후자에 와서 비로소 매끈한 맛을 지닌 막힘없는 보컬로 변화했다. 솔로 활동을 위해 그동안 갖고 있던 창법 자체를 바꾼 것이다. 가창과 음색에 있어 천부적인 재능을 가졌다고 평가받는 그이지만 이런 각고의 노력이 없었다면 지금의 '보컬의 신'이라는 별명은 소원했을지도 모른다.

신인 아닌 신인으로 대중에게 이미 얼굴이 익숙했던 이승철에게 데뷔의 어려움은 여타 가수들의 그것에 비해 상대적으로 적었다. 중요한 것은 이전 '부활'에서의 커리어와 차별점은 갖되 변화가 어색하지 않은 곡을 받는 일이었다. 작곡자 박광현과 편곡자 김종진(봄여름가을겨울)은 차분한 발라드의 구조 안에 팝 메탈에서나 들을 수 있는 강렬한 드럼비트를 섞어내며 그 과업을 완수했다. 덕분에 이전의 커리어와 대척점을 두지 않는 모습으로 새로운 장르인 발라드를 어색하지 않게 소화해내며 두 마리 토끼를 모두 잡을 수 있었다.

반응은 대단했다. 하반기에 「나의 거리」를 부른 이선희에게 배턴을 넘겨주기까지 무려 반년 가까이 폭발적인 인기를 얻으며 라디오를 지배한 것이다. 이승철이 단숨에 스타덤에 오르는 것은 당연한 수순이었다. 인기의 견인차는 물론 이승철의 뛰어난 보컬이었지만 섬세한 곡의 가사 역시 그에 못지않게 주효했다. 노래의 화자는 남자였지만, 그 안에는 채 여물지 못한 소년과도 같은 여린 감성이 웅크리고 있었다. 이별 앞에서 사랑을 지키고 싶어 하는 내면적인 가사는 이승철의 탁월한 곡 해석력과 만나며 거센 화학작용을 일으켰다. 「안녕이라고 말하지마」는 지금도 모든 세대들에게 꾸준히 사랑받으며 이승철의 레퍼토리 1순위를 차지하고 있다.

이승철은 국내에 몇 안 되는 신구 세대를 아우르는 가수다. 그의 공연장에는 10대와 20대는 물론이고 40대와 50대의 관객도 적지 않다. 1985년에 '부활'의 보컬로 데뷔한 이래, 그는 어느새 가수생활 30년을 눈앞에 두고 있다. 예나 지금이나 그는 항상 '현역'의 가수였으며 앞으로도 이것은 변하지 않을 것이다. 이승철의 노래는 여전히 모두의 감성을 끌어당긴다. 「안녕이라고 말하지마」가 바로 그 묵직한 행보의 시작점이었다. 여인협

# 37

# 옥경이 (1989)

가슴 아픈 옛사랑의 이름

**가수**
태진아

**앨범**
2집 옥경이

**작사 · 작곡**
조운파

지난 1973년에 취입해 이듬해 호응을 얻은 곡 「추억의 푸른 언덕」으로 태진아는 방송 가요대상 신인상을 수상하며 유망주로 급부상했지만 그의 상승세는 거기서 그쳤다. 미국으로 이민을 떠난 그는 이후 한국에 돌아와 1984년 「경아의 사랑」, 1988년 「다시 한 번 울었네」로 재기를 노렸지만 뜻을 이루지 못했다. 그사이 15년의 긴 세월이 흘렀다.

1989년에 오늘날의 태진아를 만들어준 기념비적인 곡 「옥경이」가 나왔다. '바라보는 눈길이 젖어 있구나/ 너도 나도 모르게 흘러간 세월아/ 어디서 무엇을 하며 어떻게 살았는지/ 물어도 대답 없이 고개 숙인 옥경이…' 무정하게 흘러가버린 세월에 대한 회한, 그리고 오랫동안 챙기지 못한 사랑, 특히 아내에 대한 미안함을 가진 사람이라면 누구나 이 「옥경이」의 노랫말에 고개 숙이며 공감했다. 마치 자신의 실제 경험담을 고백하듯 노래한 태진아의 절절한 목소리 역시 다수 시청자들의 마음을 움직였다.

아닌 게 아니라 노랫말의 주인공 옥경이는 다름 아닌 태진아의 아내였다. 그가 미국에서 갓 귀국해서 곡을 부탁하자 임종수 작곡가는 가수의 상황을 리얼하게 묘사한 노랫말을 써주었고, 태진아는 실감나게 아내를 향한 반성과 애모의 심정을 목소리로 전달했다. 가수의 실생활과 전혀 무관한 상상의 언어들이 아니라 누가 들어도 바로 태진아와 그의 심정을 떠올릴 만큼 실제와 결부된 노랫말이었던 것이다.

결과는 대박이었다. 젊은 가수들 판에 이 성인가요는 방송 순위차트에 당당 1위로 오르며 태진아가 그토록 바라던 컴백의 염원을 성취시켜주었다. 단숨에 성공 궤도에 진입한 그의 이후 행보는 순풍에 돛단 듯 거침이 없었다. 1990년에는 거울을 단 의상을 착용하는 기발한 차림으로 화제를 모은 「거울도 안 보는 여자」로 골든디스크 대상을 차지하면서 인기 넘버원 가수로 등극했다.

이후에도 그는 「미안 미안해」, 「선희의 가방」, 「노란 손수건」, 「사모곡」 등 굵직한 히트곡을 연쇄적으로 터뜨렸고, 2000년에는 구전가요에 가사를 새로이 붙인 「사랑은 아무나 하나」로 다시금 성인가요 최강자의 호흡을 내뿜었다. 1960~70년대 트로트 전성기를 수놓은 어떤 톱 가수에도 뒤지지 않은 가공할 히트 퍼레이드였다.

이 모든 영광의 질주가 「옥경이」로부터 비롯되었음은 말할 것도 없다. 본인도 한 인터뷰에서 "집사람 이름으로 만든 노래이고 1988년 미국에서 돌아와 재기에 성공해 오늘을 만들어준 노래이기 때문에" 수많은 히트곡 가운데 이 곡을 첫손에 꼽는다고 밝힌 바 있다. 어쩌면 이 노래는 태진아의 가수 인생과 운명을 송두리째 바꾼 '신의 한수'라고 해도 과언은 아닐 것이다.

「옥경이」는 개인의 영광을 가져다준 것으로 머물지 않았다. 1980년대 중후반 조용필의 「허공」, 주현미의 「신사동 그 사람」, 현철의 「봉선화 연정」 등이 연달아 기성세대들에게 호응을 얻으면서 젊은 가수들의 음악에 눌려온 성인가요가 고개를 들기 시작하더니 태진아의 「옥경이」와 함께 음악 판세를 장악하기에 이르렀다. 이를테면 트로트의 지평을 '부활'의 단계에서 '부흥'으로 끌어올린 것이다.

이후에도 슬럼프 없이 송대관, 현철, 설운도와 더불어 '트로트의 4대 천왕'으로 통한 그는 넷 가운데에서도 언제나 선두격인 존재로 지금에 이르고 있다. 성인가요 레전드이자 연예계 슈퍼스타로서의 위상은 변함이 없다. 가수에게는 결정적인 한 방이 필요하다고 하지만 실로 태진아의 「옥경이」가 새긴 자취는 넓고도 깊었다. 임진모

# 내 사랑 내 곁에 <sub></sub>(1991)

가객이 남긴 마지막 목소리

**가수**

김현식

**앨범**

6집
KIM HYUN SIK VOL.6

**작사 · 작곡**

오태호

사람들은 김현식의 목소리만으로도 감동이라고 한다. 그리고 이 의견은 대체로 많은 동의를 얻는다. 단순하게 보면 사람 한 명에게서 나오는 노랫소리에 감동을 얻는다는 것으로, 이는 김현식의 보컬에서만 느낄 수 있는 무언가가 따로 존재한다는 뜻일 것이다. 그렇다면 그 '무언가'는 어떤 것일까. 무엇보다 김현식의 목소리는 걸쭉하다. 이 걸쭉함에 사람들은 곧잘 사로잡힌다. 변용을 만나면서부터 문제는 한 발짝 더 앞으로 나간다. 그 자체만으로도 충분히 매력적이라 할 수 있는 목소리에 다채로움까지 생긴다는 것이다. 톤을 끌어올리면 걸쭉함이 칼칼함으로 변하고 톤을 낮추면 걸쭉함이 절절함으로 변한다. 우리말로 따지자면 한이 서린 듯한, 팝의 영역에 빗댄다면 블루지한 색감이 살아 있는 목소리다.

김현식의 구구절절한 색채가 잘 묻어난 곡이 바로 「내 사랑 내 곁에」다. 거칠게 위로 올라가는 보컬 라인으로 시작하는 이 곡은 후반에 두드러졌던 갈라지는 목소리, 토해내듯 부르는 가사, 여기에 현악 편곡까지 더해지며 처절하면서도 따스한, 종잡기 힘든 모순의 감정선들이 갖가지로 교차한다. 노래의 전반부에서 느꼈던 거친 감성이 중반부를 거치며 차분해지기도 하고, 전반부의 색채를 다시 코러스로 견인시켜 오는 아티스트의 보컬 연기가 실로 일품이다.

초기 히트곡 「사랑했어요」의 김현식을 떠올려보면 그의 보컬은 매끄러운 미성을 바탕으로 하지만 「내 사랑 내 곁에」가 들어 있는 6집 『KIM HYUN SIK VOL.6』의 수록곡들은 시종일관 목이 쉰 탁성으로 노래한다. 여기에는 어떤 이유가 있을까. 1989년의 영화음악 「비 오는 날의 수채화」 OST를 작업할 때부터 5집을 발매하는 1990년까지 김현식의 건강은 극도로 악화됐다. 음주와 일체의 과로도 삼갈 것을 진단받았지만 1988년에 공개한 4집 때부터 그는 이미 왕성한 활동을 벌이고 있었다. 「내 사랑 내 곁에」도 사실 이쯤에 녹음한 곡이다. 어쩌면 곡은 5집에 실릴 수도 있었으나 「넋두리」, 「그 거리 그 벤취」와 같이 레퍼토리로 삼을 트랙들이 많다는 판단 하에 일단은 넘겨두었고, 결국 6집에 수록되었다.

곡 너머에서 들려오는 목소리는 힘을 쥐어짠다. 음과 느낌을 본능적으로 잡아채는 것이 김현식의 본질이었음에도 숨쉬기도 힘들 정도로 살아 있는 고통이 느껴진다. 노래 전체가 무리 없이 유려하게 흘러가는 듯하면서도 곳곳에서 흔들림이 감지되는 이유가 바로 여기 있다. 그러면서도 김현식은 녹음을 강행했다. 병원을 탈출해 녹음 스튜디오를 찾았다는 일화는 유명하며, 곡 녹음을 두세 번 만에 끝낸다는 평소와는 달리 이 노래만큼은 수십 차례, 몇 날 며칠을 매달렸다고 한다. 그렇게 「내 사랑 내 곁에」는 유작이 되었다. 그리고 1990년 11월의 첫 날에 김현식은 눈을 감았다.

노래만으로도 충분히 감동적이지만 아티스트의 삶에 앞서 이 곡을 감상하기란 분명 힘든 일이다. 가요 역사에 한 획을 그은 굵직한 삶이 예술의 순수함에 당위성을 부여하는 까닭이다. 걸쭉하게 갈라지는 목소리, 거칠고 절절하면서도 순수한 감동 너머에는 병마와 싸우며 힘겹게 목소리를 붙여간 젊은 로커의 절실함이 존재한다.

풀리지 않는 그 어떤 것이 녹음실을 자꾸만 찾게 하지 않았을까. 우리가 대작이라 칭하는 이 노래는 온전치 않은 아티스트가 채 채워지지 않은 심경으로 남긴 미완의 대작인 것이다. 1991년, 「내 사랑 내 곁에」가 수록된 『KIM HYUN SIK VOL.6』는 판매고 300만 장이라는 대기록을 남긴다. 나이 서른셋에 요절이라는 애달픈 기억과 맞물리며 음반은 성공을 기록하지만 그것만으로 이 곡의 의미와 가치를 설명할 수는 없다. 「내 사랑 내 곁에」는 20년 넘게 감동을 끌어온 스테디셀러다. 이수호

"「내 사랑 내 곁에」는 살아 있지만 살아 있는 사람이 낼 수 없는, 삶과 죽음의 문턱을 밟고 서 있는 한 위대한 보컬리스트의 최후의 미성을 보여주는 곡이라고 할 수 있습니다. 그러한 처절함과 김현식이라는 가수가 80년대 중후반에 가져왔던 신선하고도 충격적인 역사가 마무리된다는 의미가 맞물리면서 이 노래는 희대의 결작이 되었고, 80년대와 90년대의 전환기를 대표하는 곡으로 영원히 남게 되었습니다." <sup>강헌</sup>

"김현식의 노래는 기본적으로 사랑 노래입니다. 거기에 서린 서정성이 대중을 강하게 설득한다고 봅니다. 사람들의 기본적인 감수성은 서정성입니다. 낭만적인 어떤 서정성." <sup>배순탁</sup>

# 미소 속에 비친 그대 <sub>(1991)</sub>

신승훈표 발라드의 성대한 서막

가수
신승훈

앨범
1집 미소 속에 비친 그대

작사 · 작곡
신승훈

1990년대 대중음악의 포문은 신승훈과 함께 열렸다고 해도 과언이 아니다. 1990년 11월 세상에 나온 데뷔곡 「미소 속에 비친 그대」가 등장부터 어마어마한 반응을 불러일으키며 당대 가요계에 또 하나의 물길을 내었기 때문이다. 그가 이끌어낸 서정미 짙은 한국형 발라드의 물길은 이후 댄스음악이 가요계를 평정했을 때에도 최정상의 입지를 거뜬히 지켜내며 대중음악의 한 축으로 당당히 자리매김했다. 1980년대 이문세가 틔워내고 변진섭이 이어간 고급가요의 명맥을 신승훈이 이어받아 발라드라는 장르를 더욱 공고히 하고 대중화한 것이다.

신승훈은 「미소 속에 비친 그대」 한 곡으로 단번에 주류 무대에 우뚝 섰다. 앨범만 140만 장이 팔렸다. 데뷔앨범으로는 최초의 밀리언셀러였다. 귀공자 스타일의 외모에 부드러운 미성을 지닌 이 가수를 대중은 호감의 시선으로 받아들였다. 무엇보다 노래에 깃든 애이불비(哀而不悲, 슬프지만 겉으로는 슬픔을 나타내지 아니함)라는 정서가 음악팬들의 마음을 너나할 것 없이 흔들었다. 이별의 슬픔을 아직 치워버리지 못한 연인의 사진 속 미소로 삼키며, 슬퍼하기보다는 기꺼이 웃음 짓겠다는 애틋한 노랫말은 사랑과 그리움이라는 보편적 감성을 건드리며 남녀노소 모두가 노래에 자연스럽게 이입하도록 만들었다.

대중의 마음을 흡수하는 데 무엇보다 절대적인 역할을 한 건 단연 신승훈의 가창이었다. 정갈하고 담백하면서도 어딘가 절절함이 묻어나는 그의 표현력은 노랫말에 담긴 정서를 입체적으로 일으켜 세웠다. 슬픔을 겉으로 내색하지 않으려는 절제의 보컬에서 애절함은 더욱 순도 높게 배어나왔다. 보이스의 태도도 이처럼 애이불비였다. 순수하게 울리는 진성과 이따금 번지는 가성의 부드러운 이음, 이를 안정적으로 받쳐주는 호흡과 발성. 그의 목소리는 섬세하고도 짙은 감성을 노래에 불어넣었고, 선율의 맛 또한 배가시켰다. 특히 간주 부분에서는 편곡자인 김명곤의 제의로 스캣(scat, 아무 뜻도 없는 소리로 노래하는 창법)을 곁들여 더욱 풍성한 보컬 연출을 선보였다.

이 곡에서 신승훈이 노래만 한 것은 아니다. 유려한 멜로디를 만든 이도, 가사를 쓴 이도 그다. '발라드의 황제'라는 수식어가 주는 인상 때문에 대개의 경우 보컬리스트로 먼저 인식되지만, 사실 그는 싱어송라이터로서도 만만찮은 이력을 소유한 뮤지션이다. 「미소 속에 비친 그대」가 수록된 1집 앨범도 두 곡을 제외하고는 모두 그의 자작곡으로 채워져 있다. 20년이 훌쩍 지난 지금 들어도 당시 사람들이 느꼈을 세련미가 무엇이었을지 단번에 가늠될 만큼 그가 만든 노래에는 반짝 떴다 지는 시대 유행과는 무관한 그만의 품격이 존재한다.

데뷔 시절부터 안정된 무대 매너와 높은 앨범 판매고로 곧장 주류에 안착할 수 있었던 비결은 오랜 시간 언더그라운드 가수로 활동한 경험에서 비롯되었다. 고향이자 생활 터전이었던 대전에서 이미 신승훈은 명성이 자자했던 검증된 가수였던 셈이다. 「미소 속에 비친 그대」도 그곳에서 잠깐이나마 검증의 과정을 거쳤다. 스스로는 성에 차지 않던 이 자작곡을 어느 날 연습 삼아 부르는데, 노래를 듣던 3층 이웃이 내려와 곡의 정체를 물었던 것이다. 덕분에 자신감이 생겼고, 곧 데모를 만들어 기획사에 돌렸다. 이웃의 마음을 움직인 노래는 얼마 안 가 수많은 대중의 마음을 훔치는 노래로 신분 상승했다.

「보이지 않는 사랑」이 수록된 2집으로 공전의 히트를 기록하고 이후에도 수없는 1위곡과 밀리언셀러를 탄생시키며 '발라드의 황제'로 거듭나는 데 「미소 속에 비친 그대」의 성공이 큰 역할을 했음은 두말할 필요 없다. 이 명곡이 틔운 물줄기는 조성모, 성시경 등으로 이어져 와 현재에도 그 영역을 단단히 하고 있다. 「미소 속에 비친 그대」는 신승훈의 등장을 알린 서곡이자 1990년대 이후 팝 발라드의 강세를 예고한 웅장한 서막이었다. 윤은지

“노래는 신승훈 선배님이 제일 잘 쓰는 것 같아
요. 정말 훌륭한 싱어송라이터죠. 노래 실력이
뛰어난 보컬리스트라는 존재감 때문에 그분이
직접 곡을 쓰고 작사를 한다는 게 덜 부각돼서
어떨 때는 아쉽기도 해요.” 이적

# 옛사랑 (1991)

시적 감수성으로 노래한
가을의 그리움

**가수**
이문세

**앨범**
7집 옛사랑

**작사 · 작곡**
이영훈

한때 이문세 노래 다시 부르기가 열풍처럼 일었던 적이 있다. 오디션 및 서바이벌 음악 프로그램의 가세로 지나간 옛 곡을 재조명하는 기회가 늘어나면서 더욱 활발해지고 있는 근래 리메이크 흐름의 본류에는 음악 후배들 사이에서 거듭 언급되고 불린 이문세의 명곡들이 자리한다.

이수영의 「광화문 연가」를 시작으로, 빅뱅의 「붉은 노을」, 서영은의 「가을이 오면」 등 그의 음악은 2000년대 이후 후배 가수들을 통해 재등장하며 부활의 신호탄을 울렸다. 그중에서 「옛사랑」을 빼놓을 수 없다. 특히 이 곡은 2010년 임수정과 정우성이 출연해 애틋한 사랑을 담아낸 커피 광고의 배경음악으로 쓰이면서 온라인 음악 사이트 순위권에 진입하며 명곡의 힘을 과시하기도 했다.

사실 「옛사랑」이 수록된 7집은 이문세 음악 역사에서 첫손에 꼽히는 히트작은 아니다. 시기적으로도 그가 대중가요의 고급화에 기여하며 전성기를 구가했다고 평가받는 1980년대를 막 지난 1991년에 발표됐다. 명반으로 꼽히는 이문세의 작품은 주로 전성기 시절 앨범들인 3, 4, 5집이다. 그러나 노래 단위로 접근하면 「옛사랑」은 이문세 음악을 대표하는 트랙으로 선두에서 언급된다. 2013년에 열린 '대한민국 문세톱텐' 공연을 위해 네티즌 천 명을 대상으로 사전 투표한 '가장 듣고 싶은 이문세 노래'의 1위도 「옛사랑」이었다.

대부분의 이문세 노래들이 짙은 감수성을 내면화하지만 「옛사랑」에 깃든 사색의 감성은 그중에서도 각별하다. 가수의 음악을 특징짓는 고급스러운 서정이 고농축되어 구절구절마다 알알이 녹아 있기 때문이다. 2008년 대장암으로 세상을 떠난 이문세의 음악파트너 고故 이영훈 작곡가의 클래식하고도 섬세한 멜로디와 그 선율을 따라 차분히 흐르는 그리움의 언어는 하나같이 아련하고도 아름답다. 노래를 듣고 있으면 누구나 지나온 세월, 그 멀어진 옛 추억이 주는 속절없는 회한에 가만히 잠기게 된다. 그만큼 「옛사랑」에는 대중의 정서를 직접적으로 파고드는 붙임성이 있다.

'이제 그리운 것은 그리운 대로 내 맘에 둘 거야…'로 시작하는 후렴 가사는 여전히 많은 이들의 심금을 울리는 한 줄로 남아 있다. 한 편의 완벽한 시와 같은 노랫말은 곡의 품격을 무한대로 끌어올렸다. 이영훈은 2006년 자신이 만든 곡을 리메이크한 컴필레이션 앨범 『옛사랑』에서 앨범명과 동일한 이 곡에 대해 "어쩌다가 이 곡의 가사를 쓰고 난 후 더 이상 쓸 말이 없었다. 아니, '하고 싶은 말이 없었다'가 정확한 표현일 것이다. 이 곡 이후에 쓴 노래의 가사들은 모두가 별첨 정도일 뿐이다"라고 적었다. 「옛사랑」은 그의 가사 철학과 감각이 남김없이 쏟아져 나온 결과물이었던 셈이다.

아무리 선율과 노랫말이 정다워도 이문세의 담담한 가창이 아니었다면 이 곡에 지금과 같은 감동은 없었을 것이다. 노래하는 그의 음성은 가사의 온도처럼 따뜻하고 소박하면서도 애잔하고 어딘가 덧없다. 첫 소절부터 가만히 내뱉듯 차근차근 노랫말을 읊조려 나가는 보컬은 후렴구에서도 최대한 절제하며 이영훈이 그린 노래의 정서를 완벽하게 구현해낸다. 특유의 끊어 부르기는 절제미를 살리는 동시에 한 소절 한 소절을 빠짐없이 집중하도록 만들었다.

「옛사랑」은 이영훈 멜로디와 가사의 미학, 이를 아날로그 가요 감성으로 멋스럽게 전달한 이문세의 가창, 그 궁합의 정수다. 후배들이 이문세의 음악을 유독 애창하는 이유에 대해 그는 "내 노래가 만만해서"라고 했지만, 그만큼 그의 노래들이 대중의 가슴 가까이 다가간다는 뜻이기도 할 것이다.

「옛사랑」역시 그렇다. 한 해의 남은 시간보다 흘러가버린 날이 더 많아지는 가을날이면 더욱, 이 곡은 계절 따라 지나간 것들을 함께 추억해주고 저릿하게 남은 고독을 함께 곱씹어주며 외로운 이들의 마음 곁에 다가서고 또 그것을 어루만지는 데 주저하지 않는다. 그래서 지금도 많은 이들이 「옛사랑」을 아끼고 사랑한다.

윤은지

"모든 사람들이 무조건 공감하는 노래가 꼭 좋은 노래라고 생각하지는 않아요. 아주 개인적이고 구체적인데 그게 사람들로 하여금 자신의 입장에서 상상하게 만드는 노래가 정말 좋은 노래인 거죠. 그러한 점에서 「옛사랑」이 바로 그런 힘을 가진 가장 뛰어난 노래라고 봅니다." 강명석

# 41

# 난 행복해 <sub>(1995)</sub>

신비한 음색과 짙은 비감의 결정체

**가수**

이소라

**앨범**

1집 이소라 Vol.1

**작사 · 작곡**

김현철

가수 이소라를 세상에 각인시킨 데뷔곡 「난 행복해」의 첫인상은 강렬했다. 노래가 등장한 1995년 당시 카페나 음식점 라디오에서 이 노래가 흘러나오기라도 하면 사람들은 일제히 "이 가수 누구야?" 하며 목소리의 정체를 서로에게 묻곤 했다. 전에 들어보지 못한 독특한 보이스와 듣는 이를 노래 속으로 단숨에 이끄는 마력은 그에 대한 호기심을 자극할 만큼 색다른 것이었다. 그렇게 「난 행복해」는 입소문을 타고 삽시간에 대중들의 관심을 빨아들였다.

가장 큰 이색 지점은 단연코 목소리였다. 비음 섞인 중저음의 굵은 음색은 고혹적이고 몽환적이며 중성적이고도 신비한 매력을 머금고 있었다. 끼 많은 사람들은 너도나도 그 보이스의 특이함을 성대모사 대상으로 삼기 시작했는데, 이때 곡에서 주로 모사되는 부분은 '날 용서해…'로 시작하는 도입부였다. 그만큼 「난 행복해」는 첫 소절의 임팩트가 강했다. 초반부터 짙은 여운으로 사람들의 마음을 흔들었던 것이다. 이후 이소라는 '첫 소절만 들어도 알 수 있는 가수'로 언급되곤 했다. 보통 수준의 보컬로는 획득하기 힘든 타이틀이었다.

스탠더드 팝 발라드인 「난 행복해」는 곡을 쓴 김현철을 빼놓고는 온전히 설명할 수 없다. 이소라의 개성 짙은 보이스가 대중에게 전달되기까지 그의 존재가 절대적 역할을 했기 때문이다. '낯선 사람들'이라는 재즈 보컬 그룹에 속해 있던 이소라를 발견하고 그에게 「그대 안의 블루」라는 듀엣 곡을 제안한 것도, 나중 솔로 활동으로의 길을 터준 것도 모두 김현철이었다. 그는 이소라의 1집을 프로듀싱하며 가수에게 내재한 재즈적 색채를 팝적인 화법으로 영리하게 풀어냈다. 이소라는 그러한 김현철을 "나도 모르던 내 목소리를 찾아준 현철이"로 정의하며 매 앨범 'Thanks to' 리스트에 그의 이름을 새기고 있다. 「난 행복해」는 천재 작곡가와 비범한 보컬리스트가 이룬 최고의 합작품이다.

「난 행복해」가 들어 있는 이소라 1집은 100만 장이 넘는 판매고를 기록했고, 노래는 각종 음악 프로그램에서 1위를 연속 차지하는 등 큰 성공을 거뒀다. 누구도 예상 못한 의외의 히트였다. 당시는 서태지와 아이들의 등장 이후 댄스음악이 주도권을 쥐던 시기였기 때문이다. 댄스음악 반대편에 발라드가 위용을 드러내고는 있었지만 이 곡은 그것과도 분위기가 사뭇 달랐다. 무엇보다 여가수의 입지가 좁은 시절이었다. 「난 행복해」의 성공은 존재감이 기대되는 여자가수를 등장시켰다는 점에서 반가웠고, 대중음악이 대중성에 호소하지 않아도 충분히 대중적 친밀감을 형성할 수 있음을 증명해냈다는 점에서 고무적이었다.

이소라는 그 친밀감을 노래를 통한 공감으로 이루었다. 떠날 것 같은 연인에게 먼저 이별을 고하는, 겉으론 '난 행복해'라고 말하지만 절대 행복할 수 없는 여자의 이면을 풍부한 표현력과 호소력을 통해 실감나게 전한 것이다. 중저음의 음울한 매력과 아스라하게 흩어지는 가성으로 진하고도 처연한 비극미를 빚어내면서도 후반부 필요한 순간에는 고음을 한껏 내지르며 감정을 발산한다. '행복해야 해'라는 마지막 가사도 담담하게 처리한 1절과 달리 2절에서는 울먹이듯 발음을 좀 더 뭉개며 억누른 슬픔의 증폭을 묘사한다. 이러한 디테일한 표현과 전달력은 20대 중후반 이상 대중들의 마음에 무장해제를 일으켰다. 듣는 이로 하여금 참아온 슬픔을 위로받게 하면서 슬픔을 통해 그것을 승화하는 카타르시스를 체험케 한 것이다.

현재 이별의 슬픔을 가장 절절하게 표현하는 가수로 거의 첫손에 꼽히는 이소라의 시작은 「난 행복해」였다. 그리고 이소라는 당시처럼 오늘날에도 유일무이한 음색의 보컬리스트이자 진솔한 감성의 여가수로 위상을 확보하고 있다. 2000년대 들어서 「난 행복해」는 이승철, 거미, 울랄라세션 등 여러 가수에게 리메이크되며 1995년 그해의 인기에 봉인되지 않고 지금도 꾸준히 불리고 들리고 환호받는 시대 초월의 음악으로 남았다. 윤은지

# 42

# 천 일 동안 <sub>(1995)</sub>

호소력 짙은 애절한 이별곡

**가수**

이승환

**앨범**

4집 Human

**작사 · 작곡**

이승환 · 김동률

1980년대 말과 더불어 1990년대 초는 우리나라 가요의 황금기였다. 이 시기에 이르러 음악팬들은 더 이상 팝송만을 흥얼거리지 않고 우리의 감성과 현실을 더 적확하게 표현한 대중가요를 찾기 시작한 것이다. 특히 1990년대 초에는 서태지와 아이들, 듀스 등으로 대표되는 댄스가수들이 창조한 음악에 팬들이 열광적으로 합승하면서 가요계는 강한 리듬이 만들어낸 광풍에 휩싸였다. 이러한 댄스음악 속에서 색다른 빛을 발한 곡이 바로 이승환의 「천 일 동안」이다.

「천 일 동안」뿐만 아니라 이 곡이 수록된 이승환의 네 번째 앨범 『Human』 역시 당시 가요계와는 사뭇 다른 성향을 가지고 있었다. 당시 댄스음악의 인기와 거리를 유지했던 발라드 음반이었다는 점도 독특했지만, 앨범에 참여한 초대형 오케스트라 세션과 긴 길이의 수록곡들을 통해 크게 확장된 앨범의 규모 역시 화제였다. 시류에 영합하지 않는 자신만의 스타일로도 좋은 음악을 만들 수 있다는 이승환의 자신감과 뚝심이 담긴 음반이었던 것이다.

이러한 특징들은 「천 일 동안」에 그대로 드러난다. 김동률이 작곡한 이 노래는 프로듀서 데이비드 캠벨의 편곡이 두드러지는 오케스트라와 이승환의 목소리를 완벽하게 담는다. 잔잔히 유영하던 곡은 후렴구에 이르러 서서히 고조되면서 그 외양을 키워간다. 후에 일렉트릭 기타가 가세하며 다양한 편성의 악기들이 서로 어우러지는 이른바 '빅 발라드'의 탄생을 보여준다. 웅장함과 극적인 전개를 통해 듣는 이의 감정을 몰아치는 발라드의 구성은 이승환만의 새로운 시도로서 비단 발라드뿐만 아니라 이전의 어떤 가요에서도 쉽게 찾을 수 없던 용단의 결과물이었다.

한순간 터져 나오는 감정의 폭발은 음악에만 그 본을 두고 있지 않았다. 천 일이라는 시간의 길이를 통해 이별이라는 상황과 그 애처로움을 탁월하게 표현한 가사 역시 곡을 두고두고 회자되도록 만든 요소다. 가사의 애절함이 이승환의 보컬과 웅장한 오케스트라를 만나 슬픔이라는 심상을 폭발시키며 「천 일 동안」 특유의 카타르시스를 선사한다.

곡의 탄탄한 외양은 이승환 특유의 고집과 완벽주의를 통해 비로소 완결된다. 많은 악기 편성과 거대한 곡 구성을 한 곡에 담아내는 과정 역시 그만의 음악 철학과 완벽주의가 반영된 것으로, 아티스트로서의 이러한 자각과 음악에 대한 진지한 태도는 가수 이승환을 여전히 생동하게 해주는 원동력이 되었다.

20여 년이라는 세월을 뛰어넘어 불리는 명곡답게 후배 가수들의 리메이크 역시 많다. 케이윌, 린 등의 가수들이 이 노래의 선율 위에 목소리를 가했다. 특히 곡의 꾸준한 유명세에 불을 지핀 것은 텔레비전 프로그램 〈나는 가수다〉였다. 옥주현과 더 원, 소향이 각각 부른 「천 일 동안」은 1990년대에 대한 기억이 있는 시청자들에게는 회상의 매개로, 그보다 어린 시청자들에게는 가수 이승환의 재조명으로 기능하며 많은 이들에게 곡을 상기시켰고, 오디션 프로그램에도 자주 등장한다. 이 곡이 가진 감정의 깊이와 소구력은 이 노래가 지금까지 명성을 잇게 된 가장 중요한 이유일 것이다.

가수 이승환의 실력과 음악적 고집을 대중들에게 각인시킨 「천 일 동안」은 지금까지도 가요계의 대표적인 이별곡으로 남아 있다. 이 시대를 살아가는 젊은 세대들이 그만큼 이 노래에 감정을 이입하고 부르며 새로운 사랑을 기약한다는 방증일 것이다. 오랜 시간 꿋꿋이 이별 송가의 대표곡 자리를 지켜온 「천 일 동안」의 메시지는 여전히 유효하다. 이기선

# 43

# 낭만에 대하여 (1995)

추억에 바치는 나지막한 헌사

**가수**

최백호

**앨범**

16집 열여섯번째 이야기

**작사 · 작곡**

최백호

지나간 날들에 대한 아련한 회상과 추억, 아름다운 낭만과 회한까지. 20년이라는 세월이 흘렀어도 「낭만에 대하여」가 전해주는 감정은 변하지 않는다. 이 곡은 아티스트 본연의 자전적 이야기가 주를 이룸에도 불구하고 만인의 공감대를 형성하여 각자 개인의 고유한 경험으로 자리 잡게 하는 힘을 가졌다. 노래의 힘은 세월을 낭만이라는 이름으로 간직하는 모든 이들의 애창곡에 당당히 그 이름을 올리게 만든다.

20대 청춘의 감성을 대변했던 최백호였지만 시간의 흐름은 어느덧 그를 40대 중반의 기성 가수로 만들어놓았다. 1970년대 초창기 그의 노래는 일반적인 트로트가요와는 거리가 멀었다. 큰 반향을 일으킨 데뷔곡 「내 마음 갈 곳을 잃어」나 히트곡 「영일만 친구」, 「입영전야」 등 그의 노래는 젊은 층, 그중에서도 대학가를 중심으로 인기를 누렸다.

하지만 「낭만에 대하여」는 다르다. 탱고의 리듬을 가져왔지만 주된 멜로디는 트로트다. 전에는 찾아볼 수 없었던 한恨의 정서가 녹아 있다. 이는 당시 최백호가 처해 있던 현실의 상황과 경험들이 결코 호의적이지 못했음을 은유적으로 드러내는 음악적 장치다. 불행한 결혼 생활에 따른 이혼, 동시에 찾아온 음악적 부침은 그를 삼각산으로, 얼마 가지 않아 바다 건너 미국으로까지 가게 만들었다. 그는 40대의 시작을 타국에서 맞아야 했다. 자연히 노래는 아티스트의 자화상을 투영할 수밖에 없었다.

결코 쉽지 않은 세월이었지만 최백호는 단순히 지나간 과거에 도태되어 시대의 역사책에나 이름을 남기지 않았다. 흘러간 시간만큼 쌓인 추억과 기억은 성숙을 더했고, 이는 세대의 대변자라는 이름을 단순히 청춘세대에서 자신이 직접 속해 있는 기성세대로까지 확장하는 훌륭한 무기가 되었다. 「낭만에 대하여」는 최백호가 최초로 작사와 작곡을 모두 겸한, 온전히 그만의 작품이다. 대중들에게 익숙한 트로트와 따라 부르기 쉬운 멜로디, 여기에 탱고의 고혹적인 리듬감까지 더해진 곡은 그 자체로 애수를 자아낸다. 여기에 최백호 특유의 중후한 음색과 내지르는 듯한 절절한 보컬은 오히려 세월을 지나며 더욱 그 감칠맛을 살려내어, 그의 데뷔 시절부터 함께했던 사람들부터 처음 이름을 듣는 신세대들에게까지 커다란 존재감을 부여해주었다.

그에게 '낭만'은 소설 속, 영화 속의 허황된 좋은 시절이 아니다. 그는 차분한 목소리로 우리의 옛 이야기, 지나간 인생의 기억들을 절절히 읊을 뿐이다. 화려한 술집 대신 그야말로 옛날 다방이, 값비싼 양주 대신 도라지 위스키 한잔이 익숙한 현실이다. 지나간 날들에 대한 회상은 '이제 와 새삼 이 나이에/ 실연의 달콤함이야 있겠냐마는…'이라는 자조 섞인 현실 자각에서 멈추는 듯하지만 그럼에도 '왠지 한 곳이 비어 있는 내 가슴'은 잃어버린 것을 찾는다. 그것은 그다음 가사에 나오는 첫사랑에 대한 추억일 수도 있고, 청춘에 대한 미련일 수도 있다. '궂은비 내리는 날', '밤늦은 항구에서' 등의 공간적 배경은 이러한 애상을 더욱 증폭하는 기제가 된다. 그 모든 그리운 것들이 가져다주는 감정은 '낭만'이라는 단어로 집약된다.

이 곡으로 최백호는 과거의 부침을 모두 떨치고 다시금 인기가수로서 대중들과 함께할 수 있게 되었다. 그로부터 20년이나 더 지났지만 그는 아직도 '낭만에 대하여' 끊임없이 탐구하는 아티스트다. 성공을 가져다준 트로트 대신 월드 뮤직과 재즈를 연구하고, 어린 후배 아티스트들과의 협연으로 신세대적 감성 또한 잊지 않으며 시대와 호흡하고 있다. '낭만'에 부친 한 통의 편지는 어느새 수많은 사람들에게 전해져 진한 공감을 불러일으켰다. 그리고 그 반향은 최백호 자신도 모르는 사이에 다시 돌아와 그가 잃어버렸던 '낭만'을 다시 찾아주었다. 그의 진솔한 고백이 지금 이 순간에도 누군가의 가슴을 울린다. 김도헌

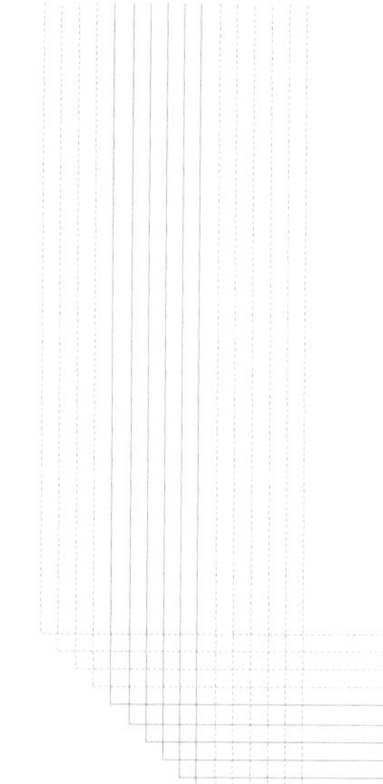

가수 최백호 「낭만에 대하여」 늦깎이 인기

중년 남성 "가슴이 찡"

인기가 급상승 중이다. 「궂은비 내리는 날 옛날식 다방에 앉아 도라지 위스키 한 잔…이제와 새삼 이 나이에 실연의 달콤함이 있겠냐마는…첫사랑 소녀는 어디에서 늙어갈까…이 나이에 청춘의 미련이야 있겠냐마는…내가슴에 다시 못올 것에 대하여 낭만에 대하여」(가사 일

「목욕탕집…」 삽입곡 계가
하루 음반주문 千장 넘어

째 음반이다. 원래 주변세계를 풍부한 서정으로 표현해 온 그이지만 이번 앨범의 수록곡들은 유독 지난 세월에 대한 아쉬움을 노래한 게 많다. 「인생은 단 한번 다시 오지 않는다」(남자). 「뽐내지 마라 젊음은 순간에 가버린다」(일몰). 「조라한 이제의 뒷모습으로 간다」(이별) 등의 수록곡이 그

# 도전의 음악

## 3

새로운 음악
역사를 연 노래,
레전드 100 - 송은
'도전'입니다.

M-net music
2010's SONG
LEGEND 100 SONG
LEGEND 100 SONG

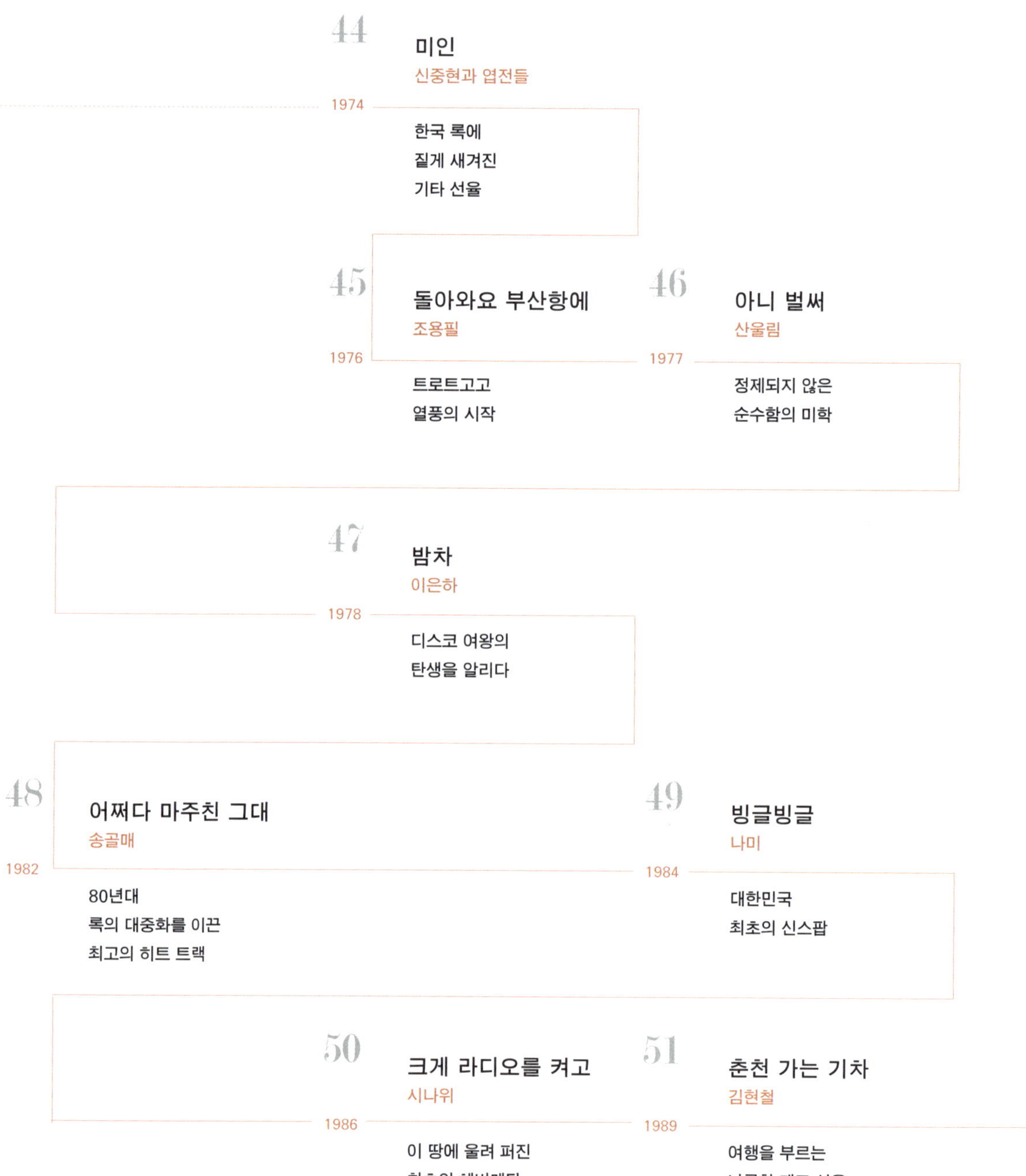

**44** 1974
미인
신중현과 엽전들
한국 록에
짙게 새겨진
기타 선율

**45** 1976
돌아와요 부산항에
조용필
트로트고고
열풍의 시작

**46** 1977
아니 벌써
산울림
정제되지 않은
순수함의 미학

**47** 1978
밤차
이은하
디스코 여왕의
탄생을 알리다

**48** 1982
어쩌다 마주친 그대
송골매
80년대
록의 대중화를 이끈
최고의 히트 트랙

**49** 1984
빙글빙글
나미
대한민국
최초의 신스팝

**50** 1986
크게 라디오를 켜고
시나위
이 땅에 울려 퍼진
최초의 헤비메탈

**51** 1989
춘천 가는 기차
김현철
여행을 부르는
나른한 재즈 선율

# 도전의 음악 / 14 SONGS

한 장르의 시초이거나 다양한 음악적 시도로
오랜 시간 후배 뮤지션들에게 강한 영향력을 끼친 노래

**52**
1989

## 골목길
신촌블루스

한국 최초의
블루스 히트곡

**53**
1990

## 삐에로는 우릴 보고 웃지
김완선

본격 댄스 음악의 상징

**54**
1992

## 환상 속의 그대
서태지와 아이들

랩, 록, 일렉트로니카의
환상적인 콜라주

**55**
1995

## 이 밤의 끝을 잡고
솔리드

R&B의
대중화를 이끈
촉매제

**56**
1996

## 말달리자
크라잉넛

날선 목소리로 외친
한국 펑크의 시작

**57**
2002

## Never Ending Story
부활

서정 록의 부활

# 44

# 미인 (1974)

한국 록에 짙게 새겨진 기타 선율

**가수**

신중현과 엽전들

**앨범**

1집 2기

**작사 · 작곡**

신중현

록 음악에 환호하는 가장 중요한 요소는 기타 리프일 것이다. 일례로 롤링 스톤스의 「(I Can't Get No) Satisfaction」의 짜릿함이 반백 년이 지난 현재까지 영향을 미치는 이유는 인트로에서 터져 나오는 선명한 기타 리프에 있다. 그 명징한 소리의 집합은 우리 모두의 가슴속에 짙게 새겨져 영생의 가치를 발한다. '위대한 로큰롤' 트랙이 되기 위해서는 '위대한 리프'가 필수 불가결이다.

한국 대중음악사에 새겨진 하나의 기타 리프, 그 중심에 자리한 곡은 바로 신중현과 엽전들의 1974년도 작품 「미인」이다. 신중현이 추구한 음악 세계를 한마디로 개괄하면 '한국적인 록'이지만 그는 굳이 한국적인 록이라는 명칭을 강조하지는 않았다. 그저 모든 생각을 실행에 옮겼을 뿐이다. 그룹 이름을 '엽전들'이라 칭한 이유도 이 때문이다. 당시에는 서구의 록 음악도 국가별로 분리되어 가는 경향이 짙었다. 미국과 영국은 물론 이탈리아와 독일과 같은 유럽의 많은 국가에서 자기 나라의 정서를 구현하는 쪽으로 트렌드가 변화해 갔다. 이를 바탕으로 한국의 록도 충분히 가능하다는 자신감을 얻어 한국적인 가락을 살려낸 「미인」을 쓰기 시작했다. 이는 서구의 음악인 록을 토속화하려는 기념비적인 작업이며 '신중현과 세 나그네'에 이르러서는 그것을 실험적으로 더 구체화했다.

악곡 전체를 휘감으며 반복되는 한 마디의 기타 선율은 대한민국 음악계를 단숨에 뒤흔들었다. 강제로 아프리카에서 건너온 흑인 노예들에 의해 시작됐던 블루스의 5음계와 우리네 국악의 5음계에는 큰 유사성이 있다. 완벽하게 일치하진 않지만 그 속에 내재한 한(恨)과 애환의 정서가 일맥상통한다는 점이 음악적 정서 구현과 성공적인 전환의 핵심 골자다. 서양의 악기를 연주하는 이들이 그 음계를 모를 리 없었겠지만 그 누구도 시도하지 않았기에 위대하다. 「미인」은 탄생과 동시에 한국 록의 역사에서 으뜸으로 위시되기 시작했으며, 이 매혹적인 노트는 수용만이 해답인 줄 알았던 시기에서의 한 줄기 빛이었다. 또 지미 헨드릭스의 명곡 「Voodoo Chile」과 동등한 위치에서 비교되며 칭송되어 왔다.

한국 대중음악 역사상 「미인」만큼 수많은 커버 버전을 가진 작품은 없다. 대표적으로 장남인 신대철이 이끄는 시나위의 9집 『Reason of Dead Bugs』에서는 인트로 리프를 후방에, 백 리프를 전방에 배치하는 파격을 보이며 아버지가 써낸 '기타 명곡'에 대한 고결함을 재확인시킨다. 전인권과 한상원이 함께한 『# 01』과 봄여름가을겨울의 5집 『Mystery』에서는 원곡의 손상 없는, 대가에 대한 존경과 예우를 표했다.

인디 신에서도 단골 레퍼토리다. 특히 일본인 멤버로 구성된 '곱창전골'은 팀 결성부터 한국행의 계기가 모두 「미인」이며, 10년이 넘도록 신중현식의 한국 록으로 활발하게 활동 중이다. 록 진영 이외에서도 환대는 마찬가지다. 아이돌 그룹인 원더걸스는 『Wonder World』에서 「미인」을 「Me, In」으로 대담하게 리메이크했다. 고전적인 느낌을 현대적으로 재해석해 세련된 후크를 갖추며 시대와 세대를 아우르는 명곡의 힘을 드러냈다. 록은 물론 포크, 재즈, 스카, 국악, 트로트에서 아이돌 음악까지 전 장르를 아우른다. 이 방대한 영향력은 우리 대중문화에서도 전무후무한 가치를 지닌 영원불멸의 유산 그 자체로 빛난다.

「미인」은 외국의 록을 우리의 감성으로 표현하고자 했던 아름다운 도전이었다. 신중현의 이 올곧은 결정은 한국 대중음악과 후배 뮤지션들에게 든든한 버팀목이 되고 있고, 지금까지도 거대한 울림을 담고 있다. 신현태

"「미인」은 1, 2차 중동전으로 인해 세계적인 석유 위기, 경제 위기가 왔을 때 발표된 노래입니다. 그 당시 음반 산업도 굉장한 타격을 입었는데, 이 한 곡이 그러한 불황을 극복하게 했다는 평가를 받을 정도로 상업적으로도 성공한, 한국 대중음악사에서 다시 한 번 재조명받아야 할 곡이죠." 강헌

"「미인」이라는 곡은 지금 들어도 굉장히 세련된 곡이죠. 기타 리프라든지 섹션이라든지… 노랫말도 그렇고요. 당시의 기준으로 한 30년 이상 앞서간 음악이라고 봐도 될 정도입니다."
돈 스파이크(작곡가·뮤지션)

# 45

# 돌아와요 부산항에 (1976)

트로트고고 열풍의 시작

**가수**

조용필

**앨범**

1집 창밖의 여자

**작사 · 작곡**

황선우

두말할 필요도 없이 슈퍼스타 조용필은 「돌아와요 부산항에」로 탄생했다. 세상사가 다 그러하듯 1976년 「돌아와요 부산항에」의 대대적 히트 역시 오랜 노력과 우연한 행운의 결합이었다. 1968년 무작정 미군부대 밤무대를 향했던 그에게 긴 무명 시절의 종지부를 찍도록 한 작품이 그의 취향인 록과 블루스가 아닌 트로트 작품이었다는 것은 아이러니하다. 하지만 바로 그 때문에 조용필은 세대와 계층을 불문하고 온 국민의 사랑을 받는 가왕歌王이 될 수 있었다.

「돌아와요 부산항에」의 첫 발표 시절은, 흔히 알려진 1976년이 아닌 1972년이다. 그의 첫 독집음반이었으나 전혀 주목받지 못하고 묻혀버린 이 음반 한 구석에 초라하게 들어 있는 「돌아와요 부산항에」는 조용필 자신도 말했듯 '그저 그런 뽕짝'이었다. 이 음반의 다른 노래들이 포크, 블루스, 스탠더드 팝 등으로 채워져 있으니 그에게조차 이 노래는 탐탁지 않은 선택이었을 것이다. 그런데 1975년 조총련계 재일교포 고향방문단이 들어온 것에 착목한 킹레코드사가 조용필 독집음반을 내면서 「돌아와요 부산항에」의 가사 중 '님'을 '형제'로 바꾸고 편곡을 다시 하여 수록했고, 이 기획이 성공하면서 조용필은 졸지에 스타가 되었다.

그러나 이 노래의 히트는 단순한 우연만은 아니었다. 1975년 포크와 록 스타들의 활동 제약으로 복고의 바람이 불었다. 바로 이때 로커들의 자구책으로 나온 것이 트로트의 선율에 록 사운드를 결합한 이른바 '트로트고고'였다. 1976년 「돌아와요 부산항에」는 1972년 버전과 달리 록 스타일로 편곡되었고, 이로써 최헌의 「오동잎」과 함께 트로트고고 붐을 이끄는 견인차가 되었다.

몇 년간의 활동 중단을 겪은 후, 1980년에 그는 다시 1집 음반을 내놓았다. 「창밖의 여자」와 「단발머리」가 수록된 음반이다. 슈퍼스타 조용필의 본격적 탄생을 알리는 이 역사적인 음반에 「돌아와요 부산항에」가 다시 수록되었다. 이렇게 「돌아와요 부산항에」는 조용필의 10년간의 고생이 오롯이 담겨 있는 석 장의 1집 음반에 모두 수록된 유일한 곡이다. 그런 점에서 이 곡은 조용필의 정체성 중 중요한 축임이 분명하다. 싫든 좋든 조용필은 「돌아와요 부산항에」로 첫 단추를 꿰었고, 트로트는 배척할 수 없는 그의 음악적 정체성 중 하나가 되어버린 셈이다.

그러나 그것이야말로 조용필이 국민가수가 될 수 있었던 가장 큰 자산이 되었다. 1980년 「창밖의 여자」로 시작해 화려한 비장함과 큰 스케일을 지닌 통 큰 선율에 키보드와 기타가 주도하는 고전적이면서도 세련된 화성, 안정감 있는 연주와 폭발적인 샤우팅으로 한국 대중가요사의 새로운 역사를 쓰던 시기에도 트로트를 놓을 수 없었다. 그에게는 「돌아와요 부산항에」를 기억하는 팬들이 많았고 「미워 미워 미워」, 「일편단심 민들레야」에서 「허공」으로 이어지는 신작 트로트로 인기 행진을 계속하면서 다른 한편으로는 「황성 옛 터」, 「대전 부르스」 등의 흘러간 옛 노래 리메이크까지 내놓아 자신의 것으로 만들었다. 그럼으로써 그는 한 시대의 새로운 경향을 주도하면서도 최신 트렌드로부터 소외되기 쉬운 중장년 팬들을 모두 안고 갈 수 있었다.

조용필의 팬들이 나이를 먹을수록 옛날의 '그리운 형제'를 만나는 것 같은 위로를 받을 수 있는 한편에는 「돌아와요 부산항에」의 트로트가 주는 편안함이 자리하고 있다. 그뿐인가. 「돌아와요 부산항에」 덕분에 그는 1984년 한일문화교류의 아이콘이 되어 일본과 아시아로 진출하여 재일교포를 넘어선 아시아 팬들을 만날 수 있었다. 1999년 갤럽의 여론조사에서 「돌아와요 부산항에」가 '20세기 최고의 대중가요'로 꼽힌 것은 그런 점에서 당연한 일이었다. 이영미

"「돌아와요 부산항에」는 '트로트고고'라는 형식을 대중에게 처음으로 전파시킨 노래인데, 사실 트로트고고에서의 '고고'가 록입니다. 우리나라에선 이상하게 그걸 고고라고 불렀어요. 고고장 뭐 이러면서…. 그러니까 트로트와 록적인 문법을 결합시켜 대중적인 성공으로까지 이끈 최초의 곡이라는 데에 이 곡의 역사적인 가치가 있습니다." 배순탁

돌아와요 부산항에 조용필(1976)
LEGEND100
SONG

# 46

# 아니 벌써 <sub>(1977)</sub>

정제되지 않은 순수함의 미학

가수
**산울림**

앨범
**산울림 새노래 모음**

작사 · 작곡
**김창완**

"산울림의 등장은 무모함이 어떻게 받아들여질까 하는 물음에 대한 답이었습니다." 산울림 음악이 당시 우리나라의 대중음악과는 차원이 달랐음을 인정하는 김창완의 말이다.

1977년 12월 15일에 발표된 산울림의 데뷔앨범은 곧바로 센세이션을 일으키며 큰 성공을 거뒀고, 그 중심에 「아니 벌써」가 있었다. 해를 넘긴 1978년, 젊은이는 물론 기성세대, 심지어는 어린아이들도 노래의 첫 가사인 '아니 벌써 해가 솟았나／창문 밖이 훤하게 밝았네…'를 연신 외쳐댔다. 이렇듯 모든 세대에 의해서 불린다는 것은 쓰나미급 인기를 담보하는 인기의 방증이었다. 산울림의 무모한 도전은 이렇게 대중으로부터 열광적인 화답을 받았다.

당시 가요로는 드물게 5분 30초의 긴 러닝타임을 갖고 있는 「아니 벌써」는 자갈밭처럼 거칠게 뭉개지는 퍼즈 톤의 기타 소리, 담백한 베이스 기타와 드럼 그리고 통통 튀는 건반 연주로 가장 이상적인 록 밴드의 형식을 이룩한 곡이다.

백킹 기타와 세 개의 코드로 이루어진 「아니 벌써」는 펑크가 지향하는 최소주의의 미학이며, 정제되지 않은 둔탁한 사운드와 어린아이처럼 천진난만하게 부르는 김창완의 보컬은 아마추어리즘의 발현이었다. 1960년대 미국에서 태어난 개러지 록 위에 프로그레시브 록의 영향을 받아 중간 간주에 등장한 건반 연주는 한국의 록이 사멸하지 않고 숨 쉬고 있음을 알렸다. 이로써 우리나라도 전 세계에 펑크의 물결을 주도한 미국, 영국과 동시대에 펑크 뮤지션을 소유하는 영광을 갖게 되었다.

「아니 벌써」의 또 다른 충격은 가사였다. 율격 같은 외적인 규범에 얽매이지 않고 자유로운 문장으로 쓴 동요풍의 노랫말은 마치 창작자의 독백처럼 자유롭게 상상력을 자극했다. 노래의 내용을 위해 가사를 억지로 맞추지 않고 멜로디와 박자를 위해 조사를 과감히 생략함으로써 자연스러운 박자와 리듬을 극대화했다. 이렇게 일상적인 주제를 노래한 「아니 벌써」의 파급력은 최근 장기하와 얼굴들의 노래에서 재현될 만큼 대단했다.

산울림의 데뷔앨범을 제작한 서라벌레코드 사장 이홍주는 이렇게 말했다. "회색 하늘을 가르고 내보이는 한 조각 푸른 하늘, 한 줄기 햇살 같은 매력에 끌려서 산울림의 음악 활동을 지원했다." 그의 말처럼 산울림의 음악은 당시 젊은이들의 욕구를 대리만족해주었다. 김창완도 당시의 젊은이들처럼 무기력한 가요에 대해 안타까운 마음을 품고 있었지만, 당시 대중음악계는 그런 청춘의 정서를 수용하지 못하고 여전히 기성세대 중심으로 흘러갔다. 그래서 산울림의 음악에는 청춘을 담았고, 실제로 산울림 멤버들은 청춘이었다. 산울림이 성공한 이유다.

2012년에 공개된 산울림의 두 번째 트리뷰트 앨범 『Reborn 산울림』에서 크라잉넛이 「아니 벌써」를 리메이크한 것만 봐도 이 노래가 바로 '조선 펑크'의 시조임을 알 수 있다. 1999년에 산울림의 첫 번째 헌정음반을 구상한 CBS 라디오의 한용길 피디는 "산울림은 한국의 비틀즈다. 그들의 음악은 대중성과 실험성을 아울렀고 모든 장르를 섭렵했다. 산울림의 이 위대한 업적을 재평가하기 위해서 이번 앨범을 기획했다"는 말로 이들의 위상을 정의한다.

「아니 벌써」로 시작된 산울림의 전설은 가공되지 않은 순수함을 간직한 채 지금도 실험 중에 있다. 소승근

"「아니 벌써」는 파격적인 연주와 보컬 그리고 노랫말 이 모든 것들이 '아, 음악을 이렇게 해도 되는 거구나'라는 가능성을 한껏 열어준 곡입니다." 김종진(봄여름가을겨울)

# 47

# 밤차 <sub>(1978)</sub>

디스코 여왕의 탄생을 알리다

**가수**

이은하

**앨범**

조용한 미소 / 밤차

**작사 · 작곡**

유승엽

디스코는 지금까지도 국내에서 유난히 편애를 받는 장르 중 하나다. 라디오 팝 프로그램에서 끊이지 않고 애청되는 곡들의 상당수는 디스코다. 여기서 흥미로운 대목은 미국에서 인식하는 대표 디스코와 국내에서 사랑받아 온 디스코의 재질이 미묘하게 다르다는 점이다. 가벼운 리듬 안에서도 멜랑콜리한 멜로디를 가지고 있다는 점, 중성적인 여성보컬을 전면에 내세운 점 등이 우리나라에서 현지화된 디스코의 주된 특징이라고 볼 수 있다.

이은하의 「밤차」는 국내에서 통할 수 있는 디스코의 요건들을 모두 충족시킨 사례다. 곡의 시작을 알리는 비장한 브라스 사운드와 힘이 넘치는 허스키 보컬은 이은하만이 독점할 수 있는 성공 공식으로 굳혀지게 된다. 「밤차」의 성공과 함께 가속화된 1970년대 후반 이은하의 최고 전성기는 전 세계적인 디스코 광풍과 맞물리면서 순풍가도를 달리게 된다. 「밤차」 이후 정형화된 '우수에 찬 댄스곡'이라는 아이러니한 히트 아이템은 지금까지도 가요계에서 통용될 정도로 위력을 이어오고 있다.

물론 「밤차」를 작곡한 이는 유승엽이지만 디스코의 느낌을 한껏 살린 펑키Funky한 기타 연주는 데블스의 기타리스트 김명길의 손을 거쳤다. 데블스를 이끌며 당시에는 낯설었던 소울과 펑크를 전도한 인물답게 「밤차」 특유의 화려한 브라스 세션과 기타 연주는 김명길이 관여했기에 가능했다. 곧이어 히트 퍼레이드를 이어간 「아리송해」 역시 김명길의 센스가 발휘된 곡이다. 이러한 연유로 데블스의 일대기를 영화화한 〈고고70〉에서는 영화배우 신민아가 「밤차」를 리메이크해 부르기도 했다.

지금까지 「밤차」를 기억하는 이들은 이은하가 유행시킨 특유의 찌르기 춤을 자주 언급하곤 한다. 흡사 영화 〈토요일 밤의 열기〉의 존 트라볼타가 무대를 달궜던 모양새와 비견됐을 정도로 당시에는 큰 화제를 불러일으켰던 춤이다. 나중에 밝힌 일이지만 춤에는 밝지 못했던 그가 간주 중 무엇이라도 해야 할 듯싶어 손으로 V자를 그렸던 것이 매체를 거쳐 자신의 트레이드마크가 된 것이다. 춤으로 기억되는 명곡 중의 한 사례가 바로 「밤차」라고 볼 수 있다.

하지만 무엇보다도 이은하의 주특기는 남과 비교할 수 없는 독특한 음색이다. 탁성이라고 느낄 수도 있지만 속을 뚫리게 하는 경쾌한 음성은 마치 판소리의 명창들을 떠올리게 한다. 아코디언 연주자였던 아버지 이배영의 혹독한 발성교육을 받은 뒤 그는 13세라는 어린 나이에 가요계 전선으로 뛰어든다. 출생 연도를 속였을 정도로 어린 나이였지만 데뷔 초에도 허스키 보이스로 단번에 두각을 나타내기 시작했다. 여성의 미성이 가요계의 주류를 이루던 1970년대에 걸걸한 목소리는 신선한 충격이었던 셈이다.

그래서인지 이은하는 전성기 시절에 혜은이와 자주 비교되곤 했다. 「당신은 모르실 거야」, 「진짜진짜 좋아해」 등의 히트곡과 더불어 귀여움과 청순미로 인기를 끌었던 혜은이는 이은하와 서로 대척점에 놓여 있었다. 성격 자체가 다른 두 라이벌이 유일하게 접점을 이룬 대목이 있었다면 역시 디스코일 것이다. 이은하가 1978년 「밤차」, 1979년 「아리송해」로 연이어 디스코 히트곡을 내놓자 혜은이도 1979년 「제3한강교」로 맞불을 놓는다. 당대를 대표하는 최고 인기 여가수들이 선택한 장르가 일치했을 정도로 1970년대 후반 청춘문화의 아이콘은 바로 디스코였다.

물론 이은하는 장덕이 작곡한 「미소를 띄우며 나를 보낸 그 모습처럼」이나 「봄비」와 같은 감성적인 발라드도 탁월하게 소화할 수 있는 명가수다. 그렇지만 이은하를 대표적으로 수식하는 단어는 '디스코 여왕'이다. 권총을 쏘듯이 손가락을 찌르며 '멀리 기적을 울리던' 육감적인 몸짓에 젊은 세대들은 열광했다. 여기에 어느 누구도 쉽게 따라할 수 없는 목소리까지. 이은하가 없었더라면 우리나라까지 미친 세계적인 디스코 붐도 반쪽에 불과했을 것이다. 홍혁의

"〈레전드 100〉 시리즈는 한마디로 우리 대중음
악 역사의 아주 소박한 정리입니다. 이를 통해
우리 대중가요가 무게감을 더해 가는 것이죠.
이로써 대중음악은 더 이상 소비되지 않고 저장
되는 것입니다." 임진모

# 48

# 어쩌다 마주친 그대 (1982)

80년대 록의 대중화를 이끈
최고의 히트 트랙

**가수**

송골매

**앨범**

2집 송골매

**작사 · 작곡**

구창모

우리나라에서 지속적으로 인기차트 1위곡을 낸 록 밴드는 송골매가 최초다. 그만큼 1980년대 초반에 송골매의 인기는 록 그룹으로선 독보적이었고, 타의 추종을 불허하는 거대한 날개였다. 그 도화선이 된 노래는 1982년에 발표해서 지금까지도 대한민국 록의 역사에서 빼놓을 수 없는 명곡으로 자리한 「어쩌다 마주친 그대」이다.

안정적인 가창력으로 대중 친화적이었던 팀의 보컬리스트 구창모가 작사·작곡한 이 흥겨운 록 넘버는 송골매가 이전에 발표했던 노래들과는 확연히 달랐다. 「어쩌다 마주친 그대」는 이전에 발표한 「세상 모르고 살았노라」나 「세상만사」, 「탈춤」처럼 한국적인 감성을 표현한 대신 팝적인 사운드를 구현했다. 그 유명한 기타 리프와 엄지와 검지를 사용해서 줄을 뜯는 슬랩 베이스 주법은 「어쩌다 마주친 그대」가 그 이전에 발표된 노래들과는 소리의 질감과 접근 방법에서부터 달랐음을 내비쳤다.

당시 노래들이 연주의 볼륨을 낮추고 보컬만 강조했던 것과 달리 「어쩌다 마주친 그대」는 보컬뿐만 아니라 각 악기의 소리도 놓치지 않았다. 드럼과 베이스, 신시사이저 그리고 잘게 쪼갠 리듬 기타 소리까지 모든 악기 소리를 높여 균형 있는 사운드를 완성한 것이다. 마치 흑인 펑크<sup>Funk</sup> 밴드의 베이스 리듬 위에 팝 그룹 플리트우드 맥과 이글스처럼 맑고 깔끔한 기타 사운드가 덧입혀진 「어쩌다 마주친 그대」는 소리에 대한 대중의 감각을 한 단계 높여준 세련된 노래다.

"「어쩌다 마주친 그대」가 들어 있는 2집은 우리가 라이브 연주하며 매일 클럽에서 연주하던 시기에 녹음했기 때문에 거의 한 번에 끝낸 앨범입니다. 한마디로 연습이 많이 된 음반이죠. 김정선의 기타를 비롯해서 모든 연주가 거의 다 잘됐습니다"라고 밝힌 배철수의 말에서 알 수 있듯 이 노래는 우리나라의 스튜디오 녹음 기술을 업그레이드했다.

부분적으로 디스코 리듬과 뉴웨이브를 받아들인 「어쩌다 마주친 그대」는 곡 분위기처럼 흥겹고 신 나는 로큰롤이지만 좋아하는 여성에게 당당하게 고백하지 못하는 소심한 남자의 애타는 마음을 노래하고 있다. 바로 이 점이 록 넘버인 「어쩌다 마주친 그대」가 남성뿐 아니라 모성본능을 가진 여성에게도 어필한 요소였다.

「어쩌다 마주친 그대」는 1982년에 단일곡으로 라디오에서 두 번째로 많이 방송된 노래로 선정되며 록 음악의 대중화를 이끌었고, 시간이 흐른 지금은 노래방의 골든 레퍼토리로 자리매김하며 전설을 이어가고 있다.

1970년대에 신중현과 산울림에 의해 개화된 록은 송골매에 의해서 더 이상 마니아의 전유물이 아닌 대중의 음악으로 재탄생했으며, 그 흐름은 1990년대 펑크록과 인디음악에까지 젖줄을 대고 있다. 2002년에 제작된 송골매 트리뷰트 앨범 『Tribute to Songolmae with Originals』에 네이키드, 시베리안 허스키, 칸, 자우이 등 인디 밴드들로만 참여한 면면이 그 광대한 영향력을 설명한다.

"록 음악이 침체됐던 당시에 록 음악으로 팬들에게 살갑게 다가선 그룹이라고 생각합니다." 송골매의 의미에 대한 배철수의 대답이다. 그의 말처럼 송골매는 상업적으로 가장 성공한 록 밴드일 뿐만 아니라 음악적으로도 이상적인 노래를 선사했다. 그중에서도 「어쩌다 마주친 그대」는 1980년대에 록을 안방에 안착시킨 최고의 히트곡이다. 소승근

송골매 2집
SIDE A
어쩌다 마주친 그대 ①
우리들 ②
그대는 나는 ③
다시한번 ④
세상만사 ⑤
SIDE B
① 하다 못해 이 가슴을
② 모두 다 사랑하리
③ 빨리 빨리
④ 내 마음의 꽃
길지 않는 시간이었네
⑤ 바 람
Guitar : 김정선 Bass : 김승복 Key board & Vocal : 구창모 Guitar & Vocal : 배철수 Drum :
A & R : 임석호 Mixing : 이태경 Mastering :
지구레코드
MANUFACTURED BY JIGU RECORDS CORP. SEOUL KOREA

# 49

# 빙글빙글 <sub></sub>(1984)

대한민국 최초의 신스팝

**가수**

나미

**앨범**

4집 골든 앨범

**작사·작곡**

박건호·김명곤

나미의 대표작 「빙글빙글」은 1984년 히트곡이지만 현재의 젊은 세대들에게도 제법 친숙하다. 곡이 등장한 이후 대중들의 삶 속에서 또 후배 가수들의 음악 안에서 끊임없이 재생되고 불리면서 노래의 수명이 확장된 결과다. 근래까지도 아이돌 그룹 티아라를 통해 2010년판 댄스곡으로 재탄생했고, 록 밴드 윤도현 밴드의 신나는 록 버전으로 새롭게 해석되며 레전드 송의 존재감을 드높였다. 이미 많은 리메이크곡이 있음에도 이처럼 다시 부르기 시도가 멈추지 않는 건 질리지 않는 시대 초월의 보편 가요이기에 가능한 현상이다.

2011년 개봉해 화제를 모은 영화 〈써니〉에서 「빙글빙글」은 유로 댄스그룹 보니엠의 「Sunny」와 함께 주요 테마곡으로 쓰이면서 1980년대를 회고하는 대표 플레이 넘버로 역량을 발휘했다. 영화에서처럼 「빙글빙글」은 1980년대 대중음악을 언급할 때 빼놓을 수 없는 키워드다. 그토록 한 시대를 함축, 풍미한 곡도 드물기 때문이다. 「빙글빙글」은 나미 자신에게는 네 번째 앨범 만에 처음으로 대중적 성공을 안겨준 효자 트랙이고, 대중들에게는 신선한 댄스음악을 전하며 음악 경험의 폭을 확대해준 선구적 노래다.

지금은 익숙한 대중가요로 자리 잡았지만 세상에 모습을 드러낸 당시 「빙글빙글」은 파격 그 자체였다. 코를 찡긋하며 쥐어짜듯 내뱉는 첫 소절 '그저 바라만 보고 있지…'만으로도 나미의 섹시한 허스키 비음은 강한 인상을 주었고, 이는 곧 그를 상징하는 트레이드마크로 각인되었다. 짧은 단발머리에 펑키한 의상, 흐느적거리는 듯 현란한 춤사위는 '듣는 음악'뿐 아니라 '보는 음악'의 묘미를 함께 제공했다. 이는 1980년대 당시 미국의 MTV 개국과 함께 뮤직비디오의 등장으로 음악 노선이 '보는 음악'으로 전환되어 가던 전 세계적 시대 물결과 일치하는 행보였다. 이처럼 「빙글빙글」에는 미래지향적인 요소들이 가득 내재했다.

무엇보다 충격을 주었던 것은 뿅뿅거리는 전자음의 향연이었다. 곡을 쓴 '사랑과 평화'의 키보드 주자 김명곤은 1980년대 초반부터 미국에서 유행하기 시작한 뉴 웨이브 음악을 국내 거의 최초로 「빙글빙글」에 도입했다. 한국적인 멜로디에 팝적인 사운드를 입혀 과거 경험한 적 없는 낯선 이미지와 그럼에도 불구하고 느껴지는 묘한 친화력을 동시에 포획했던 것이다. 신시사이저의 전자음에 나미 특유의 비음이 어우러지자 독특한 몽환성이 가미되었고, 이는 빠르게 반복되는 템포 그리고 빙글빙글 도는 어지러운 가사와 맞물려 최적의 무아지경을 선사했다. 그 특별한 매력은 음악팬들의 이목을 강하게 끌어당겼다.

노래는 곧 대히트를 거뒀다. 〈가요톱텐〉에서 5주 연속 1위를 차지하며 정상의 반열에 올랐고, 1985년에는 한 해 가장 많이 방송된 노래로 꼽히기에 이른다. 어딜 가나 「빙글빙글」이 들리고 애창되고 춤춰지자 당시 언론들은 '빙글빙글 신드롬'이라는 용어를 써가며 그 뜨거운 인기를 표현하려 애썼다. 대중들은 연주음악이 아닌 전자음악에 몸을 맡기면서 음악을 체내하기 시작했다. 전자음악 시대의 포문은 이처럼 「빙글빙글」과 함께 열렸다.

「빙글빙글」은 1980년대 중반의 대중음악 지형을 빙글빙글 돌리며 저만의 원심력으로 대중들의 취향을 흡수했다. 노래의 성공이 고무적인 것은 트로트와 포크 음악 일변도였던 그간의 음악 토양에 새로운 재료를 심으며 토대의 저변을 넓혔다는 점에 있다. 댄스음악 시장의 개척은 그 값진 수확이다. 「빙글빙글」은 당시에 인간적이지 못하다는 비판을 받은 전자음악도 훌륭하고 멋진 음악이 될 수 있음을 뿌리로서 웅변하며 한국 댄스음악의 자존심을 여전히 굳건히 다지고 있다.

윤은지

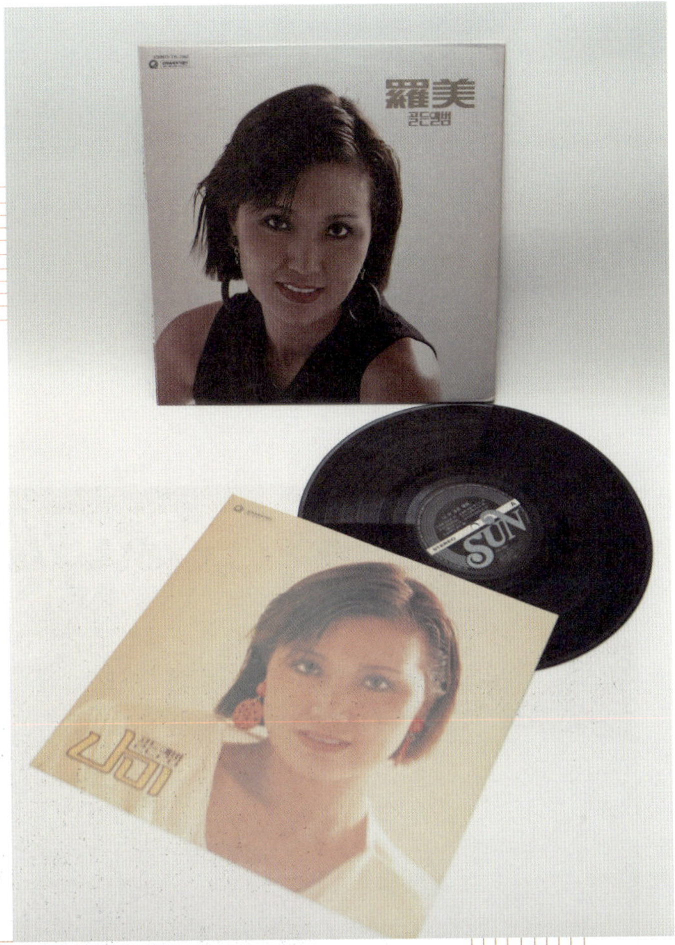
羅美
골든앨범
나미
골든앨범
STEREO
A
SUN

나 미 골든 앨범
① 빙글 빙글(4 : 01)
② 당신의모든것이 다좋아요(3 : 13)
③ 잊어버린 꿈(2 : 59)
④ 슬픈 거울이야기(3 : 03)
⑤ 난 사랑했어요(4 : 00)
⑥ 미운정 고운정(2 : 27)
STEREO
A
SUN
TYC-2062

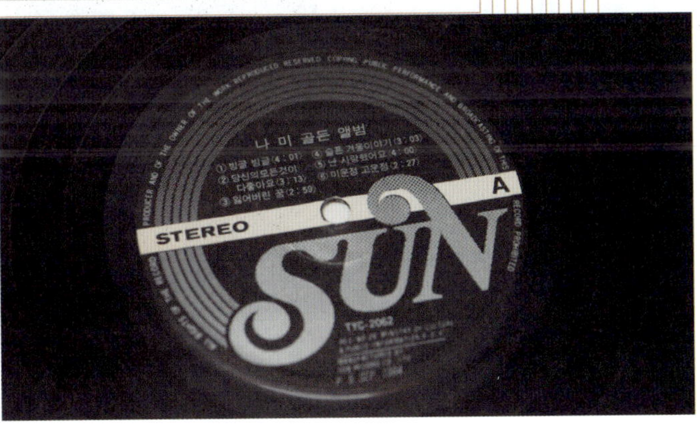

# 50

# 크게 라디오를 켜고 <sub>(1986)</sub>

이 땅에 울려 퍼진 최초의 헤비메탈

**가수**

시나위

**앨범**

1집 Heavy Metal Sinawe

**작사 · 작곡**

신대철

1986년 가요를 방송하는 라디오 프로그램에서 육중한 드럼과 날카로운 기타 연주로 시작하는 노래가 흘러나왔다. 그동안 인기를 얻은 우리 노래와는 완연히 다른 헤비메탈 사운드였다. 사람들은 혹시 제작진이 팝송을 잘못 틀어서 방송 사고를 낸 건 아닐까 걱정했지만 거친 허스키 음색의 싱어는 높은 톤으로 크게 라디오를 켜자고 듣는 이들을 선동했다. 분명 우리말로 노래를 부르는 대한민국 노래였다.

시나위의 「크게 라디오를 켜고」는 한국 록뿐만 아니라 대한민국의 대중음악 역사에서 절대 빼놓을 수 없는 위상을 점한 곡이다. 이전까지 국내 오버그라운드에서 정통 헤비메탈은 존재하지 않았지만 시나위의 등장으로 우리나라도 마초적인 힘을 바탕으로 한 록 밴드를 드디어 소유하게 된 것이다.

1986년에는 시나위뿐만 아니라 '부활'과 '백두산'도 데뷔앨범을 발표하면서 'Made in Korea'의 헤비메탈은 드디어 활화산처럼 열기를 뿜기 시작했다. 이렇게 우리의 록 밴드가 동시다발적으로 등장할 수 있었던 것은 1980년대 중반이 전 세계적으로 헤비메탈 최고의 전성기였다는 시기성과 1년 전인 1985년에 일본의 헤비메탈 밴드 라우드니스의 앨범 『Thunder in the East』가 빌보드 앨범차트 74위를 기록한 것이 자극제가 되었다. 그만큼 「크게 라디오를 켜고」는 민족적 자존심이 밑바탕에 깔린 우리의 중요한 대중음악이다.

시나위의 데뷔앨범 타이틀은 『Heavy Metal Sinawe』. 자신들의 음악적 정체성을 자신만만하게 내걸었고, 1번 트랙인 「크게 라디오를 켜고」를 타이틀곡으로 정해 한국형 록의 찬가를 공식적으로 탄생시켰다. 시나위의 두 번째 보컬리스트였던 임재범과 기타리스트 신대철이 공동으로 작곡한 이 곡은 소울풀한 감성을 소유한 임재범이 독감에 걸린 상태에서 녹음을 진행했다. 그럼에도 불구하고 그는 소름끼치는 샤우팅 창법으로 그 누구도 들려주지 못했던 고출력 보컬을 선보이며 한국 메탈 보컬의 기준점이 되었고, 당시 스무 살이었던 신대철은 그동안 우리나라 노래에선 쉽게 접할 수 없었던 기타 솔로를 본격적으로 들려주면서 한국 록 음악의 새로운 지평을 열었다. 당시 외국의 록에 심취한 메탈 키드들이 비로소 우리의 록에 관심을 갖게 만들었다. 이 노래는 지금까지도 아마추어 밴드가 카피해 록 세계로 들어가는 입문서 역할을 담당하고 있다.

2000년대 중반에 시나위의 보컬리스트로 활동했던 베이시스트 이경한은 시나위가 대한민국 록을 상징하기 때문에 가입하게 되었다고 말했다. 그만큼 시나위가 우리 대중음악계와 잠재력을 갖고 있는 미래의 로커들에게 끼친 영향력은 어마어마하다. 이 전설의 노래는 이브, 더 크로스, 디아블 같은 밴드뿐만 아니라 박완규, 김종서, 김경호 같은 한국의 대표적인 록 보컬리스트들이 공연 현장에서 자주 불러서 록 뮤지션들이 반드시 거쳐야 할 통과의례와 같은 곡으로 자리매김했고, 2006년에는 박중훈과 안성기가 주연한 영화 〈라디오 스타〉에 삽입되어 극중 배경이었던 조용한 강원도 영월을 들썩이게 만드는 장면에 흐를 정도로 우리나라 대중문화의 다양성을 조명하는 데 큰 역할을 했다.

　1980년대에 전문 프로듀서나 록 음악을 전담하는 엔지니어도 없는 상황이었기 때문에 「크게 라디오를 켜고」의 사운드는 수려하지 못하지만 우리의 중요한 문화유산임이 틀림없다. 그래서 시간이 흐를수록 이 노래의 역사적인 가치는 깊어지고 그 위상은 높아진다. 시나위의 데뷔곡 「크게 라디오를 켜고」는 한국 대중음악에도 헤비메탈이 한 부분을 차지할 수 있도록 앞길을 터준, 지울 수 없는 불멸의 록 찬가다. 소승근

# 춘천 가는 기차 <sub>(1989)</sub>

여행을 부르는 나른한 재즈 선율

**가수**

김현철

**앨범**

1집 김현철 Vol. 1

**작사 · 작곡**

김현철

2010년 어느 날 이른 아침의 청량리역. 개찰구 앞에는 배낭을 짊어진 학생들이 삼삼오오 모여 웃고 떠든다. 연인으로 보이는 남녀는 손을 꼭 잡고 속삭인다. 책을 펼쳐 들고 주변을 두리번거리는 사람들은 외국인이다. 단체 엠티이거나 알콩달콩 데이트이거나 아니면 명소 관광이거나… 각자의 목적을 위해 역을 찾은 이들은 모두 춘천행 기차를 탄다. 덜컹거리며 기차가 속도를 올리기 시작하면 한쪽에서는 두 사람이 서로에 기대어 사진을 찍고, 건너편에서는 혼자 앉은 사람이 창밖으로 멀어지는 역을 바라보며, 맞은편의 누군가는 이어폰의 볼륨을 높이면서 미소 짓는다. 그리고 어디선가 작게 들뜬 노랫소리도 들려온다. '춘천 가는 기차는 나를 데리고 가네/ 5월의 내 사랑이 숨 쉬는 곳…'

기차를 타고 낯선 곳으로 자신을 찾아 떠나는 여행은 젊음이 거쳐야 하는 과정인 양 대물림되고 있다. 특권과도 같은 그 행위를 정면에서 부추기는 노래가 있었으니 그것이 「춘천 가는 기차」다.

김현철의 데뷔앨범 타이틀 「춘천 가는 기차」가 처음부터 크게 인기를 끈 것은 아니었다. 음악을 만드는 사람과 음악을 남보다 열심히 듣는 사람들, 그중에서도 재즈 팬들 사이에서 나돌기 시작한 입소문이 출발점이었다. 소문은 소리 없이 굵은 물결을 일렁이며 퍼져나갔다. 살랑살랑 묘하게 귀를 잡는 리듬부터 「춘천 가는 기차」는 기존 가요와 확연하게 달랐다. 1950년대에 브라질에서 탄생한 재즈와 삼바를 결합해 만들어낸 보사노바의 것이었다. 김현철 1집이 발표된 것은 1989년, 새로운 시기를 앞두고 다양한 흐름이 곳곳을 들쑤시는 때였지만 보사노바는 아직 우리나라 땅을 몇 번 밟지 않은 낯선 존재였기에 사람들을 유혹하기에 충분할 만큼의 매력이 있었다.

곡 머리에 등장하는 힘을 뺀 경적 소리와 우아한 플루트 연주, 나른한 보컬, 맑고 부드러운 키보드 터치는 언젠가 봤음직한 청춘 드라마의 주요 장면이 되어 사람들의 머릿속에 펼쳐졌다.

눈이 잔뜩 내린 다음 날, 바쁜 일상에 쫓겨 사느라 지쳐버린 한 사람이 무작정 기차에 올라탄다. 일탈의 목적지는 춘천이다. 한때 사랑이라 부르던 사람과 팔짱 끼고 갔던 그곳을 이제는 혼자가 되어 향하고 있다. 김서린 창밖으로 언뜻언뜻 보이는 풍경과 함께 아름다웠던 과거의 나날들이 스쳐간다. 풋풋한 추억을 안주 삼아 술 한잔 기울이고 싶다는 생각이 슬며시 마음을 두드린다. 아프지만 소중했던 지난날의 발자취를 좇으면서 노래는 쓸쓸하게 웃음 짓는다. 경험 유무와는 상관이 없다. 곡을 듣는 모든 이에게 당신 역시 그랬을 것이라는 능청스러운 설득으로 가사는 아련한 그리움을 선물해주는 것이다.

김현철의 독백에 휘둘려 그토록 많은 사람들이 기억을 찾아 춘천을 찾아 기차표를 끊었건만, 정작 가사를 쓴 본인의 경험은 어땠을까. "재수생 시절에 여자친구와 춘천 가는 기차를 입석으로 탔죠. 근데 완행열차라 너무 힘들어서 중간인 강촌역에서 그냥 내렸습니다. 원래라면 곡 제목을 '강촌 가는 기차'로 했어야 하는데 춘천에 다녀온 셈치고 제목을 붙였어요. 가사에서도 '춘천 가는 기차'라고 했지 춘천에 갔다는 얘기는 없습니다, 하하."

김현철은 데뷔 때부터 줄곧 색과 영역이 확실한 가수이자 작곡가, 프로듀서로 이름을 유지해왔다. 그 가장 밑바닥이자 중심에는 「춘천 가는 기차」가 있다. 신촌블루스, 들국화, 김현식, 시인과 촌장, 한영애 등 작가주의 냄새가 짙은 뮤지션의 음반을 잇달아 발표하며 마니아를 양성한 동아기획의 막내로 그가 데뷔앨범을 냈을 때, 사람들이 가장 놀란 점은 재즈풍의 세련된 편곡 능력과 농익은 정서 부분이었다. 고등학생 때가 다 벗겨지기도 전인 갓 스무 살의 청년이 어떻게 이런 곡을 써낼 수 있었을까. 아마도 그의 감성은 남들보다 몇 년 정도는 앞서 축적되는 모양이다.

경춘선 무궁화호는 2010년 12월 20일에 마지막 운행을 마쳤으며 2012년 2월 28일, 준 고속열차 'ITX 청춘'이 개통되어 그 뒤를 이어가고 있다. '춘천 가는 열차'의 이야기는 계속해서 사람들을 그곳으로 실어 나를 것이다. 조아름

춘천 가는 기차 김현철(1989)

LEGEND100 SONG

# 골목길 (1989)

한국 최초의 블루스 히트곡

**가수**

신촌블루스

**앨범**

신촌블루스 II

**작사 · 작곡**

엄인호

우리 대중가요에서 블루스는 예나 지금이나 낯설다. 분명 아프리카에서 미국으로 끌려온 흑인 노예들의 노동요지만 대한민국에서는 어두컴컴한 곳에서 남녀가 끈적끈적하게 어울리는 무도곡으로 곡해하고 있는 현실이다. 이런 사유가 굳어지면서 블루스는 한동안 설 자리를 잃기도 했다.

가요계의 르네상스였던 1990년대와 황금기의 토대가 되었던 1980년대 중후반에는 그나마 있던 것마저도 위태로웠다. 특히 서태지와 아이들이 등장하고 댄스 아이돌 가수들이 우후죽순으로 생기고 없어지는 사이에 완전히 잊힐 위기까지 몰리기도 했다. 한국의 척박한 음악 토양은 대중음악의 근간이라는 블루스의 뿌리조차 내리기도 어려운 불모지라는 넋두리가 괜한 것이 아니었다. 그러나 그 불씨가 완전히 꺼지지 않았던 이유는 신촌블루스의 음악이 있었기 때문이다.

기타의 대가 엄인호와 이정선을 필두로 한 신촌블루스가 수놓은 작품들을 돌아보면 '한국 블루스'의 매력을 논하지 않을 수 없게 된다. 더욱이 신촌블루스는 객원보컬 체제로 수많은 노래꾼을 발굴해낸 보컬리스트의 산실이었다. 한영애와 정서용, 정경화, 이은미가 팀을 거쳤고 모두가 하나같이 강렬한 인상을 남겼다.

그중에서도 1989년 두 번째 앨범『황혼』의 수록곡인「골목길」은 신촌블루스 최초의 히트 넘버이고 메인보컬을 맡은 김현식은 신촌블루스가 낳은 최고의 스타였다. 하나를 보면 열을 안다는 말처럼 단 한 곡만으로도 노래 솜씨 전부를 가늠할 수가 있다. 그의 광기 어린 절규, 추임새와 애드리브는 가히 국보급이다. 김현식의 호탕한 '사자후獅子吼'는 두 거장의 기타 하모니와 환상적인 앙상블을 이루며 곡 전체를 지배한다. 엄인호의 경험담을 담은 이 곡은 당시 라디오 전파를 오랫동안 수놓은 최초의 블루스 히트곡이었으며 주요한 음악 동향을 대중에게 새롭게 알리는 결정적 계기였다.

이 작품이 재미있는 것은 전형적인 블루스 구조가 아니라는 것이다. 레게의 리듬을 바탕으로 하는 어쿠스틱 기타 플레이와 퍼커션 연주를 기초로 골격을 쌓았다. 간결하고 명료한 투톱 기타리스트의 스타일이 조화롭게 융화되고, 마니아적 음악 접근보다는 팝적인 센스가 빛난다. 정통을 자처했던 데뷔앨범『그대 없는 거리』와는 달리, 「골목길」에서는 레게나 펑크Funk와 재즈를 시시때때로 가미하며 조화로운 퓨전 블루스를 이뤄냈다. 통속적인 틀에만 얽매이지 않았던 신촌블루스는 이를 통해 한국 블루스의 근간이자 완성을 이루었다. 서구의 것인 블루스가 지니는 한恨의 정서를 포착했고, 그것을 그대로 한국 냄새나는 한恨의 음악으로 전가한 위대한 개척이었다.

그 이후 한동안 명맥이 끊겼다고 할 정도로 블루스 진영은 조용했다. 한국을 대표하는 블루스 기타리스트 김목경을 제외하고는 눈에 띄는 음악가들의 활동을 보기 어려웠다. 하지만 2012년 블루스를 사랑하는 홍대 앞 젊은 뮤지션들의 노력으로 발매한 한국 최초의 블루스 컴필레이션『블루스 더, Blues』를 통해 새로운 국면을 맞고 있다. 잔잔한 파동이지만 그 여파는 꽤 오랫동안 지속되고 있다. 이는 한국판 블루스 리바이벌을 부른 홍대 블루스의 큰 결실이었다.

「골목길」의 성공은 비즈니스적인 측면에서도 새로운 물결을 제시했다. 김현식과 신촌블루스의 성공은 들국화와 시인과 촌장과 함께 동아기획과 하나기획을 중심으로 하는 언더그라운드 음악의 태동과 확장까지 일궈낸 의미가 있다. 블루스를 고집하려는 묵묵함과 대중성을 고려한 유연함을 결합해 탄생시킨 명작을 통해 한국 대중음악 환경은 더욱 풍요로워질 수 있었다. 신현태

# 53

# 삐에로는 우릴 보고 웃지
(1990)

본격 댄스음악의 상징

**가수**

김완선

**앨범**

5집
삐에로는 우릴 보고 웃지

**작사 · 작곡**

이승호 · 손무현

1986년 「오늘밤」으로 등장한 김완선은 열일곱 살이라는 어린 나이에도 불구하고 화려한 춤과 뇌쇄적인 표정, 관능적인 창법으로 조명받았다. 그의 패션과 안무는 기존의 우리 가요계에서 찾아볼 수 없는 파격 그 자체였다. 데뷔부터 강렬한 이미지로 대중에게 어필했지만 그만큼 '음악성'이란 높은 벽에 부딪혔다. 당시 댄스음악은 가창력과 음악성과는 별개인 '볼거리' 중심이라는 편견이 깊었고, 실제로 5집 『삐에로는 우릴 보고 웃지』가 발표되기 전에는 김완선은 순위 프로그램에서 1등을 하거나 큰 상을 수상하지 못했다.

김완선은 이런 선입견을 록 음악으로 돌파했다. 그는 다른 댄스가수와 달리 로커들과의 작업이 많았다. 1집에서는 산울림의 김창훈이 「오늘밤」과 「지난 이야기」를 작곡했고, 2집에는 신중현이 「리듬 속의 그 춤을」을 만들어주었다. 이장희 또한 「나 홀로 춤을 추긴 너무 외로워」를 작곡하며 김완선의 앨범에 참여했다. 김완선은 4집 활동 후에는 아예 손무현, 윤상과 함께 실루엣이라는 밴드를 만들어 활동할 정도였다.

1980년대 고교 스쿨밴드에서 최고의 기타리스트로 손꼽히던 손무현은 녹음실로 개조한 김완선의 집에서 철야를 하며 작곡을 했다. 그런 고군분투 속에서 김완선의 5집 『삐에로는 우릴 보고 웃지』가 탄생했다. 로커가 작곡하고 프로듀싱한 댄스앨범은 다른 댄스음악과는 차별화된 독창적인 질감을 드러냈다. 「삐에로는 우릴 보고 웃지」는 멜로디 악기를 중심으로 했던 기존 노래들과 달리 스네어 드럼 소리와 베이스가 앞으로 튀어나온다. 곡의 빠르기가 아니라 리듬을 강조한 본격 댄스음악을 시도한 것이다. 서커스가 연상되는 전주도 인상적이며, 마냥 밝지만은 않은 단조 멜로디는 세련미를 더한다. 1990년대 초반에는 이탈리아 가수 재키 무어가 리메이크해 외국에서도 인정받았다.

이 노래가 오랫동안 사람들의 뇌리 속에 남는 것은 멜로디와 비트의 각별함도 있지만 가사의 공도 크다. 작사가인 이승호는 "우리가 동물원에서 원숭이를 구경하지만 원숭이는 인간을 보고 즐기는지도 모르는 일이다. 남을 웃기는 삐에로가 환락과 퇴폐에 찌든 인간을 비웃지 않을까"라는 말을 남기며 이 노래를 통해 흥청거리는 서울의 밤을 비꼬았다고 한다. 몸이 절로 흔들리는 신 나는 댄스곡 속에 '텅 빈 유흥'을 비틀고, '영혼 없는 쾌락'을 경계하는 뼈있는 메시지가 담겨 있는 것이다. '삐에로가 우리를 보고 웃는다'는 역설적인 상황은 어두운 자화상을 바라보는 것처럼 서늘하면서도 강렬한 인상을 남긴다.

명작에 대한 대중의 반응은 폭발적이었다. 5집 앨범 타이틀이었던 「나만의 것」이 1위를 한 후 특별한 홍보 없이도 「삐에로는 우릴 보고 웃지」는 주목을 받았다. 당시 흑인 가수 바비 브라운이 전 세계적으로 유행시켰던 토끼춤을 응용한 안무도 눈길을 끌어 승승장구를 이어갔다. 이로 인해 김완선 5집은 여자가수 단일앨범 최초로 판매 100만 장을 넘기는 기록을 세웠다.

김완선은 「삐에로는 우릴 보고 웃지」를 통해 자신의 한계를 극복했다. 그는 록을 통해 새로운 길을 모색했고, 그에 따른 도전을 두려워하지 않았다. 그렇게 해서 김완선은 30여 년이 지난 지금도 '원조 댄스가수', '한국의 마돈나'로 등극해 있다.
김반야

삐에로는 우릴 보고 웃지 김완선 (1990)
LEGEND 100 SONG

# 54

# 환상 속의 그대 <sub></sub>(1992)

랩, 록, 일렉트로니카의
환상적인 콜라주

**가수**

서태지와 아이들

**앨범**

1집 난 알아요

**작사 · 작곡**

서태지

1992년은 한국 대중음악사에서 특별한 해로 기록된다. 「난 알아요」로 돌풍을 일으킨 서태지와 아이들이 곧바로 후속곡 「환상 속의 그대」를 선보인 해였기 때문이다. 「난 알아요」가 순애보적인 가사로 대중에게 널리 어필했다면 「환상 속의 그대」는 강렬한 메시지로 대중들의 시선을 모았다. 빠른 랩을 하고 서커스 같은 회오리춤으로 혼을 빼놓았던 댄스가수는 돌연 직설적인 가사와 상표를 떼지 않는 독특한 패션으로 또 한 번 충격을 주었다.

이 곡은 당시로는 파격적인 구성이었다. 멜로디보다는 비트에 중점을 두고 마치 콜라주처럼 다른 장르의 음악들을 조각조각 이어 붙였다. 힙합에서 주로 사용되던 샘플링을 본격적으로 국내에 도입한 것이다. 마치 샘플링을 대놓고 표시라도 하듯 국악 가락과 클래식 멜로디, 헤비메탈 창법과 테크노 비트를 한 곳에 모았다. 이 곡에 삽입된 헤비메탈 보컬은 시나위에서 함께 활동했던 김종서의 목소리이며 이런 메탈과 국악 등 장르 간의 접목은 2집 「하여가」에서도 계속된다.

「환상 속의 그대」는 1집 『Live & Techno Mix』에서 네 가지 버전으로 믹스되었고, 서태지가 솔로로 컴백한 후 라이브에서도 록 버전으로 다시 불렀다. 특히 인상적인 부분은 초반부의 'Hey man, it's me. Bart Simpson'이라는 효과음이다. 이는 애니메이션 〈심슨〉의 반항아이고 장난꾸러기인 바트 심슨의 대사로 그는 종종 바보 같은 어른들을 조롱하는 역할을 맡아 왔다.

「난 알아요」에 이어 선보인 이 노래는 신구세대를 명확하게 구분하는 계기가 되었다. 생소했던 랩과 평범하지 않은 구성은 어른들에겐 생경한 '새로운 음악'이었다. 결국 이를 계기로 대중가요는 세대가 나뉘게 되었고, 이는 대중가요가 그만큼 세분화되기 시작했음을 뜻하기도 한다. 1집에서 가장 대중적이지 않은 곡을 후속곡으로 내세웠지만, 이미 서태지의 인기는 대세 수준을 넘어 거스를 수 없는 신드롬을 형성했다. 「환상 속의 그대」는 1992년 10월에 〈가요톱텐〉에서 5주 연속 1위를 차지하며 그 위상을 뽐낸다.

노래의 화룡점정을 찍는 것은 바로 가사다. '결코 시간이 멈추어질 순 없다/ 바로 지금이 그대에게 유일한 순간이며/ 바로 여기가 단지 그대에게 유일한 장소이다…'라는 스무 살 청년의 철학적인 메시지는 어른들에겐 발칙한 놀라움으로, 아이들에겐 쿨한 동경으로 다가왔다.

주류에 대한 비판도 통렬하게 날을 세웠다. '그대는 마음만 대단하다/ (…) 자신은 오직 꼭 잘될 거라고 큰소리로 말하고 있다/ (…) 그대는 방 한구석에 앉아 쉽게 인생을 얘기하려 한다…' 그는 이렇게 탁상공론에 빠져 있는 기성세대에게 따끔한 일침을 날렸다. 고등학교를 중퇴하며 열일곱 살의 어린 나이부터 밴드를 시작했던 그는 주류가 제시한 삶과는 거리가 멀었다. 어린 청년의 도발은 기성세대에서 소외되었던 대중, 특히 청소년들에게 짜릿한 통쾌함을 선사했다. 그가 '10대들의 대통령'으로 군림할 수 있었던 것은 새로운 장르의 시도나 유행의 선도보다는 이런 직선적이고 파괴력 있는 메시지를 선포하는 용기 때문이었다.

서태지는 '도전', '실험정신'으로 일컬어지는 '영 제너레이션' 의식을 새로운 음악을 향한 모험 그리고 주류를 향한 공격을 통해 보여줬다. 「환상 속의 그대」는 이런 서태지와 아이들의 청년정신이 시작된 노래다. 서태지와 아이들은 이 곡을 통해 샘플링과 랩을 우리나라에 본격적으로 각인시켰으며, 20여 년이 지난 지금도 곱씹어보게 되는 뼈있는 메시지를 던졌다. 이렇게 명곡에는 세월이나 시간도 퇴색시키지 못하는 특별한 생명력이 있다. 김반야

"서태지와 아이들은 제가 대학교 1학년 때 데뷔
했어요. 그때 엠티 가면 서태지와 아이들 노래
를 통기타로 따서 치고 그랬는데 포크송 같은
거 부르다가 「난 알아요」, 「환상 속의 그대」 하
면 애들이 아주 쓰러지고 난리였죠. 그때 '아,
나도 음악을 해야겠구나, 이거구나' 하는 생각
을 하게 됐습니다."<sup>이적</sup>

# 55

# 이 밤의 끝을 잡고 (1995)

## R&B의 대중화를 이끈 촉매제

**가수**

솔리드

**앨범**

2집 The Magic of 8 Ball

**작사 · 작곡**

김희탐 · 정재윤,
김형석, Jae chong

이 밤의 끝을 잡고 (1995)

솔리드

1995년, 많은 사람이 이들을 흉내 냈다. 팔을 살랑거리면서 장단을 맞추기도 하고 바이브레이션이나 애드리브를 할 때에는 눈을 감고 고개를 흔들며 뭔가를 느끼는 표정을 짓는 것이 인기였다. 더 그럴듯하게 보이려면 지팡이 같은 장대를 손에 쥐어야 했다. 누구는 패션을 따라 한답시고 셔츠를 입지 않고 맨살에 조끼와 재킷을 걸치기도 했다. 재미교포 출신의 남성 트리오 솔리드는 2집 타이틀곡「이 밤의 끝을 잡고」로 그해 대유행을 일으켰다.

당시 국내에서 흔히 경험할 수 없었던 리듬 앤드 블루스 형식을 선보인 것이 히트의 배경 중 하나다. 같은 흑인음악 갈래에 속하는 힙합은 서태지와 아이들, 현진영 등의 활약으로 아주 낯설지만은 않은 장르가 됐으나 R&B는 그렇지 않았다. 풍부한 성량, 자연스러운 리듬감, 노래를 더욱 근사하게 치장할 기교 등 제대로 된 가창을 위해 갖춰야 할 요건이 많은 까다로운 장르이기에 R&B를 추구하는 뮤지션은 우리나라에 극소수에 불과했다. 보이즈 투 멘, 조데시 같은 외국 그룹을 통해서나 감상할 수 있었던 음악을 이제는 솔리드로 경험하게 된 것이다.

그룹 이름으로 이미 선전하고 있는 '견고함'은 성공적인 흥행의 일등공신이었다. 시원한 고음과 맛깔스러운 애드리브를 능숙하게 구사하는 김조한의 리드보컬, 소리를 더욱 풍성하게 하는 정재윤의 코러스, 곡에 안정감을 더하는 이준의 저음이 튼실하게 맞물리며 노래는 근사한 멋을 발산했다. 멤버들의 장기를 살린 편성은 명쾌한 상승효과를 발휘했고, 이로써 솔리드는 실력 있는 중창 그룹이라는 면모를 굳게 간직하게 됐다.

작곡가 김형석과의 협업도 드러나지 않은 히트의 바탕이었다. 솔리드는 가창, 래핑, 디제잉, 작곡 등 어디 하나 빠지지 않는 출중한 재능을 지녔음에도 1993년 데뷔앨범을 냈을 때에는 별다른 주목을 받지 못했다. 홍보가 부족했던 탓도 있으나 흑인음악 색채가 무척 진했던 이유도 크다. 「이 밤의 끝을 잡고」는 우리나라 사람들의 감성, 보편적 기호를 잘 아는 김형석이 작곡을 거들어 리듬 앤드 블루스에 익숙하지 않은 이라도 감상하기에 편안한 멜로디를 나타냈다. 은은한 그루브를 내는 반주에 다수가 좋아할 만한 선율이 만나니 인기는 자연히 따라왔다.

서정미를 자아낸 가사의 힘도 빼놓을 수 없다. 이별을 기약하고 마지막 시간을 함께 보내는 연인을 소재로 한 노래는 헤어짐을 앞둔 화자의 안타까운 심정과 애써 담담해하는 모습을 아름답게 그렸다. '나의 입술이 너의 하얀 어깨를 감싸 안으며…', '빈손으로 온 내게 세상이 준 선물은 너란 걸 알기에 참아야겠지…' 등의 노랫말로 아슬아슬하면서도 순수한, 간절히 원하면서도 결국 떠나보내야 하는 슬픈 사랑 이야기를 완성했다. R&B가 한국어로도 충분히 잘 표현될 수 있음을 「이 밤의 끝을 잡고」가 입증한 셈이다.

노래는 가요 순위 프로그램들에서 1위에 오르며 솔리드를 단숨에 인기가수로 만들었다. 이준과 김조한이 015B의 「단발머리」에 각각 래핑과 비트박싱을 하고, 정재윤이 김건모의 영어 앨범에 작사를 한 지난 이력이 회자되면서 나오자마자 사라졌던 이들의 1집이 다시 발매됐다. 1993년과는 확연히 다른 반응이었다. 매체의 R&B 언급은 이들 덕분에 더욱 늘어났다.

아직도 많은 사람이 솔리드의 제스처를 흉내 낼 정도로 「이 밤의 끝을 잡고」는 강한 인상을 남겼다. 하지만 음악적 업적은 그 이상이다. 노래의 히트는 이후 나올 후배 보컬리스트, 중창 그룹에게 본보기가 됐으며 R&B 대중화의 초석이 됐다. 이로써 솔리드는 국내에서만큼은 리듬 앤드 블루스와 동의어로 자리매김했다. 마니아 장르인 R&B 시장을 개간하고 확장한 시작이 「이 밤의 끝을 잡고」였다. 한동윤

"어떤 이야기를 꼭 길게 설명하는 가사가 반드시 좋다고 생각하지는 않습니다. 오히려 곡에서 전달하고자 하는 이미지를 가장 정확하게 전달하는 가사가 좋은 가사인 것 같아요." <sup>강명석</sup>

"어떤 이야기를 꼭 길게 설명하는 가사가 반드시 좋다고 생각하지는 않습니다. 오히려 곡에서 전달하고자 하는 이미지를 가장 정확하게 전달하는 가사가 좋은 가사인 것 같아요." <sup>강명석</sup>

# 56

# 말달리자 (1996)

날선 목소리로 외친
한국 펑크의 시작

**가수**

크라잉넛

**앨범**

1집 Our Nation

**작사 · 작곡**

이상혁

펑크 록이 우리나라에 정착한 것은 1990년대 중반. 그보다 앞선 1990년대 초반, 미국 시애틀에서 탄생한 너바나는 새 시대의 명반 『Nevermind』로, 시대의 송가 「Smells Like Teen Spirit」으로 대중음악의 아이콘으로 올라섰다. 하지만 1994년, 너바나의 리더 커트 코베인이 자살로 생을 마감했고 전 세계는 추모의 물결로 가득했다. 「말달리자」의 태동은 이때 이뤄진다.

우리나라도 예외는 아니었다. 오히려 무언가 일어나길 기다리는 듯 수많은 밴드들이 수면 바로 아래에서 잠복기를 깰 준비를 하고 있었다. 그 대표적인 촉매제 중 하나가 그해 4월 홍대 바 '드럭'에서 열렸던 커트 코베인 추모공연이었다. 크라잉넛은 이곳 드럭을 배경으로 삼아 등장한 밴드였다. 이들은 드럭에서 주최한 커트 코베인 추모공연과 1996년의 〈스트리트 펑크 쇼〉에서 메인 밴드로 이미 인기를 크게 획득한 바 있었다. 「말달리자」 또한 레이블 드럭에서 발매한 펑크 컴필레이션 시리즈인 『Our Nation』 음반에서 처음 선보인 곡이다. 크라잉넛은 한국 펑크록의 메카가 낳은 펑크 록의 적자嫡子였고, 「말달리자」는 그곳에서 울려 퍼지던 앤섬anthem인 셈이다.

이쯤에서 생각해보자. 지극히 단순한 코드 진행과 속도감으로 몰아치는 비트, 유려함이라고는 찾아볼 수 없는 배킹 일변도의 연주에 마구잡이로 내지르는 보컬까지, 이 음악이 과연 쉽게 통용될 만한 음악이었을까. 그 무렵 우리나라에서 사랑을 받던 음악은 신승훈이 몰고 온 발라드나 서태지와 아이들의 잔향이 남는 그룹 위주의 댄스음악이었다. 그보다 이전에 활동했던 록 밴드들에 대상을 한정시켜도 들국화나 어떤날처럼 아름다운 선율과 연주력을 선사하는 음악이 국민들에게 익숙하지, 크라잉넛의 펑크 록은 우리나라 대중음악의 흐름상에서는 나올 공산이 극히 희박한 사운드로 계산된다.

허나 「말달리자」는 펑크 록이 당도한 당시의 시대상을 정확히 포착한 곡이었다. 귀를 찢는 듯한 드럼 연주와 기타 리프, 노래라기보다는 고함에 가까운 창법과 직설적인 가사, 이 모든 것이 이루는 조합은 새로운 세대를 구축하는 사람들의 정서와 잘 맞아떨어졌다. 이 시기의 젊은이들에게 중요한 것은 개성이었고 표현이었으며 자기만이 가질 수 있는 세계관이었다. 기성문화에 존재했던 모든 요소들과 달리하길 원했고, 세상의 한 부분으로 구현되길 희망했다. 「말달리자」는 이를 정확히 설명한다. 기존의 음악과는 다른 방식을, 기존의 메시지와는 다른 텍스트를 걸고 세상에 등장한 노래였다. 새 세대를 대변하기에 모자람이 없었고 새 시대를 알리기에 충분했다.

그래도 무모한 도전이었다. 하지만 그 비좁은 확률의 틈을 잡아 젖힌 곡이 바로 「말달리자」였다. 어느 누구를 가리지 않고 단번에 들썩이게 하는 단순함, 낯설지만 확실하게 본능을 건드리는 직관성, 생목에서 끓어 나오는 원초성을 원동력으로 이들은 자신들의 성공을, 한국 펑크 록의 시초를, 홍대 인디 음악의 배경을 깔아놓은 것이다. 인디 1세대라 불리는 크라잉넛은 「말달리자」와 함께 한국을 대표하는 밴드의 위상으로 올라선다.

공연장에서, 노래방에서, TV 광고에서, 심지어는 대학 축제와 경기장에서까지 노래는 불리고 또 불린다. 전주만 들어도 바로 고개를 끄덕이고 누가 가르쳐준 적도 없는 코러스는 알아서들 맞춰 따라 한다. 몇 안 되는 국민가요의 한 자리에 「말달리자」가 자리한다.

산업이라는 이름으로 돌아가는 세계에서 젊음과 열정으로 올린 기치를 제일 앞으로 내세운 적은 많지 않았다. 한바탕 부르고 웃어넘기는 이 노래는 사실, 그 자체만으로도 도전이라는 단어를 설명한다. 이수호

"「말달리자」는 인디 신을 대표하는 노래입니다. 이 곡이 없었다면 사람들이 '인디'를 이해하는 데 좀 더 오랜 시간이 걸렸을 수도 있었겠죠."
강명석

"어떤 노래는 가사를 붙이는 데 몇 날 며칠이 걸리기도 하고, 또 어떤 노래는 진짜 아무 생각 없이 막 써내려가기도 해요. 「말달리자」가 바로 그런 곡인데, 그때는 코드도 몇 개밖에 몰랐고 뭔지 모를 분노 같은 게 막 쏟아져 나왔던 것 같아요." 크라잉넛

# 57

# Never Ending Story<sup>(2002)</sup>

서정 록의 부활

**가수**
부활

**앨범**
8집 새벽

**작사 · 작곡**
김 태 원

1980년대부터 한국 록의 계보를 이어온 록 밴드 부활은 출중한 보컬리스트들과 함께 특유의 헤비메탈 사운드에 서정성을 가미하여 수많은 록 팬들의 심금을 울렸다. 이런 화려한 행보는 록이라는 장르를 대중들의 눈높이에 맞추어주는 가교의 역할을 했으며, 이에 응하여 많은 이들이 부활의 음악과 록이라는 장르를 즐길 수 있었다.

활동 초기부터 그려왔던 화려한 궤적에도 불구하고 부활이 항상 영광만을 누렸다고 이야기할 수는 없다. 1990년대 중후반에 들어서 부활은 잦은 부침을 겪으며 음악 활동을 이어가는 것이 녹록치만은 않았던 것이 사실이다. 이 상황에서 2002년에 발표된 「Never Ending Story」는 부활에게 반등의 기회를 부여해준 곡이다. 과거의 보컬이었던 이승철과 다시 손을 잡고 만들어낸 「Never Ending Story」는 발표된 지 10년이 지난 지금까지도 회자되고 불리는 부활의 스테디셀러이자 말 그대로 부활을 부활시켜준 신의 한 수였던 것이다.

「Never Ending Story」를 이야기함에 있어서 짚고 넘어가야 할 것은 비단 부활만이 아니다. 한동안 자취를 감추고 있던 서정 록이라는 장르의 발전도 이끌어냈기 때문이다. god, 신화와 같은 1.5세대 아이돌들이 인기의 정점을 찍었던 시기가 바로 2002년이었으며, 그러한 여파로 당시 국내 대중가요계가 댄스와 발라드 음악이 주종을 이룬 시점에서 「Never Ending Story」는 중견 록 밴드의 컴백이라는 표면적인 사건 이상의 의미가 있었다.

「Never Ending Story」를 두고 서정 록의 부활이라 이름 붙일 수 있는 이유가 록이 주류 트렌드로서 주목받을 수 없었던 2000년대 초에 이 곡이 발표되었기 때문만은 아니다. 곡의 바탕에 숨겨진 치밀한 곡 구성과 흡인력 있는 멜로디 라인 역시 이 곡에서 빼놓을 수 없는 포인트다. 곡의 1절을 두 부분으로 나누어 분위기를 점차 고조시킨 뒤 강력한 후렴구를 가하는 전략이 주효했다. 「비와 당신의 이야기」, 「소나기」 등에서 과시해왔던 멜로디 메이킹 능력과 부활 스스로가 가졌던 이 곡에 대한 자신감이 없었더라면 이 곡의 성공신화는 쓰일 수 없었다. 공고히 자리를 잡아가던 트렌드에 과감한 소신으로 돌을 던진 음악이었다.

이후로 부활의 음악에서 '서정성'은 떼어놓을 수 없는 요소가 되었다. 「Never Ending Story」가 수록된 『새벽』이후의 음반에서는 항상 서정성을 담보로 한 곡들이 포함되어 있었고, 이와 비슷하게 「비와 당신의 이야기」,「회상」과 같은 곡들이 재조명받기도 했다. 그만큼 부활의 노래가 한국인의 정서에 잘 들어맞아 쉽게 듣고 따라 부를 수 있었기에 이러한 경향이 의미 있게 다가온다.

　록 음악에 조금이라도 관심이 있는 팬이라면 부활의 음악을 거치지 않을 수 없을 정도로 부활이 국내 록에 끼친 영향은 지대하다. 그만큼 다른 밴드들과 록 음악 마니아들이 이 밴드에 지고 있는 빚이 크다는 의미다. 이들이 아직 현재 진행형 밴드라는 사실은 우리로 하여금 서정 록의 눈부신 순간을 다시 기대할 수 있도록 만든다. 이 과정의 바탕에는 분명 「Never Ending Story」가 똬리를 틀고 있다. 하나의 곡이 부활이라는 밴드를 그리고 서정 록이라는 장르를 다시 날아오르게 했다.

이기선



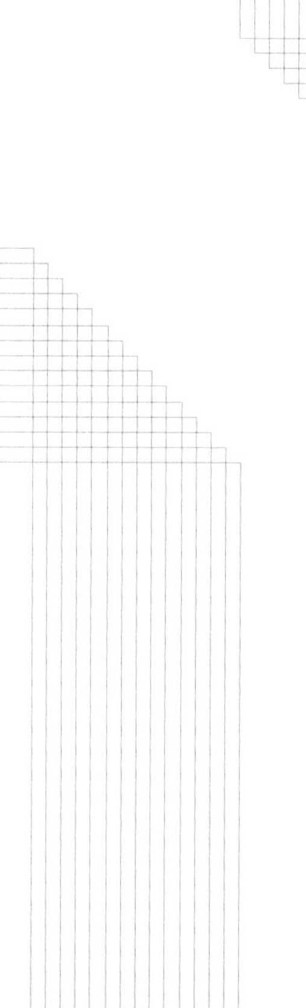

# 공감의 음악

4

시대를 넘어
모두를 울고 웃게 하는
레전드 100 – 송은
'공감'입니다

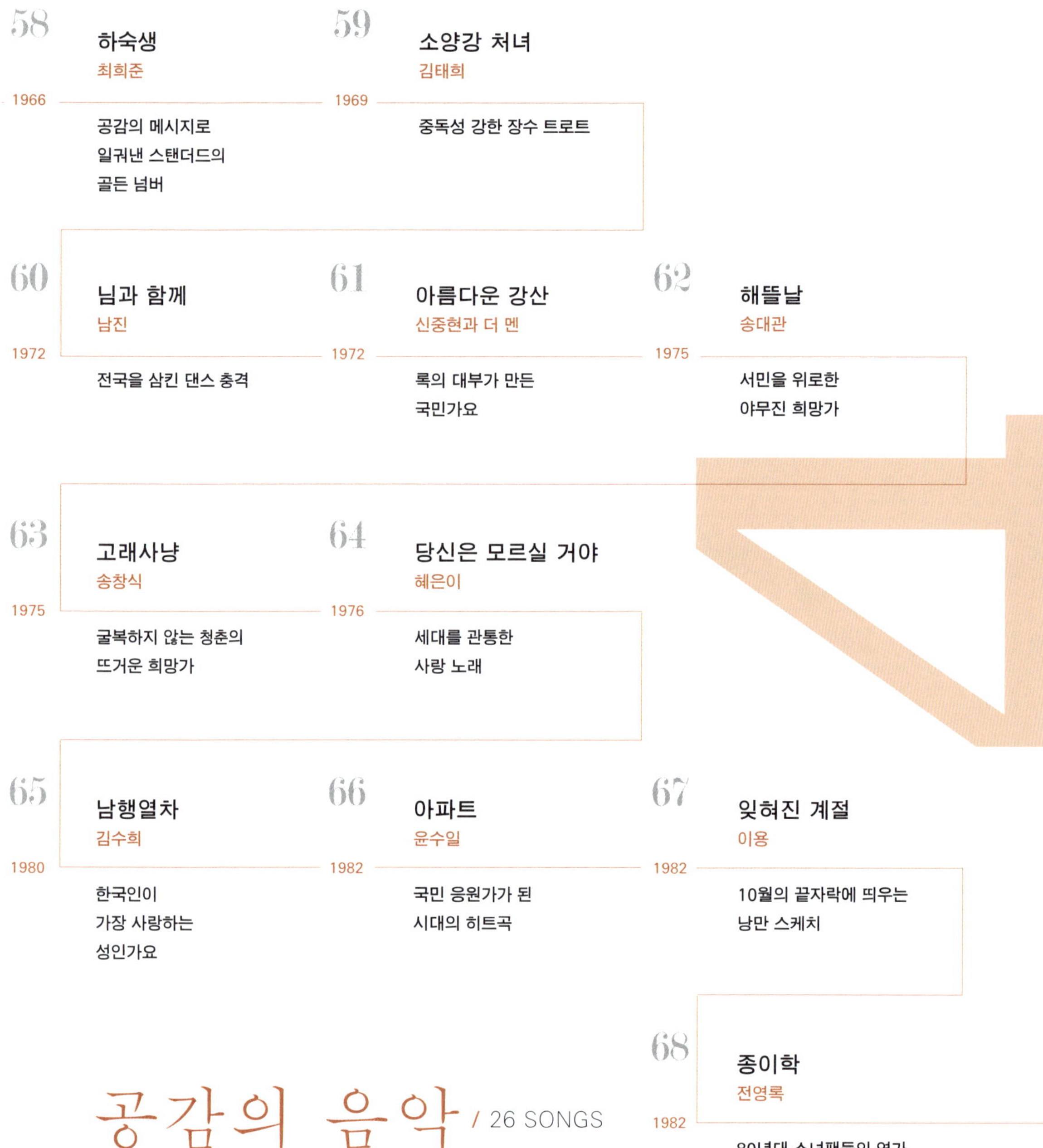


# 공감의 음악 / 26 SONGS

시대와 세대를 넘어 오랜 시간 생명력을 가지고
많은 이들을 통해 불린 노래

| **69** | 젊은 그대 | **70** | 비 내리는 영동교 | **71** | 그대에게 |
| --- | --- | --- | --- | --- | --- |
| 1984 | 김수철 | 1985 | 주현미 | 1988 | 무한궤도 |
| | 작은 거인이 들려준 청춘 송가 | | 트로트의 부흥을 이끈 국민 애창곡 | | 캠퍼스 로망의 아이콘 |

| **72** | 붉은 노을 | **73** | 담다디 | **74** | 만남 |
| --- | --- | --- | --- | --- | --- |
| 1988 | 이문세 | 1988 | 이상은 | 1989 | 노사연 |
| | 세대를 잇는 레퍼토리 | | 후쿠송의 원조 | | 가수왕을 안겨준 교감의 언어 |

| **75** | 사랑으로 | **76** | 애모 | **77** | 핑계 |
| --- | --- | --- | --- | --- | --- |
| 1989 | 해바라기 | 1990 | 김수희 | 1993 | 김건모 |
| | 따뜻한 인간애를 담은 포크 | | 아날로그 감성의 전형적인 슬로 히트곡 | | 90년대 레게 붐의 견인차 |

| **78** | 이등병의 편지 | **79** | 여름 안에서 | **80** | 꿍따리 샤바라 |
| --- | --- | --- | --- | --- | --- |
| 1993 | 김광석 | 1994 | 듀스 | 1996 | 클론 |
| | 소년을 배웅하는 위로의 송가 | | 영원한 여름 찬가 | | 온 국민을 춤추게 한 흥겨운 주문 |

| **81** | DOC와 춤을 | **82** | Gee | **83** | 벚꽃 엔딩 |
| --- | --- | --- | --- | --- | --- |
| 1997 | DJ DOC | 2009 | 소녀시대 | 2012 | 버스커 버스커 |
| | 할아버지 할머니도 춤추게 한 세 악동의 풍류 | | 대한민국을 강타한 소녀 열풍 | | 벚꽃보다 아름다운 봄 캐럴 |

# 58

# 하숙생 (1966)

공감의 메시지로 일궈낸
스탠더드의 골든 넘버

**가수**

최희준

**앨범**

하숙생

**작사 · 작곡**

김석야 · 김호길



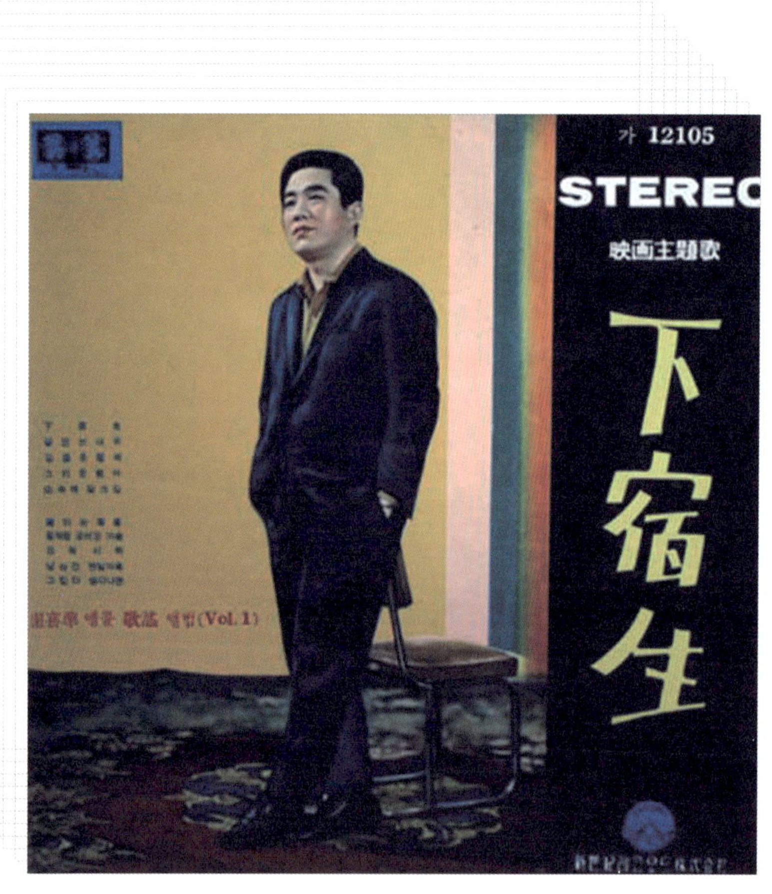

텔레비전 보급이 한창이던 1960년대 말까지도 서민대중에게 가까웠던 매체는 라디오였다. 그 시절 라디오로 통해 전파된 드라마의 인기는 오늘날의 TV 드라마가 부럽지 않을 정도였다. 할아버지, 아버지, 어머니, 동네 삼촌, 이모 할 것 없이 모두가 일손을 놓고 트랜지스터라디오에 귀를 기울이며 일일연속극의 내용에 애를 태웠다.

1965년 12월, KBS 라디오를 통해 방송한 김석야 극본의 드라마 〈하숙생〉이 그랬다. 이 라디오의 주제가로 만든 곡이 바로 최희준의 대표곡이 된 「하숙생」이다. 라디오에 이 노래의 가사와 멜로디가 소개되는 즉시 반응이 나타났다고 한다. 아직 가수가 노랫말을 채 외우지 못했음에도 불구하고 지방 리사이틀 공연 도중 객석에서 갑자기 이 노래를 불러달라고 주문했다는 것이다. 최희준은 어쩔 수 없이 관중들로부터 양해를 구하고 가사를 보면서 노래했다는 뒷얘기를 남긴다.

선풍적인 라디오의 인기는 영화로 옮겨갔다. 라디오 드라마가 성공하면 곧바로 영화로 제작되는 것이 당대의 연예 마케팅 공식이었다. 이듬해 같은 제목의 영화 〈하숙생〉이 만들어져 젊은이들 사이에서 폭발적인 흥행을 기록했다.

이 노래가 성공한 이유는 무엇보다 트로트와 색깔을 달리한 서구적 스탠더드 음악인 4분의 4박자 스윙 리듬이 은은하게 때로 강렬하게 퍼진 가운데 최희준의 목소리에 실린 멜로디가 세련미를 풍기면서 고급스러운 대중가요를 찾는 수요자들을 사로잡았기 때문이다.

팝을 듣고 상대적으로 가요를 경시하며 자란 세대라고 할 가수 이승환이 1991년 「너를 향한 마음」, 「세상에 뿌려진 사랑만큼」을 수록한 2집에서 뜻밖에도 사반세기 전의 오래된 곡 「하숙생」을 리메이크한 것은 아버지와 아버지 세대의 음악에 대한 경배 때문이었다. 그는 "어느 날 우연히 「하숙생」을 들었는데 스윙 빅밴드식의 편곡부터 놀라웠다"며 음악하는 것을 엄청 반대하셨던 아버지를 이해하게 만들어준 곡이라고 밝혔다.

또 이 무렵 최희준은 데뷔한 지 얼마 되지 않은 가수였지만 톱 가수 남일해의 아성을 위협할 정도로 인기 상종가를 치고 있었다. 중저음을 기반으로 솟아오르는 스타일의 창법에다 지적이고도 편안한 톤의 목소리를 가진 최희준은 팬들에게 신뢰감을 주었다.

하지만 이 곡을 논할 때 가사의 흡수력을 빼놓을 수 없다. 잠깐 머물다 떠나는 하숙생에 빗대어 빈손으로 왔다가 빈손으로 가는 공수래공수거의 인생 유전과 무상, 더 나아가 허무의 메시지는 딴 가요에는 없는 깊이를 전해주었다.

'인생은 나그넷길 어디서 왔다가/ 어디로 가는가/ 구름이 흘러가듯 떠돌다 가는 길에/ 정일랑 두지 말자 미련일랑 두지 말자/ 인생은 나그넷길 구름이 흘러가듯/ 정처 없이 흘러서 간다/ 인생은 벌거숭이 빈손으로 왔다가/ 빈손으로 가는가….' 사람들은 이 노래 덕분에 나그넷길, 벌거숭이, 공수래공수거라는 말을 입에 달고 살았다.

최희준은 한 인터뷰에서 이 노래의 가사는 도시화와 성장의 압박, 불타는 학구열, 지나친 경쟁에 시달리는 사람들에게 힐링의 기능을 했다고 설명한다. "이 곡은 산다는 게 뭔지, 어떻게 살아야 하는지를 노랫말을 통해 들려주고 있습니다. 잘 먹고 잘 살기 위해 치열한 생존경쟁을 벌였던 그때 사람들에게 문득 거울 앞으로 돌아와 삶의 의미를 되돌아볼 수 있는 기회를 만들어줬다고 생각합니다."

한국 최초의 여성 박사이자 이화여대 총장을 지낸 당대의 대표 지성인 김활란 박사가 임종 때 "삶의 순간순간에 최선을 다하되 애착이나 미련을 두지 말라"고 하면서 「하숙생」을 불렀다 하여 더욱 화제를 모았다. 잔잔하면서도 힘이 실린 연주와 멜로디, 되새김질을 부르는 노랫말의 의미가 갖는 매혹은 그때나 50년이 흐른 지금이나 변함이 없다. 임진모

"대중음악은 현재 케이팝, 싸이, 인디, 오디션 프
로그램 등을 통해서 수많은 화제를 불러일으키
고 이로써 음악에 대한 관심도 전에 비해서 늘
어났지만, 그럴수록 기본에 충실해야 한다고 생
각해요. 〈레전드 100〉이란 타이틀을 통해서 지
나간 전설을 되돌아보고, 우리 가요사의 맥을
짚는 것은 때로는 귀찮고 공이 많이 들어가는
일이지만 다른 한편으로는 매우 반갑고 또 박수
를 보내고 싶은 일이기도 합니다." <sub>임진모</sub>

# 59

# 소양강 처녀 (1969)

중독성 강한 장수 트로트

**가수**

김태희

**앨범**

소양강 처녀

**작사 · 작곡**

반야월 · 이호

「소양강 처녀」가 대중들의 사랑을 받은 양상을 살펴보면 그리 일반적인 경우라고 할 수 없음을 금방 깨닫게 된다. 일반적으로 대중가요의 인기는 발표한 1~2년 사이에 최고조에 달하고 3~4년째부터는 크게 떨어져 이후에는 그저 여파가 지속되는 정도에 머물다가 사라지는 것이 보통이다. 그런데 「소양강 처녀」의 인기 양상은 전혀 다르다.

김태희가 이 노래를 불러 취입한 것이 1969년이다. 그때 약간의 인기를 얻었고 텔레비전 쇼프로그램에서도 불렸으나 그 인기의 정도가 최고의 인기가요라고 할 수는 없었다. 당시 트로트의 인기 판도는 '엘레지의 여왕'의 신화를 이어가고 있던 이미자와 1967년 「돌아가는 삼각지」 이후 인기몰이를 하고 있던 배호 그리고 그 뒤를 이은 조미미, 남진, 나훈아 등이 히트곡을 줄줄이 내놓고 있던 때였다. 스탠더드 팝에서 패티김과 길옥윤 콤비가 전성기를 맞고 있었고, 정훈희가 이봉조 사단의 신인 가수로 주목받고 있었으며, 신중현 사단이 꿈틀거리며 록의 대중화를 시험하고 있던 시기였다. 이런 흐름에서 「소양강 처녀」의 히트는 결코 '대박'이라고는 할 수 없었다.

그러나 놀랍게도 이로부터 무려 20여 년이 흐른 이후 이 노래에는 '1위'라는 순위가 달리기 시작했다. 1991년 MBC 조사에서 「소양강 처녀」는 애주가 애창곡 2위를 기록했고, 1992년 한국갤럽의 성인 1500명 대상의 조사에서는 노래방 인기 1위곡으로 등극했다. 이 인기는 오래 지속되었고 1996년에는 국경을 넘어 조선족 동포 애창곡 1위라는 조사까지 나왔다. 흥미로운 것은 이 노래를 좋아하는 세대다. 1990년대 초에 노년세대가 즐겨 보던 프로그램 〈가요무대〉의 최고 인기곡이 「불효자는 웁니다」였던 것에 비해, 「소양강 처녀」는 대학생과 직장인 등 상대적으로 젊은 층의 술자리에서 즐겨 불리는 노래였던 것이다. 즉 「소양강 처녀」는 매스컴이 이 노래에 등을 돌린 이후에도 사라지지 않고 입에서 입으로 옮겨지며 마치 구전가요 같은 생명력을 발휘하다가, 1990년대 초 당시 히트 경향인 발라드와 댄스곡이 술자리에서 함께 부르기 불편했던 틈새에 국민적 애창곡으로 솟아오른 것이라 할 수 있다.

이 노래의 긴 생명력은 바로 함께 노래를 부르기에 적합한 신 나는 노래라는 점이다. 도대체 어떤 요소가 이 노래를 이렇게 만든 것일까? 수많은 트로트 중에서 하필 이 노래가 부상한 것은 분명 이유가 있다. 그 요인 중 하나는 슬프지 않은 즐거운 트로트라는 점이다. 노래 가사에서 슬픈 정조가 느껴지지 않는 것은 아니지만 1930년대부터 1980년대 초까지의 트로트가 슬픈 노래였던 점을 생각하면, 이 노래는 결코 슬픈 트로트라고 할 수 없다. 1980년대 중반 주현미와 현철 등으로부터 즐겁고 명랑한 트로트가 본격화되면서 트로트의 인기 판도는 슬프고 애절한 노래에서 함께 부르기 즐거운 노래로 확연히 바뀌었다.

함께 부르기 즐거운 노래의 핵심은 언어와 악곡이 지니는 리듬이다. 1990년대 초 트로트의 인기곡이 김수희의 「남행열차」, 태진아의 「거울도 안 보는 여자」, 주현미의 「짝사랑」 같은 즐겁고 리드미컬한 노래였다는 점은 이를 뒷받침한다. 「소양강 처녀」는 1960년대의 작품이어서 1980년대 이후에 만들어진 트로트 작품에 비해서 악곡이 지니고 있는 리듬감은 다소 느린 편이다. 그러나 가사가 악곡과 결합되어 독특한 리듬감을 만들어내고, 함께 노래를 부를 때에 이런 리듬감이 배가된다. 예컨대 전반부의 선율과 리듬은 부드럽고 안온하지만 '갈대밭에 슬피 우는 두견새야…'에서 ㄹ받침과 경음<sup>硬音</sup>과 격음<sup>激音</sup>이 이어지면서 독특한 리듬감을 만들어낸다.

특히 리듬감이 살아나는 것은 중반부이다. '열여덟 딸기 같은 어린 내 순정/ 너마저 몰라주면 나는 나는 어쩌나…' 부분은 노래를 부를 때에 입을 닫았다 여는 동작을 자주 반복하게 되고, '딸기'와 '몰라'가 앞 소절의 '슬피'에서처럼 ㄹ받침에 점4분음표의 리듬과 결합되어 톡톡 튀는 재미를 느끼게 한다. 즉 이 노래는 들을 때보다 부를 때에 쫄깃쫄깃한 말맛을 느끼게 되며 예상치 못한 재미가 생기는 것이다.

「열아홉 순정」이나 「잘했군 잘했어」에서 확인되듯 감각적 말맛을 살려내는 데에는 타의 추종을 불허하는 노련한 작사가 반야월의 저력이 느껴지는 작품이다. 다소 편안한 선율은 오히려 이러한 말맛을 해치지 않고 노래가 오랫동안 대중적 사랑을 받을 수 있도록 만든 요인이 되었다. 아마 「소양강 처녀」는 그 특유의 중독성 덕분에 앞으로도 오랫동안 국민적 애창곡으로 남을 것이다. '시작은 미약했으나 끝은 창대'한 대표적인 노래로 기억되면서 말이다. 이영미

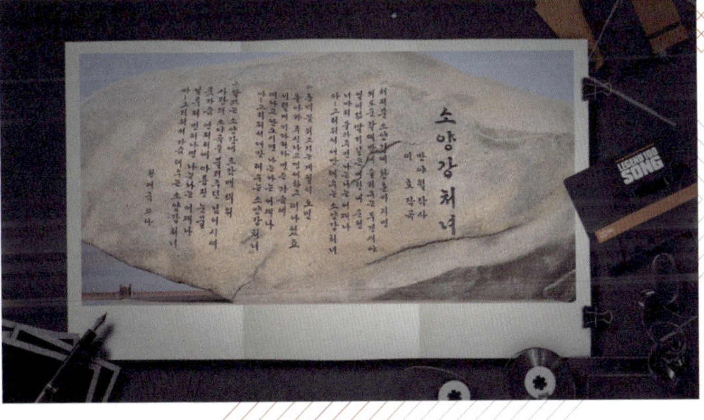

소양강 처녀

# 님과 함께 (1972)

전국을 삼킨 댄스 충격

**가수**

남진

**앨범**

임과 함께 / 말 없이 갑니다

**작사 · 작곡**

고향 · 남국인

남진은「님과 함께」이전에 벌써 국내 음악계의 인기 최강 가수였다. 1965년 트로트가 아닌 팝 스타일의 데뷔곡「서울 플레이보이」가 실패한 후, 이듬해 말 취입해 1966년에 호응을 얻은 트로트「울려고 내가 왔나」로 인기가수 반열에 올랐다. 1967년의「가슴 아프게」가 공전의 히트를 치면서 타의 추종을 불허하는 슈퍼스타로 등극했다.「가슴 아프게」는 1964년 이미자의「동백 아가씨」를 잇는 1960년대 대표 가요로 기록된다.

가수로서의 기본기에다 젊은 여성을 설레게 한 잘생긴 외모 덕분에 그는 어떤 조사에서든 언제나 인기 1위를 달렸다. 심지어 1968년 해병대에 입대해 월남에 파병되어 국내에 부재한 상황에서도 넘버원은 그의 독차지였다. 그래서 휴가 중에도 음반을 취입해야 했고 연이은 열광적 호응으로 결코 공백과 슬럼프를 겪지도 않았다.

1971년 군에서 제대해 돌아온 남진에 대한 대중의 관심은 폭발했다. 그해「목화 아가씨」와「아랫마을 이쁜이」에 이어 남진 가수 일생의 최대 히트곡이라고 할「님과 함께」가 나왔다. 밝고 경쾌한 템포를 실어 나른 역동적인 무대 퍼포먼스와 더불어 미래에 대한 낙관과 순정을 담은 메시지는 단숨에 대중들에게 어필했고, 세대를 막론한 공감을 불러일으켰다.

'멋쟁이 높은 빌딩 으스대지만/ 유행 따라 사는 것도 제멋이지만/ 반딧불 초가집도 님과 함께면/ 나는 좋아 나는 좋아 님과 함께면/ 님과 함께 같이 산다면…'

하지만 웹진《이즘ᴵᶻᴹ》과의 인터뷰에서 남진은 너무 분주한 스케줄 때문에 까딱했으면 이 곡을 취입하지 못했을 것이라는 일화를 들려주었다. "월남 갔다 온 후 작곡자 남국인 선생님이 좋은 곡이 있으니 와보라 했는데도 너무 바빠서 인사를 못 갔더니 마음이 틀어져서 곡을 안 주려고 하시는 거예요. 지구레코드사 임정수 회장님에게 남진한테는 안 준다고 선언해버린 겁니다. 임 회장님이 남국인 선생님을 설득시킨 거죠. 나를 봐서는 절대 곡을 안 주는데 회장님이 자꾸 이야기하니까 못 이기는 척 주신 거죠. 세상은 타이밍이라는 것을 말해주지요."

편곡은 서울 무교동 엠파이어 극장의 밴드 마스터였던 마상석이 맡았고 춤을 자극한 그 편곡은 선풍에 또 하나의 결정적 역할을 했다. 그러나 무엇보다 인기의 으뜸 요인은 남진의 모던한 댄스였다. 데뷔 이전에 그는 이미 모던발레의 일인자라고 할 이인범 선생에게 스텝을 배우며 댄스 감각을 익혔다.

이인범 선생은 그 시절에 벌써 "앞으로 가수가 춤을 추는 시대가 올 것"임을 남진에게 강조했다고 한다. 남진의 춤은 다름 아닌 당대 동경의 대상인 미국 가수 엘비스 프레슬리의 댄스를 접목시킨 것이었다. 국내 남자가수 가운데 TV를 통해 노래하면서 춤추는 가수는 단 한 명도 없던 시절이었다. '개다리춤'이라고 불릴 만큼 자유분방하고 격정적인 남진의 율동은 그 자체로 거대한 쇼크였다. 더 나아가 그는 아예 엘비스의 무대 의상을 차용하기까지 했다. 연예주간지는 그를 '한국의 엘비스 프레슬리'라고 일컬었다. 남진은 이를 두고 "작곡, 가사, 편곡, 그리고 가수의 퍼포먼스가 어우러진 하나의 축복과 같은 곡"이라고 묘사한다.

광풍이라고 할 「님과 함께」의 초대형 히트는 당대를 뜨겁게 달군 나훈아와의 라이벌전에서 남진에게 사실상 승리를 안겨주었다. 어쩌면 이 곡은 1980년대 중반 이후 가동된 댄스음악의 대중적 파괴력을 훨씬 이전에 미리 예고한 사례라고 할 수 있다. '댄스음악의 원조'인 셈이다.

「가슴 아프게」는 트로트였지만 「님과 함께」는 그 틀에서 벗어나 댄스음악의 세계로 가요팬들을 이끌었다. 「님과 함께」가 증명한 댄스음악의 세대 통합과 공감의 기능 때문에라도 누구도 남진을 우리 가요사의 진정한 대중가수로 정의하는 것을 주저하지 않는다. 임진모

님과 함께 남진(1972)

# 61

# 아름다운 강산 (1972)

록의 대부가 만든 국민가요

**가수**

신중현과 더 멘

**앨범**

장현 and The Men

**작사 · 작곡**

신중현

언론이 붙여준 신중현의 별명은 '록의 대부'다. 한평생 다양한 음악을 창작하며 한국 대중음악 역사와 직간접적으로 관계한 그이지만, 음악적 뿌리는 언제나 록에 두고 있기 때문이다. '록의 대부'가 쓴 작품 중에는 대중적인 인기를 누린 곡들도 상당수다. 특히 1960년대와 1970년대 초반, 가장 빛나던 창작열로 그야말로 '쏟아낸' 작품들이 대부분 그렇다.

워낙 많은 곡들이 있지만 신중현을 상징하는 국민가요가 있다면 단연 「아름다운 강산」을 꼽아야 한다. 1972년 발표된 이 곡은 이선희와 이문세, BMK 등 여러 후배 가수들에 의해 지속적으로 다시 불린 바 있어 젊은 세대들에게도 익숙한 노래다. 신구를 연결하며 세대적 공감을 불러일으켰다는 점에서 '공감의 음악'이라 일컬어도 좋으리라. 신중현과 엽전들, 혹은 신중현과 뮤직파워 포맷으로 녹음한 버전도 있지만, 그중에서도 신중현과 더 멘 체제로 부른 「아름다운 강산」이 정규적으로 발표된 최초의 오리지널 버전이다.

음반이 발표된 1972년, 영미권을 포함한 외국 음악시장의 추세는 '다양성'이라는 키워드로 요약할 수 있었다. 포크와 블루스, 소울과 사이키델릭 록 등 갖가지 음악들이 각축전을 벌이던 시기였고, 그에 따라 다양한 장르의 교배와 실험이 계속되던 때였다.

그러나 그 흐름을 반영하기에 이 땅의 토양은 그리 비옥하지 못했다. 신중현의 업적은 이 지점에서 빛난다. 미8군 무대에서 데뷔해 항상 영미권의 음악 추세를 놓치지 않을 수 있었던 신중현은 「아름다운 강산」을 통해 그 흐름의 단면인 사이키델릭 록을 이식할 수 있었고, 결과적으로 우리 대중음악을 한 차원 높은 예술적 경지로 끌어올렸기 때문이다. 당시까지 우리 대중음악에서 접할 수 없던 치밀한 구성과 유기적 흐름은 그가 행한 치열한 고민의 산물이었다.

곡은 10분 10초라는 장대한 러닝타임을 자랑한다. 지금도 10분이 넘는 대곡은 찾기가 어려운데 과거에는 오죽했을까. 상당한 러닝타임에도 불구하고 뚜렷한 기승전결을 갖고 있다는 점은 이 곡이 단지 실험성 한 가지로 설명할 수 있는 곡이 아니라는 것을 시사한다. 도입부와 브리지를 거쳐 각각의 국면들이 유기적으로 연결되어 클라이맥스로 이르는 과정은 구성에 대한 치밀한 고민 없이는 불가능한 것이었다. 그리고 그 고민의 현실화는 당대 최고의 기량을 가진 멤버들이 함께했기에 가능했다.

「아름다운 강산」의 기본 골조는 오르간과 오보에를 동원한 환각적 사운드의 사이키델릭 록이지만 선율 자체는 한국적 가락에 더욱 가깝다. 단순한 서구 록의 이식 작업이 아닌, 그 형식을 빌린 '우리 음악 살리기' 작업에 더욱 가까웠던 것이다. 서사적으로 이끌어나가는 초중반부 이후, 연주가 집중되는 후반부 4분 남짓은 거의 즉흥 잼의 형식이다. 이 대목에서 신중현의 기타는 물론 문영배의 드럼과 이태현의 베이스, 김기표의 키보드와 손학래의 오보에는 각자의 기량을 마음껏 뽐내며 환각적 사운드로 듣는 이의 혼을 빼놓는다. 전에 들을 수 없었던 사이키델릭이요, 너와 나를 넘어 '우리'에 대해 부르짖던 공감의 메시지였다.

「아름다운 강산」은 우리 국토에 대한 빛나는 찬사가 깃든 곡이지만 록이라는 음악이 가지는 특유의 정신 또한 함유하고 있는 노래이기도 하다. 1973년 신중현 작품집 『바람』에서 김정미의 버전으로, 1975년 신중현과 엽전들과 1980년 신중현과 뮤직파워 등 행보를 새롭게 할 때마다 지속적으로 자신의 작품을 리메이크했다는 사실은 이 곡이 신중현 자신에게 역시 의미가 깊은 곡임을 시사한다.

록의 대부가 만든 국민가요는 그래서 더 의미가 크다. 「아름다운 강산」 안에는 우리의 역사와 그 궤를 함께한 신중현의 고민 그리고 그의 탐미적 예술성의 극치가 깃들어 있다. 대중가요 중에서 애국가를 선정한다면 신중현의 「아름다운 강산」이 가장 근접한 노래가 될 것이다. 여인협

"그냥 한 번 듣고 유행이 지나면 끝나는, 마치 통조림처럼 한 번 따서 먹고 버리는 그런 일회용 소비재로서의 대중음악이 아니라 대중음악도 예술이 될 수 있다는 것을 스스로 증명한, 그러한 명곡의 시대를 연 첫 번째 노래이면서 어쩌면 영원히 첫 번째일 노래가 바로「아름다운 강산」이 아닌가 싶습니다." 강헌

# 62

# 해뜰날 <sub>(1975)</sub>

서민을 위로한 야무진 희망가

**가수**

송대관

**앨범**

해뜰날/ 세월이 약이겠지요

**작사 · 작곡**

송대관 · 신대성

깜찍한 연기와 보이시한 스타일로 다수의 팬을 몰고 다니는 배우 윤은혜는 한 음료 광고에서 시무룩해 있는 사람들에게 웃음을 보이며 '괜찮아 잘될 거야~'를 외쳤다. 그룹 불독맨션의 대표곡 「슈퍼스타」의 후렴구다. 노래는 지금 힘들어하고 있을지 모를 당신이지만 그런 당신에게도 언젠가 쨍하고 해가 뜰 날이 찾아올 것이라는 격려의 내용을 담고 있다. 긍정과 위로가 가득한 이 가사는 윤은혜 효과와 더불어 곡이 인기를 얻는 데 있어 구심점 역할을 맡아주었다. 누구나가 마음속에 품고 있는 희망의 씨앗을 구체화시킨 표현이 설명에 쓰인 '해가 뜰 날'이다.

이 말이 활발히 통용되기 시작한 것은 1975년, 전라북도 정읍 출신의 가수 송대관에 의해서였다. 갖은 고생을 하며 10여 년의 무명세월을 보낸 그가 단숨에 스타가 된 것은 「해뜰날」 덕택이었다. 이듬해 〈MBC 10대가수가요제〉 대상을 포함한 3개 부문의 상을 받으며 가수왕으로 불렸으니, 그야말로 인생에 눈부신 해가 뜬 셈이다. "병상에 계시는 저희 어머니께 이 소식을 전해 드리고 싶습니다"라는 대상 수상소감은 TV를 보던 온 국민의 가슴을 찡하게 물들였다.

한 인터뷰에서 그는 당시를 회상하며 말했다. "마지막으로 한 번만 더 해보고, 그래도 안 되면 가수의 길을 접어야겠다고 생각했습니다." 그는 이렇게 결심한 뒤 그동안의 경험을 담아 노랫말을 썼다고 한다. 무명가수의 한이 서린 다짐은 배고픈 1970년대를 살아가는 대다수 서민에게 희망가로 전해졌다.

'꿈을 안고 왔단다/ 내가 왔단다…', '안 되는 일 없단다/ 노력하면은…', '힘겨운 나의 인생/ 구름 걷히고…', '쨍하고 해뜰날/ 돌아온단다…' 꿈을 가지고 노력하면 인생에 성공이라는 햇살이 비칠 것이라는 메시지는 경제 개발에 모든 것을 집중시키고 있던 사회 분위기와도 잘 맞아떨어졌다. '하면 된다'는 교훈적 명제가 가수 본인의 삶을 통해 실제로 증명됨으로써 완벽한 설득력까지 갖추게 된 것이었다. 조금 과장한다면 1970년대 중반의 시대정신을 표현한 노래가 「해뜰날」이라고도 말할 수 있을 것이다.

이 곡은 약 6년 뒤 또다시 화제의 중심에 놓이게 된다. 바로 「Come Back」이란 곡으로 국내 라디오에서도 자주 소개되어 인기를 끌고 있었던 미국 그룹 '제이 가일스 밴드'의 히트송 「Centerfold」 때문인데, '솔·라·솔·미·레·도·라·도·레·도'로 시작하는 두 곡의 테마리듬(「Centerfold」의 도입부와 「해뜰날」의 후렴구)은 이견을 찾아볼 수 없을 정도로 비슷하다. 「Centerfold」는 6주 연속 빌보드 차트 1위에 오를 만큼 대단한 인기를 누린 곡이었기에 우리나라 음악 팬들의 충격은 더욱 깊었다. 어떤 사람들은 표절 운운하며 분개했고, 어떤 사람들은 두 곡에서 몇 마디를 떼어내 섞어 부르며 쓴웃음을 짓기도 했지만 논란은 '우리들만의 해프닝'으로 끝나고 말았다. 저작권에 대한 인식이 부족했던 그때 우리 음악계 현실도 그렇지만, 아직 두 나라 사이에 어떠한 저작권법도 이야기되어 있지 않은 상황이었다. 노래를 부른 당사자조차 어찌 해야 할지 몰라 웃고 넘길 수밖에 없었다 하니 인터넷 강국으로 맹위를 떨치고 있는 현재의 우리나라를 생각해보면 참으로 분통 터지는 일이 아닐 수 없다.

송대관의 고향인 전북 정읍의 내장저수지 인근에 위치한 내장산 문화광장에는 노래비가 세워져 있다. 이곳에 들른 사람들은 돌에 새겨진 「해뜰날」의 가사를 눈으로 훑으며 속으로 멜로디를 흥얼거릴 것이다.

경제는 위기를 거듭해가며 휘청거리고 사회 분위기 또한 끝을 모르는 채로 험악해지고 있다. 언젠가는 좋은 날이 올 거라 믿고 몇 줄의 가사에 몸과 마음을 실었던 할아버지들과 아버지들처럼 누군가는 다시 노래를 찾지 않을까. 갈수록 세상은 웃음을 나누는 법을 잊어가는 듯 보이지만 그렇기에 우리는 더욱 가열차게 희망을 불러들여야만 한다. 따라 부르기 쉽고 다수가 공감할 수 있는 노래가, 그 힘이 필요한 이유가 바로 여기에 있다. 조아름

"「해뜰날」은 이른바 팝 트로트라고 하는 새로운 장르의 성행을 어쩌면 제일 먼저 예시한 곡이기도 하고, 그런 동시에 70년대라는 우리의 고도성장기에 급격한 성공의 열망, 고난과 가난을 넘어서 미래를 향한 강한 자본주의적인 열망, 출세의 욕망, 이런 것들이 담겨 있었기 때문에 젊은이들부터 나이 지긋한 중년들까지 전부 이 노래의 메시지를 자신의 얘기로 받아들이지 않았나 생각합니다." 강헌

# 63

# 고래사냥 <sub></sub>(1975)

굴복하지 않는
청춘의 뜨거운 희망가

가수

송창식

앨범

Golden Folk Album(Vol.11)
〈바보들의 행진〉 OST

작사 · 작곡

최인호 · 송창식

공감이라는 것은 보통 부조리한 면을 들춰냈을 때 더욱 그 기세를 드러내곤 한다. 취업전선에 뛰어들어 백수라는 총탄을 피하고 있는 작금의 20대들에게, 기득권 이외에서의 성공 사례는 그래서 더욱 맹렬한 지지를 얻는다. 이는 예전에도 마찬가지였다. 1970년대, 자유로운 영혼의 상징이었던 송창식의 주도 하에 탄생한 이 「고래사냥」이란 외침은 젊음의 변호인으로 가요사에 정착하며 시대의 청년들과 완벽한 연대의식을 이루어냈다.

1975년 봄, 국도극장에서 개봉한 영화 〈바보들의 행진〉에 「고래사냥」이 삽입되며 영화의 인기와 함께 열풍의 기류를 타기 시작했다. 최인호 극본, 하길종 감독의 이 작품은 당시 젊음의 의미를 반문하며 세태를 거스르던 화제작이었다. 당시에 17만 명의 관객을 동원해 1980년대에 개봉한 우리 영화 흥행 순위에서 3위를 기록할 만큼 대학생들에게 있어서는 거의 필수 관람의 코스였는데, 그 한가운데서 이상을 고래로 표현하며 관람객들의 뇌리에 파고들었던 것이 바로 이 노래였다.

여기에는 서구권에서 한창 열병처럼 퍼지던 히피 문화의 영향이 크게 작용했다. 서구권의 중산층 자녀로부터 시작된 이 반反 기성체제는 진짜 행복의 의미를 찾아 기존의 관습을 탈피하고자 하는 모습을 보였고, 우리나라 역시 이 운동의 영향권에 있었다. 자유가 익숙지 않은 곳으로 흘러들어온 히피의 흐름은 이렇게 자국의 정서가 반영된 언어와 멜로디를 만남으로써 완벽한 동기화를 이뤄갔다. 그야말로 쉬우면서도 강력하게 외칠 수 있는 캐치프레이즈로 자리를 잡게 된 것이다.

그렇게 통기타를 매고, 청바지를 입은 채 한 손엔 맥주 캔을 들고 있었던 대학생들은 이 곡을 '캠퍼스 송'으로 명명해 허무의 끝에서 잃어버린 꿈을 찾으려 했다. 기득권층은 휘둘리기 쉬운 어린 세대들이 잠시 환상에 취한 것이라 생각했지만 이는 오산이었다. 1985년 동명의 영화 〈고래사냥〉이 제작됨으로써 여전한 생명력을 자랑하는 가운데, 선배들의 패배감은 점차 후배들의 추진력이 되어 대학가를 울렸다.

'술 마시고 노래하고 춤을 춰봐도/ 가슴엔 하나 가득 슬픔뿐이네…'로 시작하는 노랫말은 말로 표현하기 힘들었던 너와 나의 복잡한 감정 그 자체였다. 특히나 마음속 응어리를 토해내는 듯한 후렴구는 내면의 갈증을 해갈하기에 그만이었다. 그리고 무엇보다 노래가 좋았다. 한 번 듣고 기억될 정도로 착 감기는 단순하면서도 찰진 멜로디는 자연스럽게 「고래사냥」이 지금의 위치를 획득하게 한 일등공신이라 할 만하다. 물론 자연스러운 가창이 돋보이는 송창식의 절규는 이 노래의 중심에 있다. 세월을 뛰어넘은 명곡은 이러한 배경을 업고 태어났다.

이처럼 1980년대에 청년문화가 살아 숨 쉴 수 있었던 것은 이 노래를 통해 공유할 수 있었던 '자아 찾기'의 움직임 덕분이었다. 〈바보들의 행진〉에서 시종일관 패배의 정서를 보여주었던 영철과는 달리, 〈고래사냥〉에 등장하는 병태는 결국 춘자를 구해내며 의미 있는 승리를 보여준다. 이는 결국 언젠가는 시대가 올바른 방향을 찾아갈 것이라는 확신에 가까운 암시였다.

「고래사냥」은 지금에 있어 신구세대가 같은 정서를 공유하려 할 때 가장 적합한 곡이다. 예전과는 쓰임새가 조금 다르다 할지라도 반짝반짝 빛나는 것이 젊음임을 표하는 것은 같은 이치의 흐름이다. 우리는 여전히 이 노래에 맞춰 에너지를 발산하고 꿈과 이상을 표현해낸다. 예전의 20대에게 나누어주었던 「고래사냥」의 열정과 패기, 그것은 높디높은 사회의 벽에 막혀 허우적대는 21세기의 20대에게도 여전히 구원의 손길을 내밀어주고 있다. 황선업

고래사냥 송창식 (1975)

# 64

# 당신은 모르실 거야<sub>(1976)</sub>

세대를 관통한 사랑 노래

**가수**

혜은이

**앨범**

혜은이 고운노래 모음집

**작사 · 작곡**

길옥윤

사랑은 음악의 단골 소재다. 사랑은 사람이 할 수 있는 가장 보편적이면서도 아름다운 행위로, 사랑을 떠올리고 이야기하는 노래들이 지금까지 가요의 역사를 만들어 왔으며, 많은 사람들이 그 사랑 노래를 부른다. 혜은이의 데뷔곡 「당신은 모르실 거야」는 세대를 뛰어넘어 지금까지도 우리나라 사람들의 가슴속에 남아 있는 명실상부한 러브송이다.

제주도에서 태어나 대전에서 학창시절을 보낸 혜은이는 스무 살이 되던 1976년 「당신은 모르실 거야」를 통해 가수로 데뷔했다. 노래는 「이별」 등 당대의 히트곡을 작곡했던 작곡가 길옥윤의 작품으로 1년여의 세월이 흐르면서 점차 방송과 입소문을 통해 사람들에게 알려지게 된다. 이 아름다운 곡으로 혜은이는 스타의 반열에 올랐고, 마침내 10대가수상의 영예도 획득한다.

「당신은 모르실 거야」의 성공 이후, 길옥윤은 혜은이의 든든한 음악적 파트너로 활약했다. 이후 길옥윤은 혜은이에게 「진짜 진짜 좋아해」, 「당신만을 사랑해」 등의 곡을 작곡해줌으로써, 혜은이가 1970년대 후반을 대표하는 여가수로서의 입지를 굳히는 데 결정적인 역할을 했다. 특히 「당신은 모르실 거야」와 1970년대 말 팝에서 선풍적인 인기를 끌고 있던 디스코 스타일을 차용한 「제3 한강교」는 우리나라에 디스코 열풍을 몰고 온 혜은이와 길옥윤 콤비의 역작이다.

1970년대를 대표하는 사랑 노래 「당신은 모르실 거야」의 가장 큰 매력은 혜은이의 낭랑한 음색으로 풀어내는 소박하면서도 격정을 소유한 멜로디다. 조용히 울리는 기타 소리 위에 처연하게 울려 퍼지는 하모니카가 곡에 사용된 악기의 전부다. 혜은이의 목소리와 가창력을 부각시키려는 길옥윤의 자신감이 드러나는 부분이다. 나긋나긋하게 부르는 전반부에 비해 피치를 올리는 후렴구에서 들려주는 보컬의 무게를 통해 곡의 단단한 완성도를 느낄 수 있다. 혜은이의 앳되지만 고운 목소리와 비단처럼 부드러운 멜로디를 가진 「당신은 모르실 거야」의 힘은 결국 이 곡에 영원불변의 생명력을 부여한 것이다.

2001년에는 걸그룹 핑클이 「당신은 모르실 거야」를 발표해 초기의 아이돌 열풍을 이어갔다. 당시에 신세대의 상징인 아이돌 가수가 1970년대 노래를 부른다는 사실을 부각시켜 기성세대에게도 커다란 매력으로 다가갔고, 최근에는 R&B 가수 문명진이 텔레비전 프로그램에서 피아노와 브라스 연주 위주의 편곡으로 새로운 시너지 효과를 빚어냈다. 이렇게 지속적인 재발견을 통해 「당신은 모르실 거야」는 기성세대뿐만 아니라 젊은 대중에게도 그 명성을 다시 한 번 확인받았다.

이별을 쉽게 받아들이지 못하는 주인공이 떠나간 사랑의 대상이 바로 자기였음을 계속해서 말하는 이 순애보 곡은 많은 사람들의 옛사랑에 대한 추억을 되살리며 절절한 안타까움을 함께 공유해 큰 인기를 누렸다.

사랑을 주제로 한 세상의 수많은 노래가 모두 사랑받는 것은 아니다. 「당신은 모르실 거야」가 현재까지 꾸준하게 힘을 갖는 이유는 노래의 선율과 노랫말이 사람들의 공감을 불러일으켰기 때문이다. 1970년대에 쓰인 진정성 어린 감성은 한순간의 인기로 휘발되지 않고 이렇게 남아 세대를 관통하는 송가가 되어 지금도 보편적인 사랑의 의미를 전달하고 있다. 「당신은 모르실 거야」는 대중음악이 가진 공감의 힘을 빌려 만들어진 우리 시대의 진정한 사랑 노래다. 이기선

"레전드 송은 100년, 200년 후에도 계속 울려 퍼
질 거라고 생각해요. 왜냐하면 그것들은 시대와
관계없이 사랑과 같은 인간의 보편적인 모습에
대해 얘기하고 있거든요. 그러한 내용이 사람들
의 마음을 계속해서 쓰다듬어주겠죠." <sub>정원영</sub>

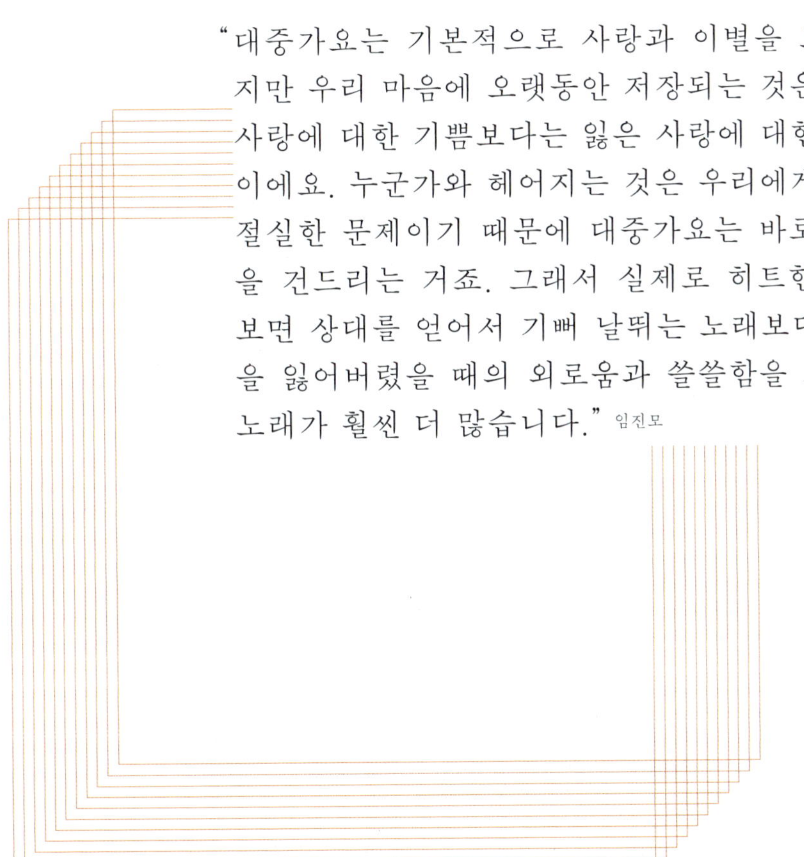

"대중가요는 기본적으로 사랑과 이별을 노래하
지만 우리 마음에 오랫동안 저장되는 것은 얻은
사랑에 대한 기쁨보다는 잃은 사랑에 대한 고통
이에요. 누군가와 헤어지는 것은 우리에게 매우
절실한 문제이기 때문에 대중가요는 바로 그것
을 건드리는 거죠. 그래서 실제로 히트한 곡을
보면 상대를 얻어서 기뻐 날뛰는 노래보다 사랑
을 잃어버렸을 때의 외로움과 쓸쓸함을 표현한
노래가 훨씬 더 많습니다." <sub>임진모</sub>

# 65

# 남 행 열 차 <sub>(1980)</sub>

한국인이 가장 사랑하는 성인가요


**가수**

김수희

**앨범**

1집 姬<sub>(희)</sub>

**작사 · 작곡**

정혜경 · 김진룡

아무래도 트로트는 기성세대들이 즐기는 유형의 음악이지만 청소년들이라고 트로트에 등을 돌리는 것은 아니다. 김수희의 흥겨운 「남행열차」는 노래방에서 10대들도 자주 부르는 곡으로 알려져 있다. 실제로 KBS 라디오가 수도권 지역의 10대들을 대상으로 트로트 선호도를 조사한 결과, 10대가 가장 좋아하는 트로트로 「남행열차」가 선정된 바 있다.

'비 내리는 호남선/ 남행열차에/ 흔들리는 차창 너머로/ 빗물이 흐르고/ 내 눈물도 흐르고/ 잃어버린 첫사랑도 흐르네…' 워낙에 격정적이라고 할 만큼 신 나는 리듬 때문인지 사람들은 여럿이 모인 자리에서 즐겁게 소리 높여 「남행열차」를 부르지만 사실 가사에는 정반대라고 할 실연과 이별의 한(恨)이 서려 있다.

김수희는 "겉으로 드러나지는 않지만 우리들의 진정한 민심, 그 밑바닥의 정서를 훑는다는 의도로 만들어졌다"고 이 곡의 배경을 설명한다. "그런 메시지가 한으로 목이 멘 우리만의 가락에 실린 노래였으면 좋겠다고 생각했어요. 하지만 리듬은 신 나는 곡을 바랐어요. 흥겨우면서 애달픈 노래랄까요."

경쾌한 리듬과 애조 가득한 노랫말이라는, 서로 대치되는 성질의 것이 자연스럽게 동행한다는 사실, 이른바 배반의 미학이 이 곡의 핵심이다. 그렇기에 40~50대 성인층의 전유물로 인식되어 온 트로트임에도 젊은 감각의 10대까지 사로잡을 수 있는 힘을 갖춘 것이다. 「남행열차」는 이 때문에 전 국민의 가요이자 세대 공감의 가능성이 가장 높은 트로트 가운데 하나라는 평을 받는다.

하지만 즉각 히트의 운은 없었다. 작곡가 김진룡이 1980년에 작곡한 이 노래는 발표되고 나서 한참 동안이나 반응이 미약했다. 10년 정도의 긴 세월이 흘러서야 마침내 스포트라이트 획득이 이루어졌다. 전형적인 지각 히트곡인 셈이다. 뒤늦은 히트의 진원은 놀랍게도 프로야구 경기장이었다. '비 내리는 호남선…'으로 시작하는 가사 덕분에 호남을 연고로 한 해태 타이거즈(현 기아)의 응원가로 채택되는 행운을 얻은 것이다.

경기마다 해태 팬들은 「남행열차」를 목놓아 합창하곤 했다. 게다가 1990년대 초중반 해태가 프로야구의 강자로 경기에서 자주 승리하면서 이 노래는 전국 구장 어디를 가도 열심히 메아리쳤다. 히트는 당연했다. 김수희는 이에 힘입어 죽었던 노래가 되살아난 것에 감사하며 자신의 노래인생에서 가장 고마운 사람들로 해태 타이거즈 팬들을 꼽는다.

심지어 이전의 빅히트 송 「멍에」와 이후의 결정타인 「애모」를 제치고 「남행열차」를 가수인생 최고의 노래로 지목하기도 했다. CD 판매량이 많았다는 것도 빼놓을 수 없다. 김수희는 한 인터뷰에서 "앨범의 형태가 LP와 카세트에서 CD로 넘어가는 시점에서 호응을 얻은 곡이라 개인적으로도 기념비적인 곡이다. 카세트와 LP 때의 가수가 CD 시대에서도 히트를 거두었기 때문에 이 곡에 품는 애정은 각별하다"고 말했다.

가수 김수희는 45년 노래인생에서 가장 편하게 부른 노래가 「남행열차」라고 밝힌 바 있다. 정서든 곡조든 아무리 다른 것들이라고 해도 자연스럽게 섞이면서 가창의 부담이 덜했다는 것이다. "뒤늦게라도 이 곡이 폭발적으로 부활하는 것을 보고 잘 불렀든 못 불렀든 역시 편하게 부른 곡이 남는다는 것을 새삼 깨달았다"고 밝히기도 했다.

남쪽이 주는 묘한 향수를 자극한 것도 「남행열차」를 명곡으로 승격시킨 비결이라고 할 수 있다. 가수 본인의 표현에 따르면 '남쪽으로 가고 싶은 한국인의 잠재된 본능'을 잘 담아낸 곡인 것이다. 노랫말의 승리임을 확인해주는 대목이다. 그런 점에서 「남행열차」는 전형적인 '한국인의 노래'이기도 하다. 당연히 야구팬이든, 40~50대든, 10대든 한국 사람이라면 세대를 막론하고 좋아할 수밖에 없는 노래다. 임진모

남행열차 김수희 (1980)
LEGEND 100
SONG

# 66

# 아파트 (1982)

국민 응원가가 된 시대의 히트곡

**가수**

윤수일

**앨범**

2집 아파트

**작사 · 작곡**

윤수일

윤수일의 작곡 방법은 부지런한 메모에서 출발한다. "잠을 자다가도 꿈에서 멜로디가 떠오르면 일어나서 종이에 적고, 그다음 날이 되면 붙잡고 늘어집니다. 지금도 골프를 치다가 노래의 테마가 떠오르면 뒤에서 기다리는 사람에게 미안하다고 말하고 돌아서서 메모를 하죠." 그의 이 꼼꼼한 습관은 1980년대 초반에도 변함이 없었다.

윤수일은 함께 술을 마시던 친한 친구로부터 그가 오랫동안 좋아했던 여성이 갑작스럽게 외국으로 이민 간 소식을 듣고는 그녀가 살던 아파트 앞에서 오랫동안 머물러 있었다는 이야기를 들었다. 윤수일은 친구의 이 가슴 아픈 이야기를 재빨리 휴지에 받아써서 5분 만에 노래의 골격을 완성했다. 김수철의 「젊은 그대」와 함께 최고의 응원가로 꼽히는 「아파트」는 이렇게 탄생했다.

윤수일은 "처음에 이 곡을 만들 때는 감미롭고 쓸쓸하게 만들었지만 창작은 작곡가와 작사가만의 전유물이 아닙니다. 어느 순간부터 속도가 빨라지고 운동장에서 불리기 시작하더니 결국엔 사람들이 머리띠를 두르고 응원가로 부르더군요. 제 곡을 재해석해준 팬들이 신 나는 「아파트」를 탄생시킨 거죠. 정말 고맙습니다"라고 밝혔다. 2006년 독일 월드컵 때는 가사를 조금 바꿔서 공식 응원가로 쓸 정도로 「아파트」는 30년이라는 유구한 역사를 자랑하는 우리나라의 대표 유행가이면서 응원가다.

윤수일 스스로가 '시티 뮤직'이라 정의한 「아파트」는 1970년대 화려한 도시의 내면에 감춰진 현대인들의 외로움과 쓸쓸함을 세련되게 표현한 음악이다. 「아파트」는 바로 도시인들의 그 드러내지 못하는 회색빛 적막함을 경쾌한 4분의 4박자에 담았지만, 내용에는 경제발전의 이면에서 소외되거나 낙오된 사람들의 홀로됨과 슬픔이 똬리를 틀고 있다.

도식화되고 획일적인 성냥갑 같은 공간 때문에 정이 없고 인간적이지 못하다는 소리를 들었던 아파트는, 1980년대가 되면서 강남의 본격적인 개발과 함께 새로운 주거 공간으로 각광받기 시작했다. 그러나 하늘에 높은 마천루를 그려가던 당시에 윤수일은 아파트를 온기보다는 쓸쓸하고 외로운 정서가 더 어울리는 공간으로 바라보았다. 윤수일은 1982년에 가요 차트를 점령한 이 곡에서 삭막한 아파트와 대비되는 '별빛'과 '갈대숲'이라는 단어로 도시인이 꿈꾸는 낭만을 이야기했으며, 도입부에 삽입한 초인종 소리로 대중의 정서를 대변했다. "노래의 전주를 만들어놓고 아파트를 상징하는 게 없을까 고민했죠. 그런데 그때 요구르트 아주머니가 초인종을 누른 겁니다. 저는 '이거다' 싶어서 도입부에 초인종 소리를 넣게 된 거죠." 당시에 센세이션을 일으킨 사실에 견줘 조금은 싱거운 비하인드 스토리지만, 가수의 목소리와 악기 소리가 아닌 실생활 효과음이 등장하는 노래가 거의 없었기 때문에 그 신선한 충격의 파장은 크고 깊었다.

통통 튀지만 어딘지 모르게 구슬프게 다가오는 도입부의 건반 연주는 '소방차'의 「어젯밤 이야기」에선 밝고 활기찬 연주로 부활했고, 글로벌 스타 싸이가 공연에서 조용필의 「여행을 떠나요」 등과 함께 메들리로 부를 정도로 「아파트」는 온 국민이 다 아는 공식적인 국민가요의 반열에 올랐다. 뿐만 아니라 2012년에는 팝페라 가수 임태경이 텔레비전 프로그램에 나와 뮤지컬 스타일로 편곡해 부를 만큼 「아파트」는 카멜레온처럼 다양한 색을 가진 매력 있는 곡이다.

「아파트」는 우리나라 고도성장의 이면에 가려진 부모님과 인생 선배세대의 고독과 쓸쓸함을 빠른 리듬으로 풀어냈다. 인간의 외로움을 자연스러운 흥겨움으로 승화시킨 「아파트」의 진정한 진가는 바로 이것이다. 소승근

아파트 윤수일(1982)

# 67

# 잊혀진 계절 <sub></sub>(1982)

10월의 끝자락에 띄우는 낭만 스케치

**가수**

이용

**앨범**

1집 잊혀진 계절/
바람이려오/ 가시와 장미/
동천

**작사 · 작곡**

박건호 · 이범희

노래 「잊혀진 계절」의 가사 안에는 제목이 등장하지 않는다. 그래서 요즘 젊은이들은 「잊혀진 계절」을 '10월과 관련 있는 곡'으로만 기억한다. 유명한 가사 '지금도 기억하고 있어요/ 10월의 마지막 밤을…'로 시작하기 때문이다.

「잊혀진 계절」은 추억과 그리움의 계절인 가을과, 10월의 쓸쓸함, 그리고 고즈넉함으로 노스탤지어를 자극한다. 한 번쯤 겪어봤을 옛사랑에 대한 아련한 기억과 향수를 노래한 「잊혀진 계절」의 주인공 이용은 이 한 곡으로 1980년대 초반에 조용필의 독주를 저지하며 우리나라 대중음악 역사에서 영생을 얻었다.

「잊혀진 계절」을 노래하는 그의 모습은 말 그대로 열창이다. 흑인 소울가수처럼 눈을 감고 땀을 흘리는 모습은 노래의 몰입을 극대화하고, 이별의 아픔을 고백하는 입술이 파르르 떨리며 여성의 마음을 움직였다. 사람들은 아직도 이용의 열정적인 무대 매너와 기도하듯 두 손을 모아 마이크를 잡은 간절한 모습을 그의 트레이드마크로 기억하고 있다.

조용필의 「눈물의 파티」, 전영록의 「종이학」, 임병수의 「약속」, 윤시내의 「공부합시다」, 박미경의 「민들레 홀씨되어」, 이정석의 「첫눈이 온다구요」, 이선희의 「괜찮아」 등을 만든 이범희가 작곡한 「잊혀진 계절」의 등장은 트로트고고와 디스코와 뉴웨이브 스타일의 음악이 대세이던 1980년대 초반에 대중음악의 분위기를 발라드로 전환시킨 터닝포인트였다.

피아노가 이끄는 전형적인 스탠더드 팝 스타일인 「잊혀진 계절」은 패티김의 대표곡들을 작곡한 길옥윤의 음악과 닮아 있다. 피아노를 중심으로 한 단조의 아름다우면서도 자연스러운 선율과 선명하게 빛나는 주요 멜로디는 한 번만 들어도 쉽게 지워지지 않는 대중 친화력을 자랑한다. 여기에 길옥윤에게 직접 보컬을 사사받은 이용이 가세했으니 '길옥윤 스타일의 노래'가 탄생한 것은 당연한 귀결이었다.

「잊혀진 계절」이 대중의 마음속으로 깊이 스며들 수 있었던 다른 이유는 고결한 사랑을 그린 가사 덕분이다. 안타까운 이별을 가슴속으로 받아들여야만 하는 한 사람의 심정은 듣는 이의 감정이입을 성공시키며 큰 성공을 일궈냈다.

정수라의 「아! 대한민국」과 나미의 「빙글빙글」 등의 노랫말을 쓴 작사가 박건호는 1980년 가을, 과로와 신장염으로 병원에 입원했을 때 노랗게 빛바랜 낙엽을 보고 만남과 헤어짐의 의미를 생각하게 되면서 「잊혀진 계절」의 내용을 구상했다고 한다. 많은 사람들의 기억에 남아 있는 '10월의 마지막 밤을…'은 원래 '9월의 마지막 밤을…'이었지만 노래 발표가 늦어지는 바람에 노랫말을 10월로 바꾸면서 「잊혀진 계절」은 비로소 '가을의 전설'이 되었다.

이용은 「잊혀진 계절」로 〈MBC 10대가수가요제〉에서 최고의 인기가수상과 최고의 인기가요상을 수상했고, 1989년 12월에는 순위 프로그램 〈가요톱텐〉이 1980년대를 정리하는 특집 방송 '지난 10년 동안 가장 인기 있었던 노래'에서 1982년을 대표하는 곡으로 선정됐다. 뿐만 아니라 이 노래는 노르웨이 그룹 시크릿 가든의 연주곡 「Serenade to Spring」에 가사를 붙인 테너 김동규의 「10월의 어느 멋진 날에」와 함께 10월을 대표하는 노래로 유구한 생명력을 이어오고 있다. 실제로 10월 31일이 되면 라디오에 「잊혀진 계절」을 신청하는 사람들이 아직도 많고, 2013년에 한 온라인 커뮤니티 사이트가 설문조사한 '10월의 마지막 날에 들어야 할 명곡'에서도 1위를 차지할 정도로 긴 유통기간을 자랑한다.

「잊혀진 계절」은 매년 돌아오는 10월의 마지막 날을 특별하게 만들어준다. 「잊혀진 계절」이 누군가로부터 잊혀지기 싫어하는 우리에게 전해주는 소중한 추억 때문이다. 소승근

"빽빽 소리지르고 높은 톤으로 노래부르는 게 가 창력이 아닙니다. 가창력은 가사 해석력입니다. 가수의 역량이라는 것은 바로 '감정을 부여하는 역량'을 말하는 것이죠." 임진모

"대중에게 많이 사랑받는 곡은 기본적으로 멜로디가 좋아야 합니다. 두 번째로는 공감할 수 있는 가사를 갖고 있어야 하죠. 이 두 가지가 합쳐졌을 때 세대를 초월하는 어떤 명곡이 탄생할 수 있는 것입니다." 배순탁



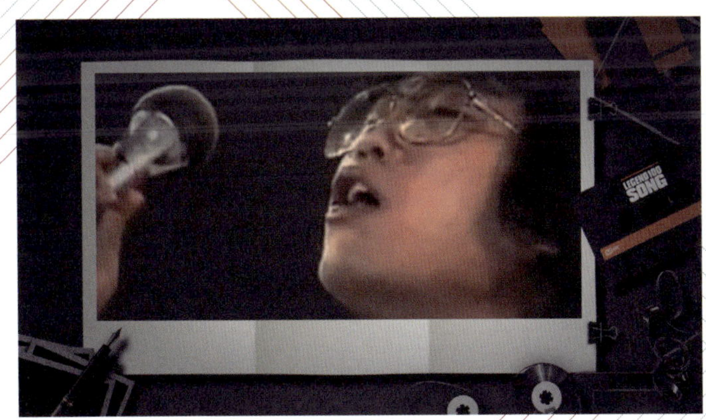

# 종이학(1982)

80년대 소녀팬들의 연가

**가수**

전영록

**앨범**

'82 지나간 시절의 연가

**작사 · 작곡**

이건우 · 이범희

1980년대 최고의 가수가 조용필이었다면, 그 아성에 가장 강하게 도전장을 내밀었던 이가 바로 전영록이었다. 앨범을 냈다 하면 멀티 히트를 기록했고, 그 기세를 몰아 1986년과 1987년에는 조용필과 구창모라는 엄청난 경쟁자들을 제치고 두 번이나 가수왕을 차지하며 전성기를 구가했다는 것이 이를 입증한다.

재킷의 소매를 걷고 셔츠 깃을 날카롭게 세워 입고 다니던 스타일과 그의 노래들에 주를 이루었던 디스코 리듬은 삽시간에 유행이 되었고, 그가 주연으로 출연한 영화 〈돌아이〉까지 큰 성공을 거두며 전영록은 시대의 만능 엔터테이너로 그 입지를 굳혔다. 이 정도면 가히 레전드라 이름 붙이기에 손색이 없다.

그런 그에게 잘 알려지지 않은 얼굴이 하나 있다면 그것은 바로 싱어송라이터로서의 자아일 것이다. 모두가 익히 알고 있는 김지애의 「얄미운 사람」, 이지연의 「바람아 멈추어다오」와 김희애의 「나를 잊지 말아요」와 같은 히트곡들을 예로 들 수 있는데, 그만큼 그는 부르는 것에서 나아가 만드는 데에도 소질이 있었다. 주위의 것들을 포착해 그 안에 있는 감성을 이끌어내는 남다른 감각이 그 재능의 요체였고, 이를 기반으로 많은 이들에게 호응을 받을 만한 노래들을 수도 없이 써내려갔다. 그리고 이를 가장 대표적으로 보여주는 곡이 바로 「종이학」이다.

본격적으로 노래 만들기에 손을 대기 전부터 그의 노래엔 디테일한 소재를 잡아 감정을 펼쳐나가는 곡들이 많았다. 연애편지를 쓰는 모습에서 착안해 많은 공감대를 얻은 「사랑은 연필로 쓰세요」, 사랑에 빠진 마음을 타들어가는 불꽃에 비유한 「불티」 등, 누구나 흔히 볼 수 있는 것에서부터 시작하는 가사들은 일종의 반전처럼 대중들의 뇌리에 선명히 새겨졌다. 이 흐름에 있어서 가장 대표적인 곡 「종이학」은 다름 아닌 팬에게서 받은 편지가 영감이 되어 탄생했다.

사연은 이렇다. 그가 군 복무를 하던 시절, 5개월의 시한부 인생을 살던 소녀 팬이 '종이학을 접을 때마다 꿈을 기원한다'며 일주일마다 종이학이 든 편지를 보냈다고 한다. 그런데 3개월이 지나 갑자기 소식이 끊어지고 이를 불안하게 여긴 그에게 소녀의 친구라고 밝힌 사람으로부터 종이학이 든 편지가 다시 날아왔다는 것이다. 친구는 학이 되어 날아갔다는 사연과 함께. 작사가 이건우는 전영록에게서 들은 이 이야기를 토대로 가사를 쓰기 시작했고, 여기에 이범희의 멜로디가 덧붙여져 「종이학」은 비로소 빛을 보았다.

‘천 번을 접어야만 학이 되는 사연을/ 나에게 전해주며 울먹이던 너/ 못 다했던 우리들의 사랑 노래가/ 외로운 이 밤도 저 하늘 별되어/ 아픈 내 가슴에 맺힌다…’

일찍 하늘나라로 간 그 소녀에게 바치는 이 슬프도록 아름다운 추도곡은 전 국민적인 종이학 붐을 일으켰고, 너도나도 사랑을 표현하기 위해 조그마한 종이학을 접는 진풍경이 연출되고는 했다. 차곡차곡 병을 채워가던 정성, 여기서 받은 영감이 그의 인생 곡을 지탱하는 모티브라 해도 과언은 아니었다.

그렇게 조용히 인기를 모으기 시작한 앨범은 단숨에 10만 장이 넘는 판매고를 기록했고 그의 인생의 하이라이트 중 하나로 남았다. 이를 발판 삼아 상승기류에 오른 가수생활은 1980년대 후반까지 탄탄대로를 달리게 되었고, 그 결과 지금 우리가 기억하고 있는 전영록의 모습이 완성될 수 있었다. 히트하기 위해서는 분명 기획이나 전략, 홍보와 같은 이성적인 면도 필요하지만 결국 중심에 서는 것은 사람들과 진실하게 대면할 수 있는 떳떳한 정서의 노래 그 자체라는 것을 증명한 셈이었다. 순간적일 수 있는 정서를 영원의 세계로 비약시킨 그의 영감, 그것은 30년이 넘어도 사라지지 않는 생명력을 자신의 곡들에 부여하고 있다. 황선업

"싱어송라이터는 한국 대중음악 전반의 이론적 인 흐름과 바탕의 수준을 업그레이드해줬습니 다. 어떤 측면에서는 우리나라 음악을 고급화하 는 데 가장 일조한 뮤지션이 바로 이 싱어송라 이터들이라고 할 수 있죠." 배순탁

# 69

# 젊은 그대 (1984)

작은 거인이 들려준 청춘 송가

**가수**

김수철

**앨범**

2집 젊은 그대

**작사 · 작곡**

안양자 · 김수철

1979년부터 활동한 록 밴드 작은 거인을 거친 김수철은 1983년에 음악을 반대한 아버지의 뜻을 받들어 기념음반만 하나 만들고 가수생활을 마감하려고 했다. 하지만 마지막으로 녹음한 그 앨범에서 뜻밖에 「못다 핀 꽃 한 송이」와 「내일」이 대박을 치면서 그는 불가피하게 다시 가수로 회귀하게 된다.

당시 김수철의 인기는 훗날 본인 스스로 "1992년의 서태지와 아이들이 부럽지 않을 정도"라고 술회할 만큼 초절정에 달했다. 방송사가 주는 모든 연말 가요상을 휩쓸면서 그는 단숨에 젊음의 우상으로 떠올랐다. 이듬해인 1984년 2집에서도 「나도야 간다」로 폭발적인 장세를 이어갔다.

더욱이 그는 엄청난 관객동원을 기록하며 흥행에 대성공한 영화 〈고래사냥〉에서 어벙한 캐릭터의 병태 역을 맡으면서 단 한 번에 그쳤지만 배우로도 깜짝 성공을 거두었다. 「나도야 간다」는 바로 이 영화의 주제가였다. 자신의 지지층이 젊은 세대임을 알고 있고 약동하는 젊음의 가치를 신봉해왔던 그는 2집 앨범을 만들면서 청춘찬가를 하나 만들어야겠다는 생각을 했다.

실제로 극작가 안양자에게 "젊은이들의 패기를 대변할 수 있는 좋은 노랫말을 써달라!"고 주문했다. 모든 곡을 직접 작사·작곡하는 김수철이 남에게 가사를 맡기는 것은 이례적인 일이었다(그는 이 곡과 동시대의 록 그룹 송골매가 부른 「모두 다 사랑하리」 딱 두 곡만이 다른 사람 작사라고 했다). 그리하여 수십 년이 지난 지금도 젊은이들 사이에서 울려 퍼지는 명곡 「젊은 그대」가 탄생하기에 이른다.

'거치른 들판으로 달려가자/ 젊음의 태양을 마시자/ 보석보다 찬란한 무지개가 살고 있는/ 저 언덕 너머 내일의 희망이/ 우리를 부른다/ 젊은 그대 잠깨어오라….'

곡이 시작되자마자 젊은이라면 누구나 따라 부르고 싶은 충동을 일으키는 이 곡의 메시지는 시대를 초월하는 공감을 창출한다. 김수철은 곡의 말미에서 젊음을 이렇게 정의한다. '아아 사랑스런 젊은 그대/ 아아 태양 같은 젊은 그대!' 특유의 긍정적이고도 낙천적인 노랫말은 미래에 대해 불안해하고 우유부단한 청춘들에게 잠 깨어오게 하는 용기와 희망을 제공한다. 그리고 가사와 더불어 신 나는 록 비트는 함성을 지르고 합창하게 하며 그들을 한데 모으는 위력을 발휘한다.

2002년 한일 월드컵 시점에 이 모습이 고스란히 나타났다. 김수철은 마침 월드컵 개막식을 밝히는 음악의 감독이었다. 동시에 엄청난 인파의 '붉은 악마'가 집결한 응원 현장에 몸소 출연해 후배들과 어우러져 이 곡을 목청 높여 불렀다. 젊은이들은 목이 터져라 아우성치듯 「젊은 그대」의 가사를 외치며 대한민국 축구팀을 향한 응원 열기를 만끽했다. 그를 잘 알지 못한 젊은이들이 단숨에 김수철의 이름과 「젊은 그대」를 알게 된 순간이었다. 자연스럽게 김수철의 대표곡에 대한 인식도 바뀌었다. 이전까지 그 하면 연상되는 곡은 '작은 거인' 시절의 사나운 록 「일곱 색깔 무지개」를 비롯해 「별리」, 「못다 핀 꽃 한 송이」, 「내일」, 「정신 차려」였지만 이제는 「젊은 그대」로 대표성이 넘어갔다. 본인도 흡족한 미소를 지으며 "어느 순간엔가 나를 기억하는 노래가 「젊은 그대」로 옮겨갔다"고 인정한 바 있다.

그가 원했던 것도 어떤 상황에서든 움츠러서는 안 될 젊음의 도전 의욕을 북돋는 메시지의 노래였다. 그의 기대대로 「젊은 그대」는 국내 대중음악사에 빛나는 청춘 찬가로 굳건히 자리를 굳혔다. 임진모

# 70

# 비 내리는 영동교 (1985)

트로트의 부흥을 이끈
국민 애창곡

**가수**

주현미

**앨범**

1집 비 내리는 영동교

**작사 · 작곡**

정은이 · 남국인

지명地名이 담긴 노래에는 특정한 문화가 들어 있다. 몇몇 지역에는 소위 '지역색'이라는 이미지가 만들어지는데, 그 색은 주거나 상권을 통해 모인 사람들의 성향과 관계가 깊다. '다정히 걸어가는 연인이 있는 덕수궁 돌담길'에서는 「광화문 연가」가 만들어지고, 세계가 있는 이태원에서 「이태원 프리덤」이 등장하며, '예쁜 그대'와 '킹카', '날라리'가 많이 모이는 곳에서는 「압구정 날라리」가 생겨났다.

주현미가 노래한 '영동'이라는 지역은 현재는 하늘 높은 줄 모르고 땅값이 치솟은 강남이지만 30여 년 전만 해도 그곳은 서울의 중심지가 아니었다. 그 이름마저 '영등포의 동쪽'이라는 뜻을 담고 있을 정도였다.

1980년대 후반, 정부의 남서울개발계획에 따라 강남지역에 세워지는 건물은 점점 높아져갔고, 그에 따라 경기가 조금씩 활기를 띠기 시작했다. 강남은 개발과 함께 밝은 미래와 사랑의 공간으로 탈바꿈했고, 황금을 캐는 캘리포니아처럼 사랑과 성공에 대한 기대감으로 부풀어 올랐다. 「비 내리는 영동교」는 그런 강남 정서의 시작점으로 이후에 등장하는 「강남 멋쟁이」, 「못 잊을 영동의 밤」, 「영동 나그네」, 「영동 네온가」, 「강남 아리랑」, 「강남 사모님」 그리고 최근에 브라운 아이즈의 「비오는 압구정」과 싸이의 「강남스타일」까지 강남에 대한 가요가 쏟아져 나오는 직접적인 신호탄이기도 했다.

주현미는 데뷔 때부터 서서히 저물어가는 트로트의 새로운 대안이자 샛별로 떠올랐다. 그는 중앙대학교 약대를 졸업하고 실제로 중구에 약국을 개원하기도 한 엘리트 가수였다. 트로트 특유의 분위기인 처량함이나 구슬픔을 찾을 수 없는, 명석하고 똑 부러지는 새로운 인재가 등장한 것이다. 화교 출신인 그는 청아한 목소리와 간드러지는 꺾기 창법으로 그림자처럼 따라다녔던 '트로트 왜색 논란'도 희석시킨 주인공이다.

1980년대 후반까지 「비 내리는 영동교」가 수록된 음반은 10만 장이 넘게 팔렸고, 1987년에는 20세 이상의 남녀 1200명을 대상으로 한 '가장 좋아하는 가요' 설문 조사에서 당당히 1위에 뽑히기도 했다. 댄스와 발라드에 밀려 기운을 차리지 못하던 트로트는 그의 인기를 통해 새로운 문법을 채득했고 성공의 가능성을 열었다. 주현미의 성공 이후에 여고생 가수 문희옥이 등장했고, 현철도 오랜 무명끝에 성공하며 트로트의 부활에 힘을 보탰다. 태진아와 송대관도 미국에서 돌아와 '제2의 트로트 전성기'를 일군 것이다.

「비 내리는 영동교」는 그 전의 트로트와 비교해 창법뿐 아니라 음악도 차별화했다. 기존의 트로트는 3박자의 박자가 많았지만 2박자로 빠르게 바꾸면서 생기 넘치는 리듬감이 만들어졌다. 비탄조의 단조와 눈물을 짜내는 창법도 과감하게 버렸다. 이별을 노래했지만 님을 원망하거나 단장의 한을 품지 않고 미련 때문이라고 자신을 다독였다.

돌이켜보면 주현미는 지명이나 공간에 대한 노래를 많이 불렀다. 「비 내리는 영동교」를 시작으로 「신사동 그 사람」, 「비에 젖은 터미널」, 「이태원 연가」 등은 우리네 삶과 꿈이 펼쳐진 서민의 터전에 관한 노래다. 그래서 그의 노래는 술 한잔에 젓가락 장단을 맞출 때 비로소 제 맛이 난다. 고도성장으로 날이 갈수록 화려해지는 도시, 그 안에서 울고 웃으며 부대끼는 서민들의 범사凡事. 마치 내 얘기인 듯 노래하는 직접적인 공감대는 「비 내리는 영동교」가 전 국민의 애청가가 된 가장 확실한 비결이다. 김반야

비 내리는 영동교 주현미 (1985)

# 71

# 그대에게 <sub></sub>(1988)

캠퍼스 로망의 아이콘

**가수**

무한궤도

**앨범**

1집
우리 앞의 생이 끝나갈 때

**작사 · 작곡**

신해철



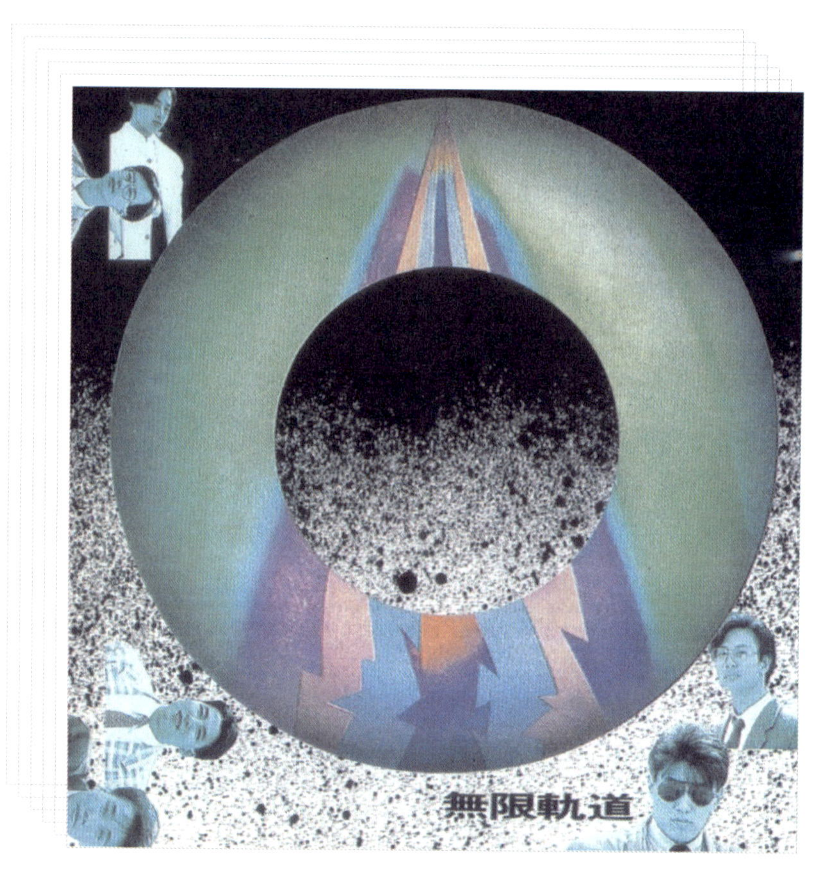

한국의 대학 수험생이라면 누구나 한 번쯤 캠퍼스에 대한 로망을 꿈꾼다. 듣고 싶은 수업, 마음 맞는 동기, 절친한 선후배, 긴장되는 미팅과 화끈한 엠티까지. 결정적으로 1969년 대학입학 예비고사가 생겨난 이후, 이 고비만 넘기면 성인이 됨과 동시에 자유를 누릴 수 있을 것이란 기대감이 여전히 수험생들의 마음을 들뜨게 한다.

1988년 〈MBC 대학가요제〉에서 마지막 순서로 출전한 무한궤도(김재홍, 신해철, 조형곤, 조현문, 조현찬)는 「그대에게」로 대상을 차지함과 동시에 앞서 설명한 대학 활동이 펼쳐지는 곳이면 어디든 빠질 수 없는 국민가요를 만든 그룹이다.

이 곡은 당시 가요시장에서도 신선하고 놀랄 만한 구성으로 짜여 있었다. 전주에 배치된 신시사이저만 세 대이며 1절이 나오기 전까지 연주되는 시간이 무려 45초다. 곡 자체는 4분 8초로 길지 않지만 구성은 1980년대 가요에서 접하기 힘든 편곡이었고, 〈대학가요제〉는 개최 이후 11년 만에 처음으로 밴드에게 대상을 수여하기에 이른다. 곡은 흡사 외국의 아트 록 분위기까지 느낄 수 있는 대범하고 광대한 스케일이었다.

한 사람만을 영원히 사랑하며 곁에 있겠다는 노랫말의 「그대에게」가 청춘과 꿈을 대변하는 대학이란 이미지와 쉽게 연결되지는 않는다. 실마리는 이들이 알려진 곳에서부터 풀 수 있다. 처음 이목을 끌게 된 장소가 〈대학가요제〉라는 이유가 가장 클 것이며, 가장 중요한 노래의 첫인상을 완성했던 건반 전주가 응원이 잦은 대학가에서 쓰이기 적합한 기운을 만들어내기 때문이다. 속도가 느려지는 마무리 부분을 제외하고 곡은 초지일관 전자 키보드의 신 나는 멜로디와 함께 힘찬 느낌을 전달한다. 듣는 순간 누구나 부담 없이 열창할 수 있는 선율과 분위기. 이것이 응원을 넘어 국회의원 선거 로고송으로도 활용될 만큼 「그대에게」가 사랑받는 이유다.

국민가요를 만들어내는 것만큼 대중음악가로서의 큰 보람과 영광이 어디 있겠냐마는, 아쉽게도 팀은 멤버들의 학업과 음악 활동에 대한 견해차 때문에 1989년 단 한 장의 앨범『우리 앞의 생이 끝나갈 때』만을 발매한 채 해체하게 된다. 이때 015B의 정석원이 1집에 합류하였으며 장호일은 객원 기타로 활동하는 인연을 맺기도 한다.

더 안타까운 사실은 〈대학가요제〉에서 대상을 탔던「그대에게」의 원곡을 현재는 쉽게 들을 수 없다는 점이다. 많은 이들이 방송이나 대학 응원가로 듣는「그대에게」의 버전은 신해철이 새롭게 편곡하여 두 번째 솔로앨범『Myself』에 수록한 버전이다. 원곡은 당시 LP와 테이프로만 발매된『'88 MBC 대학가요제』에만 실려 있다.

25년의 세월이 흘렀고 2000년대부터 급속히 보급된 휴대전화와 인터넷이 개인 활동을 부추기게 됐음에도「그대에게」는 아직도 응원가 자리에서 현역을 지키고 있다. 아무리 개인주의가 대세지만 사람과 사람이 뭉쳐 흥을 발휘하는 장소는 사라지지 않았기에 전 세대가 어울렸던 음악은 다음 세대에도 전해지며 추억을 공유하게 된 것이다.

또한 달라진 대학문화와 그 특수성이 더는 대학가만의 이야기를 만들어내지 못하며 경쟁곡이 등장하지 못한 것도 노래가 롱런하는 비결이다. 비록 청춘들의 단결력이 예전만큼은 아니지만 캠퍼스 로망을 꿈꿔본 이라면 어느 세대든 그 바람이 공통적일 것이다. 그리고 그 소망을 잠시나마 펼쳐내는 순간, 우리에겐「그대에게」가 들린다. 이종민

"「그대에게」는 신해철 씨가 〈대학가요제〉에 나
가기 전에 이불을 뒤집어쓰고 멜로디언으로 불
어가면서 첫 건반 연주를 완성했다고 해요. 한
청년이 굉장히 박력 있고 멋있는 노래를 만들고
싶어 해서 순간의 영감으로 만들어낸 곡이라 할
수 있죠." <sub>강명석</sub>

# 72

# 붉은 노을 <sub></sub>(1988)

세대를 잇는 레퍼토리

**가수**

이문세

**앨범**

5집
가로수 그늘 아래 서면

**작사·작곡**

이영훈

'난 너를 사랑하네/ 이 세상은 너뿐이야…' 중년의 여인이 노래를 흥얼거리자 TV 화면에 얼굴을 묻고 있던 아이가 깜짝 놀라 돌아보며 묻는다. "우와~ 엄마! 이 노래 어떻게 알아?" 입증된 조사 결과는 없지만 이는 초등학생부터 중고등학생까지의 자녀를 키우고 있는 우리나라 수백, 수천, 많게는 수만 가구에서 분명히 일어났다고 봐야 할 일이다. 이 대화는 물론 1세트로 마무리되지 않는다.

아이의 적극적인 질문에 엄마는 자신 있게 대답한다. "그럼~ 알지! 왜 몰라? 엄마가 옛날에 좋아했던 이문세 노랜데." 웃음 담긴 대답에 이어지는 아이의 반응은 그러나 이상하리만치 시큰둥하다. "어? 이거 빅뱅 노랜데?"

「붉은 노을」의 주인을 두고 부모와 자녀가 아옹다옹했다는 에피소드는 아이돌 그룹 빅뱅의 두 번째 정규 앨범이 발표된 2008년 11월부터 현재까지 버전을 달리하며 지속적으로 쌓이고 있다.

1988년의 가을이 시작될 무렵 이문세는 5집을 발표했다. 작곡가 이영훈과의 만남이 시작된 3집에서 그는 「난 아직 모르잖아요」, 「소녀」, 「휘파람」을 히트시키며 '노래 잘하는 MC'에서 '부연 설명이 필요 없는 가수'로 입지를 새로이 다졌고, 4집에서 「가을이 오면」, 「사랑이 지나가면」, 「이별 이야기」, 「그녀의 웃음소리뿐」, 「깊은 밤을 날아서」로 동시다발적이며 폭발적인 인기를 누렸다. 4집이 약 285만 장에 이르는 경이로운 판매 기록을 세우자 이문세를 향하고 있던 모든 기대는 그 다음 앨범으로 이어졌다.

5집은 이렇듯 육중한 시선을 등에 이고 모습을 드러냈다. 「가로수 그늘 아래 서면」, 「광화문 연가」, 「시를 위한 시」가 분투했지만 전작만큼의 성공을 거두지는 못했다. 한껏 눈을 높여 기다리고 있던 일부 팬들은 만족감을 채워주지 못한 평범한 작품으로 이 음반을 평가하기도 했다. 하지만 그때나 지금이나 많은 이들이 1980년대 팝의 정점으로 5집을 꼽는다. 앞서 밝힌 수록곡들과 바로 「붉은 노을」이 있기 때문이다.

「붉은 노을」은 이문세의 또 다른 타이틀이다. 25년 가까이 쇼의 시작 혹은 끝을 장식하며 공연장을 뜨겁게 달구어 온 노래다. 의자에 엉덩이가 붙어버린 듯 줄곧 앉은 자리를 사수하는 부모세대도, 그들을 따라 무심코 들어온 자녀세대도 이 노래에서는 한 모습으로 일어나 소리치고 몸을 흔든다. 힘찬 전주가 시작됨과 동시에 경계의 날을 세우고 있던 세대는 하나가 되는 것이다.

문화, 그중에서도 유달리 '음악'에 있어 세대 간 소통이 메마른 곳이 우리나라다. 하지만 음악적 정서가 배타적, 폐쇄적이며 시간과 거리상으로도 극과 극에 위치해 교류가 가장 힘들다고 하는 40~50대와 10~20대는 몇 년 전부터 「붉은 노을」을 매개로 서로의 편견을 조금씩 지워가는 중이다. 이 훈훈한 바람의 중심에는 어린 연령층의 전폭적 지지를 받고 있는 빅뱅이라는 아이콘이 있지만 핵을 조금만 더 자세히 들여다보면 「붉은 노을」이 띠고 있는 탈세대성을 발견할 수 있을 것이다. 빅뱅보다 앞서 유리상자(2003), 신화(2004), 마야(2005), 버블 시스터즈(2006), 엠씨 더 맥스(2007)를 비롯한 여러 뮤지션이 「붉은 노을」을 리메이크했다는 사실 또한 이 이야기를 증명해준다.

슬픈 장면을 보면 눈물이 흐르고 배가 고프면 음식을 찾게 되는 것처럼 자연스러운, 유행과 같은 강요가 없는 곧은 서정성이 「붉은 노을」에는 흐르고 있다. '엄마가 듣고 자녀가 부르고 손자가 웅얼대는 노래'라는 별명은 이 곡이 태어났을 때와 다름없이 살아 숨 쉬고 있음을 알리는 가장 명료한 증거가 될 것이다. 조아름

붉은 노을 이문세 (1988)

# 73

# 담다디 (1988)

후크송의 원조


**가수**

이상은

**앨범**

제9회 MBC 강변가요제

**작사 · 작곡**

김남균

1988년 서울올림픽 개막을 한 달 남짓 앞두고 온 나라가 들떠 있던 8월, 제9회 〈MBC 강변가요제〉가 남이섬에서 열렸다. 역대 〈강변가요제〉 중에서 가장 화려했던 회차를 하나 고르라고 한다면 많은 사람들이 망설이지 않고 아홉 번째 〈강변가요제〉를 꼽을 것이다. 「슬픈 그림 같은 사랑」으로 금상을 수상한 이상우, 이승철의 「안녕이라고 말하지 마」와 「잠도 오지 않는 밤에」를 만들며 훗날 이름을 알린 은상 수상자 박광현, 「비 오는 오후」로 장려상과 가창상을 수상한 「한 번만 더」의 박성신, 그리고 영광의 명단에 오르지는 못했지만 나중에 「유혹」이라는 곡으로 남성들에게 큰 인기를 얻은 이재영까지, 쟁쟁한 실력을 갖춘 참가자들이 모두 9회 출신이기 때문이다. 그리고 무엇보다 전국 중고등학생의 어깨와 다리를 쉴 새 없이 들썩이게 만든 노래 「담다디」가 앞의 모든 경쟁자들을 물리친 대상 수상곡이라는 사실에 있다.

〈강변가요제〉에 출연한 이상은의 모습은 TV 앞을 지키고 있던 시청자들에겐 충격이었다. 남자보다 장신인 179센티미터의 키, 짧은 커트 머리에 허스키한 목소리, 어딘가 독특한 옷차림과 앳된 얼굴은 혼란스러운 첫인상이었다. 성별에 대한 결정적인 정보를 외모로는 드러내지 않았던 것이다. 솔직히 기다란 팔과 다리를 건들거리며 목청껏 노래를 부르는 모습은 더할 나위 없이 선머슴이었다. '남자는 남자답게, 여자는 여자답게'가 일반적, 아니 절대적이었던 당시의 분위기에서 갑작스레 나타난 대학 1학년생의 차별적인 모습은 호기심의 대상이 되기에 충분했다. 이상은이 내뿜는 끼는 가요제 무대를 완전히 장악했다. 처음 듣는 노래임에도 다수의 관중이 따라 부르는 등 현장의 열광적인 반응에 놀란 심사위원단이 이상우를 밀어내고 이상은을 택했다는 이야기가 있을 정도로 그 친화력은 타의 추종을 불허했다.

〈강변가요제〉에서 받았던 관심은 자연스럽게 TV로 흘렀다. 여름에 남이섬을 달군 「담다디」의 인기는 가을을 만나서 몸집을 부풀리기 시작해 겨울로 변해가는 시기까지 식을 줄 몰랐다. 1988년 10월 마지막 주부터 11월 말까지 통산 4주 동안 〈가요톱텐〉의 1위를 기록했으니, 그해 하반기는 누구나가 꺽다리춤에 몸을 맡기고 있었다고 해야 맞을 것이다.

「담다디」의 첫 번째 매력은 후렴구에 있다. 특별한 뜻이 없는 '담다디'라는 말이 밝고 쉬운 멜로디와 결합해 무한 반복되며 흥얼거림을 돕는다. 이런 형식은 단순함의 끝을 달리지만 '따라 하는 재미'를 선사하기에 듣는 사람들은 지루할 틈을 느끼지 못한다. 후렴구 가사 '담다디 담다디 담다디 담'은 '반바지 반바지 반바지 반' 혹은 '반바지 긴바지 짧은 바지 찢어진 바지' 등으로 개사되어 농담처럼, 빠르게 퍼져나갔다.

두 번째는 이상은의 춤과 몸짓, 즉 무대 장악력에 있다. 동시대의 다른 여자가수들과 달리 예쁜 척하지 않을뿐더러 다소 우스꽝스러울 정도로 힘차게 몸을 흔들어대던 이상은의 모습은 소녀 팬들에게는 잘생긴 오빠 이상의 흡입력을 가진 우상으로, 일반인들에겐 유쾌한 해방감으로 다가왔을 것이다. 어깨를 좌우로 으쓱거리며 엉거주춤한 그녀의 동작을 따라 하는 풍경은 어른, 아이의 구분을 무색게 했다.

입에 감기는 가사와 그를 받쳐주는 특정한 동작 등으로 인정받았던 「담다디」의 독창성은 2000년대 후반 가요계를 장악한 후크송으로 브랜드화되었다. 원더걸스의 「Tell Me」와 소녀시대의 「Gee」로 대표되는 후크송의 결정적 인기요인에 중독성 강한 노랫말과 포인트가 되는 춤 동작이 있음을 우리는 알고 있다. 시대를 사로잡은 히트송은 다음 시대의 씨앗이 되어 존재 가치를 이어간다. 「담다디」는 현 아이돌 음악의 전형으로서 굵게 뿌리내리고 있다. 조아름

"80년대의 중요한 흐름 중 하나가 댄스음악 열풍
이라고 할 수 있는데, 박남정이라든지 소방차라
든지 김완선이라든지 이런 댄싱 아이콘들이 있
었어요. 그런데 어느 날 갑자기 보이시한 이미
지의 키 큰 여가수가 나와서 댄스음악을 하는
겁니다. 그것도 전에는 한 번도 본 적이 없는 춤
을 추면서…. 그런 것들이 대중에게 상당한 신
선함을 던져줬다고 볼 수 있죠." 배순탁

만남 (1989)

가수왕을 안겨준 교감의 언어

가수

노사연

앨범

2집 만남

작사 · 작곡

박신 · 최대석

대학에서 성악을 공부하던 노사연은 1978년 〈MBC 대학가요제〉에서 「돌고 돌아가는 길」이라는 곡으로 금상을 받으면서 가요계에 발을 들였다. 하지만 그의 데뷔 초 음악 행보는 순탄치만은 않았다. 수상 후 1979년에 발표한 앨범 『비연곡』은 상업적으로 큰 성공을 거두지 못했다. 이후 젊은이를 대상으로 하는 〈영 11〉이라는 프로그램에 출연하며 얼굴을 알렸고, 음악 프로그램보다 오락이나 라디오 게스트로 주된 방송 활동을 했다. 탄탄한 실력을 갖춘 보컬리스트였지만 아이러니하게도 '노래'할 기회보다는 '말'할 기회만 늘어갔다.

방송인으로 활동하던 중, MBC 인기 프로그램 〈일요일 일요일 밤에〉에 고정 게스트로 참여하며 자신의 노래를 부를 기회를 얻는다. 주병진, 이경규 등 당대 최고 스타와 함께였지만 들러리가 아니었다. 2집의 수록곡 「만남」을 기회가 있을 때마다 불렀고, 이에 힘입어 그 노래는 1991년 최고 인기곡으로 급부상한다. 최고의 시청률을 자랑하던 TV 쇼에서 비로소 자신의 목소리를 담은 '교감의 이야기'를 전 국민에게 각인시키게 된 것이다.

결국 발표된 지 2년이나 지나 뒤늦게 히트한 「만남」으로 가수로서 최고의 전성기를 맞으며 연말 시상식에서 수많은 트로피를 차지했다. 가수왕의 자리에 오른 이후 3집의 수록곡 「이 마음 다시 여기에」로 팬들의 지지를 연이어 받았다. 이로써 노사연은 1990년대에 트로트 계열이 아닌 어덜트 컨템퍼러리 노래로 가요계의 정상을 밟은 유일한 가수가 되었다.

1990년대부터 지금까지 「만남」은 대한민국 국민 모두의 사랑을 받아온 386세대의 대표적인 애창곡이다. 당시의 설문조사 결과만 보더라도 그녀가 전한 이 '공감의 울림'이 얼마나 큰 사랑을 받았는지 알 수 있다. 노래방 순위는 당대 대중음악 인기 순위를 판가름하는 중요한 지표였다. 1992년 SBS 〈코미디전망대〉의 설문조사에 따르면 서울 시민의 60% 이상이 한 달에 한 번은 노래방에 출입할 정도였으며, 「만남」이 당대 최고의 인기곡이었으니 이 곡의 인기를 가늠할 수 있다. 이는 발매 시점에만 국한되지 않는다. 2006년 《조선일보》에서 선정한 '건국 이후 가수 베스트 50'에서 40위를 차지하는 쾌거를 이루었으며, 2010년 《경인일보》와 인하대의 조사에서 인천 오피니언 리더 115인의 애창곡 1위에 「만남」이 오르기도 했다.

「만남」은 교감을 위한 다양한 요소를 갖추었다. 수많은 사람의 공감을 얻기 위해서는 무엇보다 음악이 듣기 쉬워야 한다. 이 곡은 음악의 3요소라 할 수 있는 리듬, 멜로디, 화성이 간결하며 어려운 구석이 전혀 없다. 또 모두의 레퍼토리가 되기 위한 보통의 사연을 담았다. 이는 우리네 '한恨의 정서'와 맞닿아 있는 '노사연표 발라드'의 특징이다. 마지막으로 가수 노사연의 음색과 창법은 듣기에 불편함이 없다. 평범하게 들리지만 그 속에서 전해지는 호소력 짙은 목소리는 그가 지닌 가장 강력한 힘이다.

철저하게 가수가 지닌 고유의 소리와 간단한 문장들만으로 듣는 이를 생각하게 한다. 처연함이 드리워진 「만남」이라는 이야기는 우리의 마음속 동요를 일으키고 가슴속에 새겨지며 영원히 기억될 '보편의 명곡'이다. 신현태

노사연
강렬한 호소력에 靑壯年 매료
발라드 열풍속 「만남」으로 독보적 인기

노사연·Ⅱ

노사연 MBC 최고인기가수상


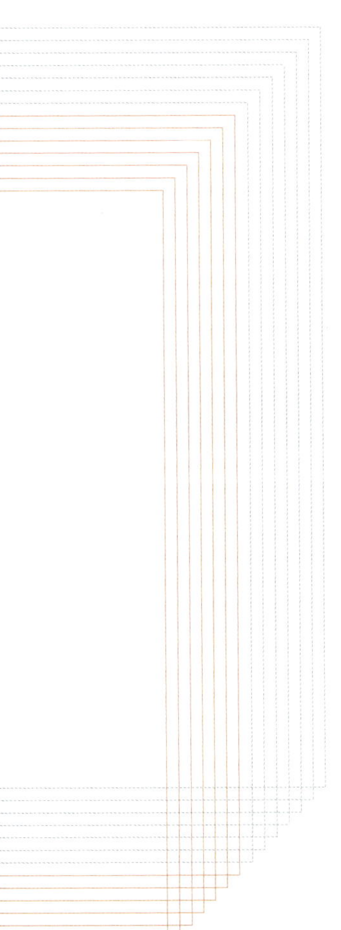

# 75

# 사랑으로 <sub>(1989)</sub>

따뜻한 인간애를 담은 포크

가수
해바라기

앨범
6집 '89 해바라기

작사 · 작곡
이주호

포크 그룹 해바라기가 사람들에게 본격적으로 알려지기 시작한 것은 「모두가 사랑이에요」와 「내 마음의 보석상자」, 「이젠 사랑할 수 있어요」, 「사랑의 시」, 「어서 말을 해」, 「행복을 주는 사람」 등이 인기를 얻던 1980년대 중반이었다. 「슬픔만은 아니겠지요」가 수록된 1987년도 음반이 상대적으로 저조한 반응을 얻자 팀의 중심 이주호는 「다시 사랑할 수 있어요」에서 함께 호흡을 맞추었던 전 멤버 이광준에게 다시 러브콜을 보내 함께 녹음 작업을 진행했다. 국민가요 「사랑으로」가 수록된 앨범은 이런 산고 끝에 탄생했다.

1989년에 발표된 「사랑으로」는 1년여의 시간이 흐른 1990년에 대중의 마음속에 서서히 스며들었다. 폭발적이진 않았으나 그 인기의 수명은 길고도 무한하다. 당시 인기차트 정상은 물론이고 1997년 해외동포를 대상으로 설문조사한 '가장 좋아하는 노래'에서 노사연의 「만남」, 조용필의 「친구여」, 김수희의 「남행열차」에 이어 4위를 차지했고, 1994년 연말에 실시한 '망년회에서 가장 자주 부르는 노래' 설문조사에서도 4위에 오를 정도로 해바라기의 「사랑으로」는 명확하고 순수한 인지도를 획득한 우리 시대의 아름다운 선율이다.

뿐만 아니라 1995년, 청와대에서 열린 〈열린음악회〉에서는 당시 김영삼 전 대통령이 무대에 출연한 해바라기에게 직접 신청한 노래이기도 하다. 그만큼 이 곡은 평범함이 아닌, 보편적인 한국인의 감성에 정확히 들어맞는 높낮이를 갖고 있다.

곡을 만든 이주호는 해바라기의 다른 노래들처럼 처음에는 힘을 들이지 않고 편안하게 부르지만 후반부에서는 이광준과 함께 성악처럼 풍부한 호흡으로 클라이맥스를 벅찬 감동으로 증폭한다. 바로 이 부분이 대중들에 의해 「사랑으로」가 끊임없이 회자되는 가장 뚜렷한 이유다.

'아아 영원히 변치 않을/ 우리들의 사랑으로/ 어두운 곳에 손을 내밀어 밝혀주리라…'에서 드러나는 기독교적인 사상과 '내가 살아가는 동안에/ 할 일이 또 하나 있지/ 바람 부는 벌판에 서 있어도/ 나는 외롭지 않아…'에서 느껴지는 구원자적인 노랫말은 장조의 가락에 실린 희망적인 메시지와 함께 보편타당한 인류애를 담고 있다. 누구에게나 받아들여지는 안락한 가사와 소박하지만 명징하게 들리는 기타 연주는 「사랑으로」가 오랫동안 애청곡이자 애창곡으로 자리매김한 이유를 설득력 있게 설파한다.

「사랑으로」는 1990년대 대학생 신입생 환영회나 엠티, 회사 야유회 등 단체 활동이 있는 자리에선 언제나 피날레를 장식했고, 한동안 결혼식 축가의 단골 레퍼토리였다.

이 곡은 기성세대뿐만 아니라 현재의 젊은 뮤지션들에게도 여전히 매력적인 곡으로 다가간다. 인피니트의 남우현이 자기가 좋아하는 노래라고 밝힌 바 있으며, 투개월의 도대윤은 "노래도 좋고 가사도 좋은 노래입니다. 꾸밈없는 목소리가 좋고, 기타 연주도 좋죠. 저도 해바라기의 「사랑으로」처럼 사람들에게 감동을 주는 노래를 만들고 싶습니다"라고 말할 정도로 「사랑으로」는 모든 세대에게 선하고 아름다운 마음을 심어준 진정한 국민가요로 격상됐다.

어디서 바라보아도 투명한 「사랑으로」는 아름답고 고귀한 인간애를 특별한 자극 없이 우리 마음에 착상한 노래다. 비밀스러운 침묵이나 화려한 대중성보다 일반적인 평범함이 더 감동을 준다는 사실을 「사랑으로」는 나직이 속삭인다. 소승근

"모든 대중문화는 시간과의 싸움입니다. 시간을 견뎌내는 힘, 그게 바로 레전드 송의 가장 큰 핵심입니다." 배순탁

 애모 <sup></sup>(1990)

아날로그 감성의
전형적인 슬로 히트곡



**가수**

김수희

**앨범**

7집 서울여자

**작사 · 작곡**

유영건

대중가요가 발휘하는 가장 큰 기능과 미덕은 고단한 대중의 삶을 위로하는 공감대에 있다. 음반을 소장하던 시대에서 음원을 소비하는 디지털 시대가 되면서 신곡이 발표되면 즉각적으로 각종 음원 차트를 '올킬'하는 초스피드 시대가 되었다. 이 같은 음악 소비 패턴의 변화는 히트곡은 넘쳐나지만 모든 세대가 공감하는 명곡에 대한 아쉬움을 남긴다. 과거 아날로그 시절엔 노래가 발표되어 히트하기까지 짧게는 몇 달, 길게는 3년 이상이 걸리기도 했다. 심지어 1938년에 발표된 김정구 선생의 대표곡 「눈물 젖은 두만강」은 26년이 지난 1964년에야 국민적 공감대가 형성된 노래다.

디지털 음원을 공개한 그날, 모든 차트를 점령한 히트곡의 라이프 사이클이 한 두 달이면 소멸되는 현상은 시대와 세대를 초월해 사랑받는 대중가요의 기능과 미덕에 대한 의미를 환기시킨다. 그런 점에서 호소력 짙은 허스키 음색과 애절한 가사로 사랑받는 김수희(본명 김희수)의 대표곡 「애모」는 의미심장한 명곡이다. 이 노래는 발표 즉시 반응을 이끌어낸 곡이 결코 아니다. 1990년 발표된 「애모」는 3년의 세월이 흐른 후, 애틋한 노랫말의 사연이 알려지면서 무한 공감대를 일으킨 아날로그 시대의 전형적인 슬로 히트곡이다.

예나 지금이나 언론의 대중음악 담당자들은 음반에 수록된 전 곡을 듣지 않는다. 음반사에서 미는 곡으로 표시된 타이틀곡만을 기계적으로 방송하고 다루는 관행이 여전히 존재한다.

1993년 4월 대성음반 사무실. 유영건 문예부장과 한 대중음악 담당기자가 이런저런 이야기를 나눴다. 그때 유영건은 수북하게 쌓인 CD 더미 속에서 3년 전에 발표된 김수희 7집 『서울여자』를 꺼내 기자에게 건넸다. 앨범의 타이틀도 아니고 뒷면에 수록되어 히트조차 되지 못하고 사장된, 자신이 작사·작곡한 「애모」를 소개하고 싶었던 것이다. 실제로 오랫동안 사귀던 연인과 이별과 재회를 반복했던 유영건의 애틋한 사랑 이야기가 담긴 노래의 숨은 사연을 들은 기자는 김수희의 애절한 허스키 음색에 녹아 있는 노래 가사에 가슴을 치는 감흥을 받았다. 노래에 담긴 애절한 사연이 신문 지면을 통해 전해지자 각 라디오 방송에서는 뒤늦게 「애모」가 전파를 타고 흘러나오기 시작했다. 누구나 한 번쯤 경험했을 떠나간 연인에 대한 그리움과 변치 않는 순정을 담은 가사는 김수희의 호소력 짙은 음색으로 덧칠되면서 애절함을 더했다. 갑자기 각 방송사에 노래에 대한 문의 전화가 쇄도했고, 레코드 가게에도 노래가 수록된 음반을 찾는 이가 급증했다. 당대 대중은 마치 이 곡을 자신을 위한 노래로 착각하며 폭풍 같은 공감대를 형성했다.

1993년은 서태지와 아이들이 대중음악계를 점령했던 해다. 그런데 놀랍게도 1993년 대중가요계의 화두는 김수희의 「애모」였다. 이 노래가 전성기의 서태지와 아이들과 신승훈, 김건모와 차트 정상을 다퉜던 최강의 경쟁자였다는 사실을 기억하는 이는 별로 없다. 김수희의 「애모」는 1993년 '가장 많이 방송된 노래' 1위는 물론 갤럽에서 조사한 '가장 좋아하는 가수와 노래'에서도 당당히 1위를 차지했다. 또한 〈KBS 가요대상〉 대상, 〈MBC 10대가수상〉 대상, 제4회 〈서울가요대상〉 본상, 〈가요톱텐〉 골든컵, 한국 노랫말 대상, 올해의 스타상 가수부문 우수상 등 그해 모든 중요 대중음악상을 휩쓸었다. 〈MBC 대학가요제〉 경연을 앞두고 조사된 '대학생들이 가장 좋아하는 트로트가요'에서도 1위에 선정되었다.

김수희에게 가수, 제작자, 작가로서의 인생을 만개시켜준 「애모」는 여러모로 긍정적인 분위기를 조성시켰다. 좋은 멜로디와 내용을 담아 7년 전에 발표되었지만 빛을 보지 못하고 사장되었던 임주리의 노래 「립스틱 짙게 바르고」가 뒤늦게 발굴되어 히트할 수 있었던 것도 「애모」로 인해 들불처럼 생성된 리바이벌과 리메이크 붐이 단단히 한몫했다. 또한 창작자에게도 상업적 성공과 더불어 지지부진했던 사랑까지 결실을 맺게 하는 마술을 발휘했다. 김수희의 「애모」는 비록 발표 당시에는 외면당했더라도 '좋은 노래는 세월이 흘러도 사랑받을 수 있다'는 것을 증명한 긍정적 사례로 각인되었다. 최규성

「한국 노래말硏」 선정
김수희(사진)의
「애모」가 93한국
노래말대상을 수
상했다.
한국노래말여구

# 77

# 핑계 (1993)

90년대 레게 붐의 견인차

**가수**

김건모

**앨범**

2집 김건모

**작사 · 작곡**

김창환

레게는 서인도 제도의 섬나라 자메이카에서 탄생한 대표적인 여름 음악 장르지만 1993년 11월에 발표된 「핑계」는 그해 연말부터 1994년 초까지 추운 대한민국을 뜨겁게 달궜다. 대중에게 여름이어야 한다는 시기성은 상관없었다. 카페를 가든, 길거리를 걷든, 택시나 버스를 타든 어디서나 「핑계」의 멜로디는 우리의 귀를 흥겹게 지배했고, 사람들은 두 번째와 네 번째 박자에 악센트를 둔 뒤뚱거리는 리듬에 엉거주춤 몸을 흔들었다. 「핑계」는 대중의 감성을 움직이는 좋은 음악이 히트한다는 불변의 진리를 다시 한 번 확인시켜준 한국 최초의 레게 히트곡이다.

1994년, 우리나라에서는 레게가 전면적이고 전폭적인 인기를 누렸다. 그 붐을 주도한 김건모의 「핑계」는 레게의 춘추전국시대를 일군 마로니에의 「칵테일 사랑」이나 룰라의 「100일째 만남」, 이종환의 「그냥 걸었어」, 투투의 「일과 이분의 일」 같은 모든 레게 가요에 대해 당당히 채권자의 위치에 있다.

클럽 디제이를 하면서 동물적인 감각으로 앞으로 유행할 음악 트렌드를 간파한 작곡가 겸 프로듀서 김창환은 UB40(유비포티)의 「Can't Help Falling in Love」, 이너 서클의 「Bad Boys」, 에이스 오브 베이스가 레게를 바탕으로 한 「All That She Wants」와 「The Sign」으로 레게가 열기를 뿜기 시작하던 1993년에 「핑계」를 작곡해 대한민국을 넘어 아시아를 대표하는 대표적인 레게 노래로 안착시켰다.

뿐만 아니라 「핑계」는 레게의 세계적인 유행을 타고 UCLA와 뉴욕 대학 등 미국 대학교에서 처음으로 울려 퍼진 한국 노래가 되었다. 당시 유학생들은 한국에서 크게 히트하고 있던 「핑계」를 미국 친구들에게 소개했고, 현지 학생들에게 괜찮은 반응을 얻어 대학교 축제 때 교내 방송국의 전파를 탔다. 김건모의 가창력에 대한 자신감은 미국에서도 인기의 진원지라고 할 수 있는 대학교에서 그의 노래가 플레이될 수 있었던 배경이다. 국내 가요의 대외 경쟁력이 상승한 것도 물론이다. 여기서 용기를 얻은 김창환과 김건모는 「핑계」를 「Show Your Smile」이란 제목의 영어 가사로 발표해 미국의 케이블 채널에서 집계하는 아시아 차트 1위를 차지하며 최초의 한류 히트곡으로 빛나는 역사를 인쇄하기도 했다.

하지만 김건모는 「핑계」의 잠재력을 알아채지 못했다. 자신의 콧소리를 싫어한 그는 이 곡을 음반에서 빼길 원했지만 김창환은 곡의 폭발력을 감지했다. 결국 고정으로 출연했던 라디오 프로그램 작가들의 열광적인 지지에 힘을 얻은 김건모는 「혼자만의 사랑」을 내리고 곧바로 「핑계」를 타이틀곡으로 교체했다. 그리고 현재 강원래의 아내인 김송과 함께 텔레비전에 출연해 전대미문의 히트곡을 만들었다. 당시 우리나라에서 하루에 찍을 수 있는 음반은 4만 장이었는데 거의 매일 10만 장의 선주문이 쇄도했고, 결국 180만 장이라는 당시로서는 최고의 음반판매고를 기록했다. 하지만 「핑계」가 수록된 2집은 280만 장이라는 한국 기네스 기록을 달성한 「잘못된 만남」이 수록된 3집에 대한 예행연습이었을 뿐이다.

김건모의 가볍지만 매력적인 비음과 느긋한 비트가 어우러진 「핑계」는 서태지와 아이들과는 다른 방향에서 우리나라의 음악 판도를 재편했다. 그 공로를 공인받은 김건모의 2집은 400년 후인 2394년 11월에 개봉될 타임캡슐에 대중가요 음반으로는 유일하게 들어가 있다. 우리 후손들은 이 타임캡슐을 통해 「핑계」가 1990년대를 대표하는 노래였다는 것을 배우고 느낄 수 있을 것이다. 김건모의 「핑계」는 대한민국의 대중음악 역사에서 우리가 지켜가야 할 위대한 유산이 되었고, 그 불변의 사실은 20년밖에 지나지 않은 지금도 여전히 유효한 명제다. 소승근

"당시에 사회학자가 이런 얘길 했죠. '지금 젊은 이들은 압도적으로 흑인음악을 사랑한다. 흑인음악에 빠져 있다. 이렇게 젊은이들이 「핑계」 같은 흑인음악에 빠져 있다는 것은 기성세대가 압도적으로 백인음악에 경도된 것에 대한 은근한 반란이다.'" 임진모

핑계 김건모 (1993)
LEGEND100
SONG

# 78

# 이등병의 편지 (1993)

소년을 배웅하는 위로의 송가

**가수**

김광석

**앨범**

김광석 다시 부르기 I

**작사 · 작곡**

김현성

한 여자 중학생은 김광석의 「이등병의 편지」를 듣고는 슬프지만 가사가 잘 들린다고 했고, 40대의 여성은 나이가 들면서 젊었을 땐 느끼지 못했던 감정이 절실하게 다가온다고 말했다. 이렇게 「이등병의 편지」는 군대를 경험하지 못한 여성에게도 가슴 한구석을 먹먹하게 만드는 무언가를 느끼게 한다. 바로 이것이 가수 김광석의 저력이며, 노래 「이등병의 편지」가 담고 있는 우리나라 사람들의 보편적인 감성이다.

시간이 흐르고 시대가 바뀌어도 「이등병의 편지」는 입대를 앞둔 청년은 물론 군대를 제대한 남자를 울컥하게 만들 것이다. 낯선 곳에서 지내야 한다는 두려움 때문일 수 있고, 군을 제대한 후의 미래에 대한 염려 때문일 수도 있으며, 또한 중년 남성에겐 젊은 시절에 대한 추억을 생각나게 할 수도 있기 때문이다. 그것이 무엇이든 이 노래는 단순한 대중가요에 머물지 않고 우리와 함께 영생할 우리의 이야기다.

'집 떠나와 열차 타고 훈련소로 가던 날/ 부모님께 큰절하고 대문 밖을 나설 때/ 가슴속에 무엇인가 아쉬움이 남지만/ 풀 한 포기 친구 얼굴 모든 것이 새롭다/ 이제 다시 시작이다 젊은 날의 생이여…'

부모님에 대한 애틋하고 죄송스러운 마음, 허송세월을 보낸 것 같은 후회, 주변에 대한 그동안의 무심함, 이 모든 것이 입대를 앞둔 20대의 눈과 마음을 통해 순수하고 절실하게 투영된다. 그 두근거림과 긴장감 속에서도 노래 주인공은, 아니 입대를 앞둔 대한민국의 젊은 남성들은 새로운 시작에 대한 각오를 다진다. 마지막 가사 '이제 다시 시작이다 젊은 날의 꿈이여'에서 김광석은 희망과 기대, 용기를 담아 인생의 후배들을 위로하고 위무한다. 「이등병의 편지」는 철부지 소년에서 믿음직한 청년으로 성장하는 대한민국의 모든 남자에게 바치는 헌사이며 인생의 지침서다.

실제로 김광석은 6개월 만에 이등병으로 제대했다. 그의 형이 군대에서 세상을 떠났기 때문에 단기 사병으로 복무했다. 이 아픔을 갖고 있는 김광석은 공연장에서 「이등병의 편지」만큼은 절실하고 진실하게 한 음 한 음, 단어 하나하나에 의미를 부여하며 혼신을 다해 노래했다. 형에 대한 그리움과 인생 후배들에 대한 안쓰러움이 묻어난 김광석의 「이등병의 편지」는 그래서 더 따스하고 사실적으로 다가온다.

「이등병의 편지」는 김광석의 원곡이 아니라 싱어송라이터 김현성이 스물한 살 때 서울역에서 입대하는 친구를 배웅하고 돌아오는 버스 안에서 만든 노래다. 1985년에 공개된 옴니버스 음반 『땀 흘리며 부른 노래』에서 김현성이 처음 불렀고, 1990년에는 김민기가 제작을 맡은 앨범 『겨레의 노래』에 전인권의 목소리로 수록됐지만 한동안 방송국에서 방송 부적격 판정을 받았다. '염세적이고 슬프다'는 이유였지만 아이러니하게도 2008년에 KBS에서 수여하는 아름다운 노랫말상을 타며 그 투명한 진정성에 대한 뒤늦은 훈장을 받고 불멸의 공로를 인정받았다.

「이등병의 편지」가 다시 인기를 얻는 데 결정적인 역할을 한 영화 〈공동경비구역 JSA〉에서 북한군 역할을 맡은 송강호는 이렇게 말한다. "광석이는 왜 그렇게 일찍 죽었다니? 야, 광석이를 위해서 딱 한 잔만 하자우." 영화 덕분일까? 「이등병의 편지」는 북한에선 「떠나는 날의 맹세」라는 제목으로 불릴 정도로 거대한 그림자를 드리우고 있다.

"김광석은 듣는 사람들을 압도하려 하지 않는다. 그의 노래에는 틈이 많다. 듣는 이로 하여금 그 여백 속에서 스스로를 반추하게 만든다는 데에 그의 노래의 진정한 힘이 있다고 생각한다." 소설가 정이현의 이 말처럼 김광석의 노래들은 우리가 지나온 세월의 자화상이면서 추억의 편린들이다. 그리고 「이등병의 편지」는 소년에서 청년이, 소녀에서 숙녀가 되는 모든 이에게 고하는 젊은 날의 송가다. 소승근

"김광석의 노래가 갖는 강점은 지극히 '레알송'
이라는 것. 다시 말하면 노래가 남의 애기 같지
않고 바로 내 애기, 내가 지금 직면하고 내가 지
금 겪고 있는 이야기를 하고 있는 것 같기 때문
에 우리가 그의 노래에 쉽게 잠기는 게 아닌가
싶어요. 저는 늘 그런 말을 해요. '김광석의 곡
은 듣는 게 아니라 흡수되는 것이다.' 노래에 빨
려 들어가는 느낌이 있어요. 그래서 사람들이
엄청나게 많고 막 떠들고 그러는데도 김광석의
노래가 나오면 조용해지죠. 또한 김광석의 노래
는 무엇보다도 술을 부른다는 거예요. 그것도
양주, 고량주, 맥주 이런 게 아니라 소주예요.
이상하게 소주를 불러요. 왜 그럴까요? 그의 노
래가 '레알'이기 때문이에요." <sub>임진모</sub>

# 79

# 여름 안에서 (1994)

영원한 여름 찬가

**가수**

듀스

**앨범**

Rhythm Light
Beat Black

**작사 · 작곡**

이현도

매년 여름이면 해수욕장을 비롯한 전국 피서지 곳곳에서 빠지지 않고 흐르는 노래가 있다. 휴양객들이 모이는 곳뿐만 아니라 텔레비전, 라디오 등 방송에서도 뜨거운 계절이 도래하기 시작하면 꼭 이 노래를 찾는다. 작열하는 여름날의 태양만큼 화끈하지도 않으며 그맘때 특히 인기를 얻는 여느 댄스곡들처럼 템포가 빠르지도 않다. 선선한 리듬과 사춘기를 무사히 보낸 청소년의 바른 일기 같은 가사가 천연덕스럽게 대중의 귓가를 공략한다. 이러한 매력으로 듀스의 「여름 안에서」는 해가 바뀌어도 언제나 봄과 가을 사이에서 많은 이와 만남을 이어간다.

노래는 청청한 이미지들을 나열해 활짝 트인 느낌을 제공한다. '시원한 바람', '푸른 바다', '파란 하늘' 등의 구절은 복잡한 세상에서 벗어나 자연 친화적인 분위기를 조성함으로써 듣는 이를 안락하게 한다. 전반에 퍼져 있는 청량감은 제일가는 장점이다. 여름마다 시즌송이 되기를 노리고 나오는 노래 대부분은 피서지에서 펼쳐지는 청춘 남녀의 일회성 로맨스를 그리기 일쑤다. 비키니를 입은 잘빠진 몸매의 여성이 옆으로 지나가고 남자는 그녀에게 첫눈에 반해 홀린 듯 인연을 맺는다는 이야기가 판을 친다. 하지만 「여름 안에서」는 자극적인 내용 하나 없이 순하다. 현재 자신들이 있는 공간을 만족스러워하며 사랑하는 마음을 표현할 뿐이다. 밝은 심상과 함께 천진난만한 고백을 담은 담백한 가사 덕분에도 노래는 큰 사랑을 받을 수 있었다.

부담 없이 들을 수 있는 가벼운 형태도 인기에 한몫했다. 두 멤버 김성재와 이현도는 두 편의 정규 음반과 「여름 안에서」가 실린 리믹스 앨범 『Rhythm Light Beat Black』을 낼 때까지 세고 역동적인 힙합, 댄스음악을 주로 선보였다. 랩은 무척 빨라서 젊은 사람들도 여간해서는 따라 부르기가 쉽지 않았다. 느린 템포의 R&B 스타일의 곡이라고 해도 정통성이 강했다. 감각적인 스타일을 선호하는 음악팬이나 흑인음악 마니아가 아니면 듀스의 노래는 즐기기에 결코 호락호락하지 않았다.

그러나 「여름 안에서」는 뉴 잭 스윙이라는 특정 장르의 전형적 리듬을 갖추고 있음에도 나긋나긋한 멜로디로 전문성에서 탈피했다. 더구나 속사포처럼 쏘아대는 랩도 없다. 선율과 구성 모두 편안하고 경쾌해서 누구나 가까이하기에 좋았다. 노래의 처음과 중간, 끝을 잇는 파도 소리와 색소폰 연주는 후련한 맛을 곱절로 만들었다.

안무도 다수에게 어필한 요인 중 하나다. 데뷔 이래 아무나 흉내 낼 수 없을 정도로 화려하고 격렬한 춤을 춰왔던 듀스는 평상시와는 달리 이 노래에서 비교적 간단한 동작을 행했다. 특히 양팔을 어깨 위로 펼쳤다가 가슴에 교차로 포개고 다시 허리에 올려 골반을 튕기는 후렴의 안무는 듀스의 팬들 말고도 많은 이가 숙지하고 따라 했다. 쉬운 춤으로도 노래는 전파와 향유의 폭을 키웠다.

「여름 안에서」는 2003년 서연을 시작으로 2006년 디제이 버디, 2007년 안녕바다가 정식으로 리메이크했으며 김범수, 소녀시대, 제이래빗 등 많은 가수가 방송에서 재해석했다. 시대를 뛰어넘는 지속성이 이로써 설명된다. 게다가 여름에 집중해서 수백만이 넘는 피서객들과 마주하니 '영원한 여름의 찬가'라고 명명할 수밖에 없다. 2014년에도, 이듬해에도, 더 지나서도 매년 여름이면 시원한 파도 소리와 상쾌한 색소폰 연주를 앞세운 이 노래가 많은 사람 곁에 함께할 것이 분명하다. 한동윤



"젊은 친구들이 훌륭한 음악을 찾아 듣고, 놀라움과 경의를 표한다는 의미에서 리메이크는 참 좋은 작업이라는 생각이 듭니다." 정원영

LEGEND100 SONG
여름 안에서 듀스(1994)
LEGEND100 SONG

# 80

# 꿍따리 샤바라 (1996)

온 국민을 춤추게 한 흥겨운 주문

**가수**
클론

**앨범**
1집 Are You Ready?

**작사 · 작곡**
김창환

부담스럽지 않은 근육으로 다져진 구준엽과 강원래가 무대 위에서 보여준 춤은 박력과 파워를 넘어 카리스마마저도 포함하고 있었다. 이들의 마초적인 육체와 동선이 큰 안무에 반해 「꿍따리 샤바라」는 동요처럼 쉽고 사물놀이처럼 신명나는 댄스곡이었다. 어울릴 것 같지 않은 두 요소의 조합은 정반대의 대칭점에서 시너지 효과를 창출하며 1996년 여름을 독식했다.

대표적인 여름 노래인 클론의 「꿍따리 샤바라」는 작곡가 겸 프로듀서인 김창환의 음악에 대한 태도와 시각이 그대로 드러나는 곡이다. "일부 사람들은 댄스음악을 가볍게 치부해버리는 경향이 있습니다. 하지만 장르를 떠나 대중이 원하고 좋아하는 노래가 명곡이라고 생각합니다"라는 그의 말에는 어떤 편견이나 경중輕重도 존재하지 않는다. 「꿍따리 샤바라」는 그만큼 대중과의 교감에 성공한 대표적인 댄스곡이다.

고등학교 동창인 구준엽과 강원래는 백댄서 출신이다. '현진영과 와와'의 일원으로 파워 넘치는 춤사위를 보여준 이들은 1990년대 중반에 김창환을 만나 클론을 결성했고, 1996년 5월에 「꿍따리 샤바라」를 공개했다. 당시 김건모와의 결별로 실의에 빠져 있던 김창환에게 클론은 새로운 의욕과 희망을 안겨준 고마운 팀이지만 이들이 가수로 성공을 거둘 것이라는 확신은 약했다. 그러나 무대 위에서만큼 이 듀오의 퍼포먼스를 능가할 가수는 없다고 판단한 김창환은 두 사람을 가수로 데뷔시키기 위해 노래를 작곡했다.

"「핑계」의 뮤직비디오를 찍으려고 자메이카에 갔는데 그곳 클럽에서 강원래의 랩처럼 걸쭉하게 주절거리는 랩이 나왔어요. 그 노래를 들으면서 클론의 보컬에 힌트를 얻었죠."

김창환은 다른 가수들에 비해 상대적으로 평범한 가창력을 가진 구준엽과 강원래를 위해 단순하고 음폭이 좁은 곡을 만들었고, 보컬도 아름다운 소리를 내기보다는 목소리를 일부러 찌그러뜨려 활동적이고 남성적인 이미지를 구현했다. 그래서 탄생한 노래가 「꿍따리 샤바라」였다. 김창환이 자신했던 이들의 에너지 넘치는 무대 장악력은 1996년, 마이클 잭슨의 첫 내한공연 오프닝 무대에서 증명됐다. 관객들은 「꿍따리 샤바라」를 부른 클론에게 마이클 잭슨에 버금가는 박수와 환호로 답한 것이다.

클론의 이러한 압도적인 댄스를 보여주기 위해 노래는 우선 힘차고 신 나야 했고, 그 흥겨운 분위기에 맞춰 가사는 밝고 긍정적이어야 했다. 우리가 리듬을 소리로 표현할 때 '쿵따, 쿵쿵따'라고 하는 의성어에서 따온 제목 「꿍따리 샤바라」는 바로 희망과 긍정에 대한 주문이었다. 밝고 건전한 노랫말이지만 김창환은 이 곡을 만들고 나서 한동안 우울했다고 한다. 멜로디가 단순한 동요 같은 노래라는 생각에 자괴감이 들었기 때문이었지만 대중은 순수한 동심 속 아이들처럼 이 노래에 맞춰 즐겁게 춤을 추었다.

우리나라뿐만 아니라 중화권에서도 「꿍따리 샤바라」는 대형 히트곡이 되었다. 1999년 중국 여가수 쑨위에가 「쾌락지남」이라고 번안해 불러 광활한 중국 대륙을 휩쓸었고, 대만에서도 2000년 총통 선거전에서 한 후보의 캠페인 송으로 사용될 정도로 높은 인지도를 획득했다. 1990년대 후반에 한류의 문을 연 「꿍따리 샤바라」는 이렇듯 우리나라 대중음악에 큰 족적을 남긴 입지전적인 노래로 평가받는다.

건전한 부피감과 자연스러운 친밀감으로 20여 년 동안 우리의 기분을 북돋아준 클론의 「꿍따리 샤바라」는 사람들의 고민과 번뇌, 좌절과 슬픔을 초월하게 만드는 마법의 주문이다. 소승근

"「꿍따리 샤바라」는 재미있고 단순합니다. 예를 들어 어둡고 무겁고 뭉툭하고 검은 음악들이 있는데, 그 반대에는 그것을 상쇄할 밝고 흥겨운 음악이 있어야겠죠. 그렇게 다 같이 공존해야 한다는 의미에서 「꿍따리 샤바라」는 밝고 재밌는 음악을 대표하는 곡이라고 할 수 있죠." 정원영



"저는 명곡을 다른 말로 '응원가'라고 합니다. 대부분의 사람들이 그 곡을 사랑하는 이유는 응원받고 싶어서에요. 어떤 곡이든 명곡이라 일컬어지는 곡을 들으면 마치 못난 나를 응원해주는 느낌이 드는 겁니다. 그래서 그런 곡을 들으면서 '더 잘해야지, 내가 여기서 머물면 안 되지' 이런 생각을 하게 되는 거죠. 대중음악 전체가 그렇지만 특히 명곡이 명곡으로 살아남는 것은 정말로 많은 사람에게 오랫동안 응원가의 역할을 했기 때문이라고 생각해요." 임진모

# 81

# DOC와 춤을 (1997)

할아버지 할머니도 춤추게 한
세 악동의 풍류

**가수**

DJ DOC

**앨범**

4집 삐걱삐걱

**작사 · 작곡**

김창렬 · 이하늘, 박해운



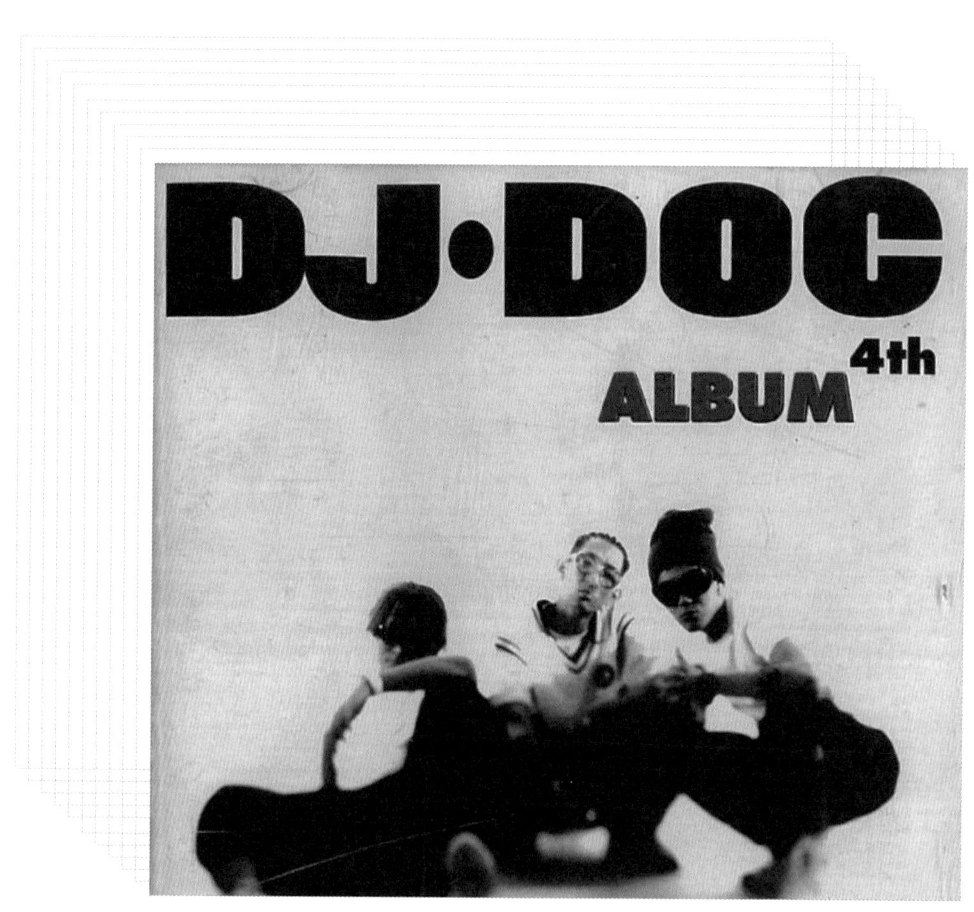

전주만 나와도 사람들의 팔이 움직이고 어깨가 들썩인다. 할아버지 할머니도 예외는 아니다. 모두가 어우러져 같은 춤을 추며 노래 부른다. 부담 없이 흥겨운 DJ DOC의 「DOC와 춤을」은 연령대에 관계없이 전 국민을 관광버스에 탑승시켰다.

개그맨 신동엽이 한 예능 프로그램에서 전수해주었다는 이 관광버스 춤은 「DOC와 춤을」의 안무인 동시에 노래를 즐기는 최상의 방법이기도 하다. 옆에 누가 있든 함께 어울려 즐길 수 있다. 때문에 많은 사람들의 공감을 얻어, 유행에 민감한 댄스곡임에도 17년이 지난 지금까지 불리고 틀어지고 있다.

기폭제 역할을 했기에 이 춤이 노래의 상징성을 가지게 되었지만 애당초 음악이 뛰어났다. DJ DOC의 전매특허, 일명 '뽕댄스'를 기반에 둔 「겨울 이야기」와 「여름 이야기」에서 보여주었던 순수함을 폭발시켰다. 구수한 리듬에 녹아든 천진난만함은 원래 가요를 듣던 10대, 20대를 넘어 어린이들과 어른들까지 포괄해버렸다. 지금 들어도 결코 유치하거나 촌스럽지 않은, 가장 넓은 연령층의 대중을 움직인 외유내강의 곡이다.

랩과 노래도 걸출하다. 정확한 발음과 프레이징으로 가사 전달력을 높여 하고자 하는 말에 집중하게 한다. 1, 2절의 랩 플로우가 같아서 더 기억에 남고 따라 하기도 쉽다. 지루해질 수 있는 구성이지만 그럴 수 없도록 코러스를 센스 있게 덧붙였다. 즐기고 따라 하는 것뿐 아니라 호응하기도 쉽고 노래의 접근성이 동요와 견주어도 뒤지지 않는다. 그 누구에게도 어렵지 않은 최고의 장점을 간직한 노래다.

「DOC와 춤을」의 가사는 그룹의 이미지처럼 꾸밈없이 솔직하다. 타인의 젓가락질이나 헤어스타일에 대해 오지랖 넓게 관여하는 사회의 잔소리에 대꾸한다. 젓가락질이 어설퍼도 밥이 맛있으면 그만이고 내 머리는 내 마음에 들면 그만이다. 내 개성에 사는 이 세상에 끼어드는 모든 주위 사람들을 향한 외침이다. 급변하던 1990년대 귀걸이, 파마, 염색이 X세대 사이에서 시도되었지만 어른들은 이해하지 못하고 혀를 끌끌 차며 면전에 훈계를 늘어놓았다. DJ DOC는 10대와 20대 젊은이들의 속을 시원하게 긁어주는 위험한 역할을 마다하지 않았다.

이러한 반항은 자칫 사춘기 소년의 철없는 반항이 될 수 있었지만 「DOC와 춤을」은 살갑다. 순한 가사와 멜로디컬한 랩이 기성세대로부터 설득력을 얻은 것이다. 넉살 좋게 할아버지, 할머니께 춤을 추자고 하는 후렴구는 순진무구하기까지 하다. 일탈이고 저항인 동시에 화합이다. 미워할 수가 없다.

「DOC와 춤을」이 나온 지 20년이 다 되어간다. 이제는 청바지를 입고 출근하는 회사나 여름 교복으로 반바지를 입는 학교도 생겼다. 서로의 다양성을 인정하고 다른 사람의 눈을 의식하지 않는다. 오랜 시간의 덕이 크지만 「DOC와 춤을」도 여기에 일조했다.

늙고 젊음에 상관없이 전 국민이 한 노래를 순수한 마음으로 즐길 수 있는 일은 흔치 않다. 춤과 노래 모두 따라 하기 쉬워 파급효과가 더 컸다. 단순한 히트곡에 그치지 않고 가사에 담긴 가치관을 음악으로 실현시켰다. 강산이 변했지만 노래는 남아서 여전히 사람들에게 사랑받고 있다. DOC와 췄던 춤은 흘러가는 시류가 아니라 영원한 풍류다. 관광버스가 없어져도 그 춤은 사라질 수 없다. 전민석



"저는 DJ DOC의 팬이에요. 어느 날, 어떤 장소에서 그 음악을 들었을 때 정말 흥겨웠고 이런 음악이 있어줘서 진짜 다행이다, 라는 생각을 하게 됐죠." 정원영

DOC와 춤을 DJ DOC(1997)

# 82

# Gee<sup>(2009)</sup>

대한민국을 강타한 소녀 열풍

**가수**

소녀시대

**앨범**

Gee
(The First Mini Album)

**작사 · 작곡**

E-Tribe

이제는 명실상부 세계가 주목하는 걸그룹으로 성장한 소녀시대의 시작 역시 화려했다. 「다시 만난 세계」, 「소녀시대」, 「Kissing You」 등의 곡으로 멀티 히트를 기록하며 화려한 스타트를 끊었지만 음원과 EP시대를 맞이한 와중에 맞닥뜨린 반년의 공백은 긴 휴식이었다. 수많은 아이돌 팀의 등장과 소포모어 징크스에 대한 우려 또한 이들을 위협했지만 이것은 그저 「Gee」라는 곡이 멋지게 등장하기 위한 배경일 뿐이었다. 소녀시대의 대표곡으로 첫손에 꼽히는 이 노래가 단번에 후발주자들과의 격차를 벌려놓으며 누구도 넘보지 못할 영역으로 이들을 데려다 놓은 덕분이었다.

청바지와 흰 티셔츠의 심플한 의상과 입에 물고 있던 사탕. 이 두 가지로 장식된 단출한 포스터가 여기저기 붙으며 컴백을 암시했고, 뒤이어 공개된 티저 영상은 이들에 대한 관심을 최고조로 상승시켰다. 한 번에 모든 것을 오픈하는 것이 아닌 단계적 공개로 호기심을 유발했던 전략이 효과적으로 작용하며 일찌감치 이들의 가요계 귀환에 대한 부담감을 떨쳐버렸다. 귀여움과 발랄함으로 무장한 신곡은 보란 듯 음원차트를 점령했고, 예쁜 색감으로 장식된 뮤직비디오는 대중을 상대로 무차별적인 클릭을 유도하기 시작했다. 본격적인 소녀들의 시대가 막을 여는 순간이었다.

당시 상한가를 올리고 있던 작곡 팀 E-Tribe의 손을 빌린 것이 적중했다. 호불호가 명확했던 SM만의 음악스타일을 잠시 내려놓고 외부 뮤지션을 불러들여 매만진 말끔한 후크송을 전면에 내세웠다. 당시 대란이라고 할 만큼 흔히 쓰이던 것이 후크였지만, 단순히 특정 구절을 반복하는 것에서 벗어나 의성어와의 적절한 안배를 통해 'Gee'라는 단어가 조금씩 스며들도록 했다. 이와 같은 매력적인 운율에 진폭이 크지 않은 쉬운 멜로디를 얹으니 그 달콤함에 반하지 않을 이가 없었다. 대세의 흐름 속에서 빚어낸 차별화였다.

여기에 곡과 딱 들어맞는 이미지 메이킹 역시 주효했다. 과한 콘셉트 대신 자연스러운 모습을 강조한 뮤직비디오는 단순히 귀여움이나 섹시의 양극단을 택하는 대신 건강한 중도적 팀 컬러를 색칠함으로써 천만 건이 넘는 조회수를 이끌어냈다. 남녀노소가 함께 즐길 수 있는 콘텐츠로 자리매김하는 데 성공한 것이다. 여기에 이들이 의상으로 택한 컬러풀한 스키니진과 'G'를 손으로 그리는 안무까지, 하나하나가 모두 화제에 오르며 곡의 인기에 상승효과를 더했다.

이러한 인기가 운명이었는지 사실 「Gee」는 타이틀곡으로 거론된 노래가 아니었다. 영국 가수 더피의 「Mercy」를 리메이크한 4집 수록곡 「Dancing Queen」이 원래 그 자리의 주인공이었지만 저작권 협상 과정에서 문제가 생겨 곡의 교체가 불가피했다. 이 상황에서 다시 기회를 잡게 된 곡이 바로 「Gee」였고, 준비 과정에서의 해프닝은 그렇게 행운의 부메랑이 되어 돌아왔다. 만약 이러한 비하인드 스토리가 없었다면 인기는 누리되 지금과 같은 탈아시아급 팀으로 성장하기는 힘들었을 것이다.

지금은 그때보다 더 많은 스포트라이트를 받는 그룹으로 성장했지만 세대와 성별을 넘어 가장 큰 사랑을 받았고 지금도 가장 큰 함성을 이끌어내는 곡은 「Gee」다. 단순히 인기 많은 아이돌 그룹을 넘어 일본을 비롯한 아시아 시장에서도 승부수를 던질 수 있었던 것은 바로 이 노래의 기록적인 히트 덕분이었다. 이와 같은 상징성에 힘입어 확실한 터닝포인트가 되었던 2009년의 소녀들은 그야말로 가장 많은 이들이 기억하는 찬란한 세대의 주역들이었다. 그리고 지금, 그 눈부심을 토대로 성장한 2014년의 소녀들은 세계시장의 중심이 되기 위해 여전히 힘차게 달리고 있다. 그 눈동자엔 여전히 'G'라는 스펠링을 깊게 새긴 채로. 황선업

"「Gee」는 후크송의 가능성, 다시 말하면 대중적인 흡수 가능성이 아주 예쁘게 발현된 곡이라고 할까요? 'Gee, gee, gee…' 하는 후크가 주는 빠른 전달력이 소녀시대의 비주얼과 함께 시너지 효과를 일으키며 우리가 잊을 수 없는 곡이 되었습니다. 이때가 바로 후크송의 정점이었죠." <sub>임진모</sub>

# 벚꽃 엔딩 (2012)

벚꽃보다 아름다운 봄 캐럴


**가수**

버스커 버스커

**앨범**

1집 버스커 버스커

**작사 · 작곡**

장범준

2011년, 어수룩해 보이는 세 청년이 브라운관에 등장했다. 헌팅캡에 통기타를 멘 채 특유의 비음으로 노래 부르는 프런트 맨의 모습은 오디션 프로그램 〈슈퍼스타 K〉 참가자들 중에서도 단연 눈에 띄는 모습이었다. 이 그룹은 경연에서 준우승에 그쳤지만 역대 그 어떤 오디션 우승자들보다 대중의 열렬한 지지를 이끌어낸 버스커 버스커이다.

그들은 음원시장에 불어 닥친 거대한 회오리였다. 비단 「벚꽃 엔딩」뿐만이 아니었다. 하루에도 몇 번씩 순위가 뒤바뀌는 음원차트에서, 한 앨범에 수록된 곡들이 1위부터 10위까지 최상위권 순위를 무려 2주 동안 도배하는 진풍경이 펼쳐진 것이다. 단순히 현상으로 이야기하기에는 이제껏 없었던 기현상이었다. 카페와 길거리 등 사람이 모인 곳이라면 어느 곳이든 버스커 버스커의 노래가 울려 퍼졌다.

「벚꽃 엔딩」은 바로 그 현상을 만든 도화선이었다. 그들의 노래는 특별하지 않았지만, 오히려 그 때문에 더욱 특별하게 들렸다. 세 청년이 빚어낸 아날로그적 감성은 그때껏 자극에 지쳐 있던 대중의 귀를 편안히 쉴 수 있게 했으니 말이다. 그러나 무엇보다 인상적인 것은 노래 안에서 풍기는 계절감에 있었다. 음악이 만드는 분위기에도, 노래의 제목과 가사에도 완연한 봄의 기운이 가득했던 것이다. 노래는 봄의 설렘과 맞물리며 무서운 속도로 입소문을 타기 시작했다.

봄의 무드를 담아낸 것은 드럼, 베이스, 기타의 밴드 편성에 멜로디언을 적극 활용한 아날로그 사운드, 그리고 그런 복고적 분위기와 궁합이 잘 맞는 장범준의 보컬이었다. 그의 목소리는 진성과 가성을 오가며 속삭이고, 때로는 권유하며 여심을 뒤흔들었다. 음악시장의 주요 소비자들인 20대와 30대가 여기에 반응하지 않을 수 없었다. 이들의 버스커 버스커 연호를 시작으로 곧 남녀노소 모두가 일제히 이 트리오를 찾기 시작했다.

외적 요인으로 승부수를 두지 않은 이들 그룹은 TV에 모습을 드러내지도 않았고 홍보 목적으로 각종 예능 프로그램에 출연하지도 않았다. 기존의 히트 방법론과 완벽히 반대인 행보를 택함으로써 히트 공식을 새롭게 쓴 것이다. 일련의 홍보 활동 없이 오직 음악과 입소문만으로 이뤄냈기에 더욱 값진 결과였다.

더욱 놀라운 것은 앨범이 발매된 다음 해인 2013년 봄에도 「벚꽃 엔딩」이 차트 1위에 올랐다는 사실이다. 크리스마스 전후에 캐럴을 찾듯, 봄에는 「벚꽃 엔딩」을 찾는 사람들이 그만큼 많다는 확증이었다. 오디션 프로그램이 낳은 초대형 슈퍼스타라는 점과 차트 점령, 그리고 이듬해 「벚꽃 엔딩」이 특정 계절에 다시 진입하는 저력까지, 버스커 버스커는 이제껏 없던 진기록들을 수차례 남겼다. 어떤 노래보다 봄의 기운을 특징적으로 담아낸 「벚꽃 엔딩」이 버스커 버스커의 대표곡이 되는 건 당연한 일이었다. 노래는 벚꽃보다 아름다운 봄 캐럴로 남았으며 우리 시대의 레전드 송으로 굳건히 자리매김했다.

음악이 지니는 힘 중에 하나는 오랜 시간이 지나서 그 곡을 다시 들어도 처음 그 노래를 접하던 당시의 감정이 되살아난다는 것이다. 여기에 '봄'과 같은 계절감, 즉 잊힐 때쯤 다시 찾게 될 필연적인 속성들이 더해지면 그 노래는 영원의 생명력을 얻는다.

매년 봄, 벚꽃을 찾을 시기가 올 때마다 버스커 버스커의 「벚꽃 엔딩」은 끊임없이 우리 주위를 맴돌 것이다. 「벚꽃 엔딩」에는 우리 기억에 뚜렷이 남을 '2012년의 봄'이 있다. 우리의 벚꽃축제가 영원히 아름다울 수 있는 이유다. 여인협



"「벚꽃 엔딩」이 벚꽃철 남녀의 즐거운 모습을 그린 노래였다면 그 수명은 잠깐이었을 겁니다. 근데 이건 '엔딩'이거든요. 즉 벚꽃철에 애인을 잃은 겁니다. 그렇기 때문에 대중의 기억에 더 오래 남는 거죠. 성공한 사랑보다 실패한 사랑이 더 기억에 남는 법이잖아요. 대중가요는 기본적으로 이별의 잔치입니다." 임진모

벚꽃 엔딩  버스커 버스커 (2012)
LEGEND100
SONG

# 변화의 음악

## 5

음악 산업의
방향을 제시하다.
레전드 100 – 송은
'변화'입니다.

**84**
1964

## 동백 아가씨

이미자

음악 산업의 모태가 된
역사적 히트곡

**85**
1977

## 나 어떡해

샌드 페블즈

캠퍼스 밴드
붐의 시작

**86**
1979

## 창밖의 여자

조용필

슈퍼스타의
위대한 재탄생

**87**
1985

## 행진

들국화

80년대
언더그라운드의 행진

**88**
1991

## 보이지 않는 사랑

신승훈

90년대
가요 전성기의 상징

**89**
1992

## 난 알아요

서태지와 아이들

문화 대통령의
거대한 출사표

**90**
1992

## 흐린 기억 속의 그대

현진영

대한민국 흑인음악의
선명한 자취

**91**
1995

## 잘못된 만남

김건모

기네스에 등재된
메가 히트곡

**92**
1996

## 캔디

H.O.T.

아이돌
전성시대의 개막

**93**
1997

## 챠우챠우

델리스파이스

대한민국 모던 록의 송가

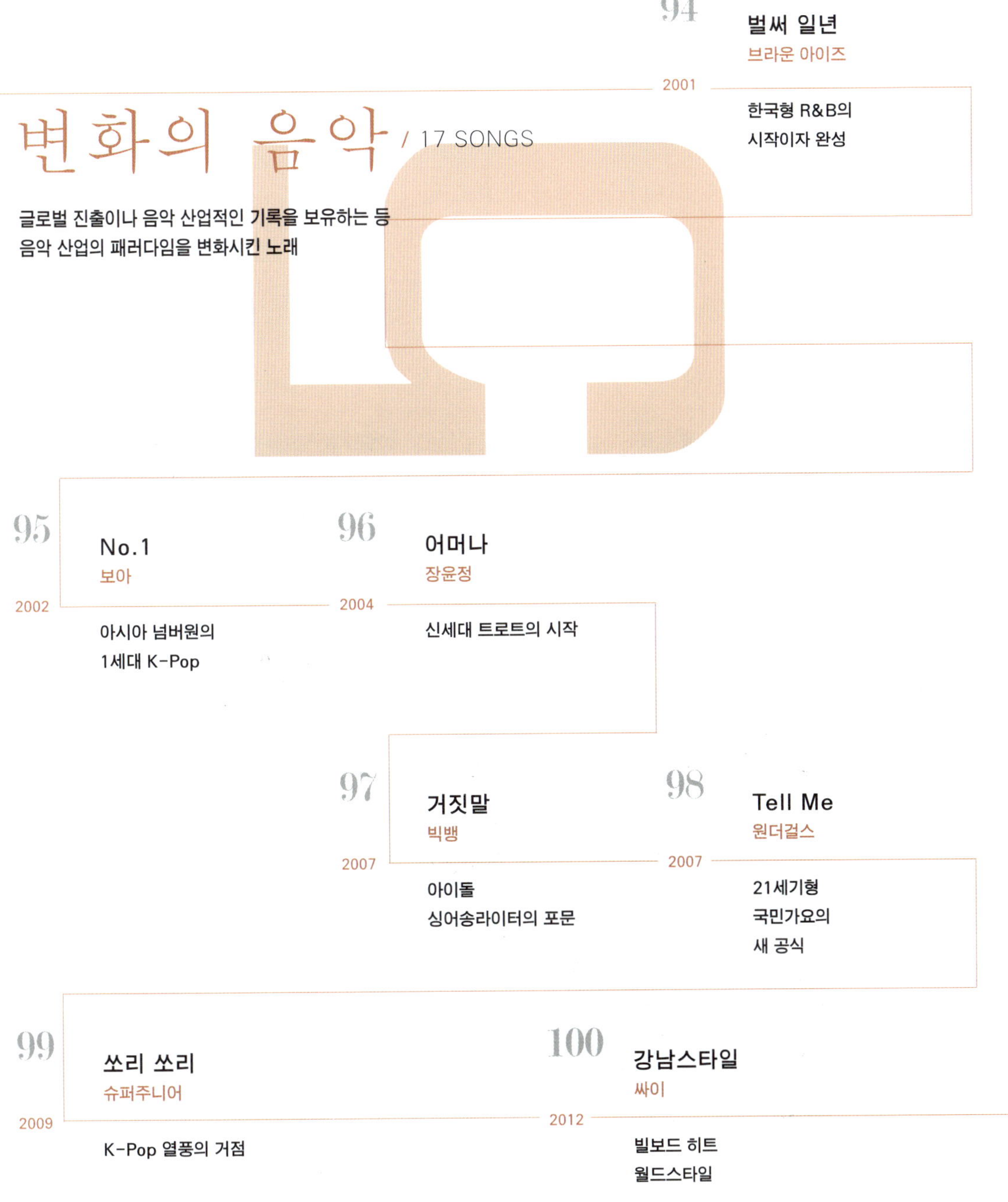
변화의 음악 / 17 SONGS
글로벌 진출이나 음악 산업적인 기록을 보유하는 등
음악 산업의 패러다임을 변화시킨 노래

94
2001
벌써 일년
브라운 아이즈
한국형 R&B의
시작이자 완성

95
2002
No.1
보아
아시아 넘버원의
1세대 K-Pop

96
2004
어머나
장윤정
신세대 트로트의 시작

97
2007
거짓말
빅뱅
아이돌
싱어송라이터의 포문

98
2007
Tell Me
원더걸스
21세기형
국민가요의
새 공식

99
2009
쏘리 쏘리
슈퍼주니어
K-Pop 열풍의 거점

100
2012
강남스타일
싸이
빌보드 히트
월드스타일

# 동백 아가씨 (1964)

음악 산업의 모태가 된 역사적 히트곡

**가수**

이미자

**앨범**

동백 아가씨

**작사 · 작곡**

한산도 · 백영호

1964년 아직 신인의 티를 완전히 벗지 못한 여가수 이미자가 터뜨린「동백 아가씨」의 인기 열풍은 가히 세기적인 것이었다. 한 곡을 수록하는 SP 앨범이 아직 남아 있었지만 LP가 막 보급되기 시작한 그 시절,『동백 아가씨』는 놀랍게도 무려 10만 장 이상의 LP 판매고를 기록한 것으로 추정된다. 당시 서울의 인구가 80~90만 명임을 감안할 때 그 판매량은 지금으로 환산하면 100만 장을 훨씬 상회하는 가공할 수준이었다. 때문에 일각에서는 국내에서 근대적인 의미의 첫 밀리언셀러 음반은『동백 아가씨』라는 주장을 제기하기도 한다. 이 곡과 함께 이미자는 완연한 국내 제1의 슈퍼스타로 비상했고, 마치 핵분열의 연쇄 반응처럼 부르는 곡마다 정상으로 치솟는 히트 제조기로 군림하게 된다. 그 시절 이미자의 인기를 가리켜 누군가는 "매일매일 전국이 뒤집어지는 상황"이라고 표현하기도 했다.

『동백 아가씨』는 엄청난 판매고와 함께 국내 음반업계와 음악시장의 가능성을 못 박는 역사적 계기를 마련했다. 이전에도 음악계에 얼마든지 노래와 인기가수는 있었지만 산업으로서의 위용은 갖추지를 못했다. 그러다 마침내 음반이 많이 팔리는 상황을 맞게 되면서 국내에 음반의 산업화가 구동하고 있다는 사고가 생겨났다. 음반을 낸 지구레코드의 고(故) 임정수 대표는 언젠가 "『동백 아가씨』가 불티나게 팔리면서 그럴듯한 음반사를 차릴 수 있었다"고 술회한 바 있다. 실제로 이후 대중들은 지구레코드와 오아시스레코드사의 살벌한 경쟁 관계를 통해서 희미하게나마 음악 산업의 시스템을 목격하게 된다. 그해 1964년은 전설의 영국 그룹 비틀즈가 미국에 들어와 현상을 야기하면서 영미 음악시장의 판을 바꾸었던 해다. 음악의 성격은 다르지만 같은 해 국내에서는 이미자가 '산업의 기수'로 당당히 기능했던 것이다.

「동백 아가씨」는 전형적인 단조의 트로트로, 원래는 같은 제목이었던 신성일·엄앵란 주연의 영화에 주제가로 삽입된 곡이다. 영화 장면에 흐르는 것을 들었든, 라디오로 들었든 그 시절을 살았던 한국 사람이라면 누구나 이미자의 애조(哀調)가 득한 구슬픈 목소리에 넋을 잃었다. 꺾기나 굴리기와 같은 기교를 전혀 구사하지 않으면서도 충분히 서럽고 구성지게 감정을 표현하는 노래 부르기는 다른 가수에게서는 찾을 수 없는 순수, 무가공 창법이었다. 음악관계자들은 비가(悲歌)를 의미하는 '엘레지의 여왕'이라는 수식을 이미자에게 붙였고 누구는 '세기에 한 명 나올까

말까 한' 최고의 보컬이라는 찬사를 보냈다.

'헤일 수 없이 수많은 밤을/ 내 가슴 도려내는 아픔에 겨운/ 얼마나 울었던가 동백 아가씨/ 그리움에 지쳐서 울다 지쳐서/ 꽃잎은 빨갛게 멍이 들었소…'

전형적인 신파지만 경제개발을 서두르던 그 시절을 한과 고통으로 보낸 사람들, 특히 집을 지키는 기구한 여인들은 그 신파에 너도나도 눈물로 공감했다. 경제개발 시기에 기다림, 서러움, 외로움으로 가정을 지킨 여인네들에게, 아니 전 국민에게 이미자의 노래는 거대한 위안이었다. 때문에 스탠더드 팝의 여왕 패티김은 "국민의 과반수가 좋아하는 가수가 국민가수고, 도시인과 농민들 모두가 좋아하는 노래가 국민가요라면 국내에서 국민가요를 가진 진정한 국민가수는 이미자(와 조용필)밖에 없다"고 평가하기도 했다.

이 엄청난 국민가요는 그러나 한일국교 정상화 흐름과 음반사의 치열한 경쟁에 희생되어 왜색조로 오랫동안 금지가요에 갇히는 수난을 당하게 된다. 청와대로 이미자를 초청한 고故 박정희 대통령이 금지가요임을 잊고 이 곡을 불러달라고 요청했다는 일화는 이 곡이 얼마나 많은 국민들의 가슴을 파고든 애청·애창가요인가에 대한 방증이기도 하다. 이미자가 음악인생에서 첫손에 꼽는 곡, 우리 음악역사의 첫 대박 히트가요인 이 곡은 20년 가까이 묻혀 있다가 1987년에 해금되었다. 임진모

"「동백 아가씨」는 우리 음반 산업에서 굉장히 중요한 노래입니다. 한국 음반 사상 최초로 10만 장을 돌파한 음반으로 흔히 기록되고 있는데, 본격적으로 근대적인 의미의 음반 산업 시대를 열어젖힌 노래가 바로 「동백 아가씨」라 할 수 있죠." 강헌

동백 아가씨  이미자(1964)
LEGEND100 SONG

# 85

# 나 어떡해 <sup>(1977)</sup>

캠퍼스 밴드 붐의 시작

**가수**

샌드 페블즈

**앨범**

제1회 '77 대학가요제
1집

**작사 · 작곡**

김창훈

1977년, 한국 가요계에 결코 지워지지 않는 흔적을 남긴 〈대학가요제〉가 시작됐다. 이름을 끝없이 나열해야 할 만큼 기라성 같은 아티스트들을 무수히 배출해낸 무대임과 동시에 한 시대를 풍미한 젊음의 상징과도 같은 경연장이었다. 그리고 당시에는 몰랐을, 이와 같은 축복이 예정된 자리에 처음으로 대상의 영광을 거머쥔 행운아들이 바로 모래와 자갈이라는 뜻의 이름을 가진 5인조 그룹사운드 샌드페블즈였다.

밴드의 존재보다도 훨씬 각광받았던 이들의 출전곡 「나 어떡해」는 방송과 동시에 수많은 요청을 받으며 순식간에 폭풍 같은 피드백을 받았다. 느릿하면서도 몽환적인 분위기, 지글거리는 퍼즈 톤의 기타 사운드와 몽롱한 오르간이 슬며시 퍼지며 감도는 사이키델릭의 향취, '나 어떡해'를 반복해 대중의 이목을 끈 심플한 가사의 중독성. 이 상상치 못했던 조합의 신선함은 단순한 교내 밴드였던 이들을 단숨에 미디어의 중심으로 올려놓았다.

이때의 돌풍은 당시 록의 침체기와 맞물리며 퇴폐적인 음악이라 인식되었던 인식을 전복시킴과 동시에 갑자기 부상한 트로트고고나 포크만을 강요받은 젊은이들의 혈기를 단숨에 개방시켰다. 무엇보다 이 흐름의 동력은 뛰어난 실력을 갖춘 프로가 아닌, 설익은 가운데서도 자신들만의 열정을 관철시킬 줄 알았던 무목적성의 아마추어리즘이라는 것에 주목할 필요가 있다. 그저 1971년에 서울대학교 농과대학 내에서 결성된 동아리에 불과했던 그들이 이러한 새로운 흐름을 만들어낼 수 있을 거라고 상상한 사람도 거의 없었다.

여기에 플러스 요인이 되었던 것은 그들의 가사가 보여주던 남성상이었다. 곁에 있는 여성이 떠나갈까 안달복달하는 노래 속 주인공의 모습은 남자다움이 성행하던 당시의 가치관을 슬쩍 배반하고 있었다. 사랑에 빠진 남학생들의 공감대를 삼과 동시에 여성들에게서도 전폭적인 지지를 받으며 성별의 평등을 외칠 수 있었던 것은 바로 이러한 노랫말 덕분이었는데, 이후 이와 같은 소극적인 캐릭터가 여러 가수들의 단골 소재로 쓰이며 사랑에는 성적 우위가 없음을 공식 선포하기도 했다.

그렇게 그들은 캠퍼스 밴드의 전성시대를 열었다. 〈대학가요제〉라는 행사 자체가 당시의 새로운 문화적 트렌드와 기존 스타들의 실종으로 빈곤 상태가 되어버린 가요계의 생각과 맞아떨어지면서 계획된 무대였지만, 그 파급효과는 생각보다 훨씬 빠르게 사회 전반을 강타했다.

밴드들은 밤무대를 전전하던 어두운 이미지에서 벗어나 젊음을 대표하는 하나의 캐치프레이즈로 1970년대 후반부터 1980년대 초반을 장식하기 시작했다. 산울림, 마그마, 라이너스, 그리고 활주로와 블랙 테트라가 만나 결성된 송골매까지. 20대의 순도 높은 록 음악은 그렇게 순식간에 대세가 되어갔다.

이 중심에는 바로 앞서 언급한 산울림의 멤버 김창훈이 있다. 샌드 페블즈 5기로 활동했던 그는 6기 후배들에게 「나 어떡해」를 작곡해주며 이들에게 신의 선구자가 될 수 있는 기회를 주었고 이영득, 김민수, 최광섭, 여병섭, 김영국, 이대환이라는 신입들은 멋지거나 세련되진 않아도 패기 있게 이 노래를 소화해내며 주인공이 될 자격을 갖추었다.

메마른 황무지를 새로운 작물을 기를 수 있는 비옥한 토양으로 바꾸어놓은 이들은 결국 끝까지 아마추어로 남으며 청년문화의 순수함을 자본에 내어주지 않은 우직함을 보여주었다. 40년이 넘는 시간 동안 200명이 넘는 회원들을 거치며 이들의 꿈을 지탱해주고 있다는 샌드 페블즈가 일으킨 화학반응이 시간이 지나도 변하지 않는 이유는 순수한 열정의 영속성 덕분이다. 황선업

"유행가들은 어느 정도 시간이 지나면 촌스럽다, 지나간 분위기다 하는 얘기들을 하게 되는데 우리가 '타임리스'라고 얘기하는 음악들은 자기만의 색깔을 가지고 음악적 깊이가 완벽하게 투영된 곡들입니다. 곡 자체가 어떤 생명력을 가지고 있을 때는 어느 시점에 누가 들어도 전혀 촌스럽지가 않습니다." 돈 스파이크

# 86

# 창밖의 여자 (1979)

슈퍼스타의 위대한 재탄생


**가수**

조용필

**앨범**

1집 창밖의 여자

**작사 · 작곡**

배명숙 · 조용필

「창밖의 여자」는 20세기 한국 대중가요사를 대표하는 가수 조용필을 슈퍼스타로 발돋움하게 만든 노래다. 사실 지금은 조용필을 20세기 최고의 가왕으로 일컫는 것에 대해 아무도 부정할 수 없지만 그가 「돌아와요 부산항에」로 첫 히트곡을 냈던 1976년에는 이를 예상할 수 없었다.

「돌아와요 부산항에」가 빅히트를 한 것은 맞지만, 이것은 1970년대 전반을 주도했던 포크와 록의 인기가 일련의 사건으로 한풀 꺾인 후에 트로트가 부활하는, 일종의 복고 바람으로 보는 것이 옳다. 당시의 복고 바람은 거셌지만 이는 '지는 태양'이지 '떠오르는 달'은 아니었다. 1976년에 발표된 「님이여Lead Me On」, 「너무 짧아요」와 같은 곡에서 볼 수 있는 그의 또 다른 면모는 팬들의 눈에 잘 띄지 않았고, 점잖은 단조의 스탠더드 팝 「정」이 그나마 조용필 팬들의 귀를 쫑긋하게 만들었다.

그런 점에서 몇 년간의 공백을 깨고 1980년 봄에 낸 음반은 '이 조용필이 그때 그 조용필인가'라는 놀라움을 주기에 충분했다. 그리고 이 놀라움의 핵심에 「창밖의 여자」가 있었다.

1979년 말, 동아방송의 라디오 드라마 〈창밖의 여자〉의 주제곡이었던 이 노래는 여러 면에서 '떠오르는 달'의 면모를 보여주었다. 우선 1970년대를 거치며 낯설지만 서서히 새롭게 젊은 경향으로 부상하고 있던 록을 어떻게 우리 대중가요계의 주류 경향과 접합시킬 것인가에 대한 새로운 방향을 제시했다. 1964년 키보이스의 「정든 배」부터 1970년대 후반 「돌아와요 부산항에」와 최헌의 「오동잎」으로 대표되는 흐름은 아주 익숙한 트로트 선율을 록의 사운드와 리듬에 결합시키는 방법이었고, 어느 정도의 대중성을 얻는 데에 성공했다. 하지만 트로트에 거부감이 있는 록 팬들을 흡수하는 데에는 한계가 있었다. 다른 방법은 1970년대 초 록 그룹들과 윤항기 등이 보여준 스탠더드 팝에 록 사운드와 리듬을 결합하는 방법인데, 록의 도발성과 파괴력을 즐기는 팬들을 흡수할 수는 없었다.

그에 비해 「창밖의 여자」는 익숙한 단조 스탠더드 팝의 선율을 바탕으로 록의 리듬만이 아니라 모던한 록들이 지닌 화려한 화성과 선율의 힘을 적극적으로 수용했다. 이때까지 록에서 관행적으로 강화시켰던 드럼의 백비트 리듬의 쿵짝거림을 약화시키고, 키보드의 화려한 연주를 리드기타의 음울한 연주와 결합해 노래의 주요한 분위기로 만들었다. 그럼으로써 노래의 스케일이 커졌고 록은 쿵짝거리는 시끄러운 음악이라고 생각하던 스탠더드 팝과 포크 취향의 팬들까지 익숙한 비극성과 드라마틱하고 유려한 선율로 껴안았다.

그러면서도 이 노래는 록의 도발성과 파괴력을 선율에서 놓치지 않았다. 기승전결의 유기적인 구성방식과 달리, 웅얼거리는 저음의 전반부와 고음의 후반부 샤우팅을 맞붙이는 록의 분절적 구성을 확실히 드러냈고, 전반부 저음부의 선율을 후반부 고음부의 선율에서 한 옥타브 위로 반복하여 작품의 일관성을 확보했다.

이러한 성과의 한편에는 드라마 〈창밖의 여자〉의 작가 배명숙의 좋은 가사가 자리하고 있다. '누가 사랑을 아름답다 했는가…', '차라리 그대의 흰 손으로 나를 잠들게 하라…' 같은 도발적이고 드라마틱한 가사는 조용필의 스케일 크고 과감한 선율을 이끌어내는 데에 한몫했음이 분명하다.

하지만 이 모든 것들이 조용필의 가창력이 없었다면 그러한 모습을 지니지 못했을 것이다. 많이 알려진 대로 조용필은 록과 소울의 창법을 민요나 판소리의 창법과 결합해 한국적인 샤우팅을 성공시켰고, 이를 처음으로 제대로 보여준 작품이 바로 「창밖의 여자」였다.

이렇게 「창밖의 여자」는 당시 한국 대중가요의 팬들이 가장 무난하게 감동하는 스탠더드 팝과 가장 새로운 록을 탁월한 차원에서 결합함으로써 1980년대 주류 경향의 방향을 제시했다. 이로써 조용필은 타의 추종을 불허하는 슈퍼스타가 되었고, 이후 이 흐름은 김수철, 이선희는 물론 발라드에 이르기까지 두루 영향을 주며 1980년대를 이끌었다. 이영미

"조용필의 목소리는 전통적인 우리의 정서를 담고 있으면서 록과 R&B라는 서구적인 창법이 주는 파괴력도 함께 가지고 있습니다. 거기에 민요나 판소리를 구사하는 가객들의 카리스마까지 목소리로 구현시키며 놀라운 기적과 같은 눈부신 도약을 「창밖의 여자」라는 노래 한 곡을 통해 단숨에 증명합니다."<sup>강헌</sup>

# 행진 (1985)

80년대 언더그라운드의 행진

**가수**

들국화

**앨범**

1집 행진

**작사 · 작곡**

전인권

「행진」이 수록된 들국화의 1집이 발표되었던 1985년 무렵, 음악을 좀 듣는다는 사람들의 귀는 늘 바다 건너로 향하고 있었다. 록, 블루스, 재즈, 포크 등의 주요 장르에서 기준이 되는 것은 늘 영미권의 음악이었다. 한국에도 같은 장르의 음악이 없는 것은 아니었지만 한국의 음악은 '뽕끼'가 배어 있는, 어딘지 모르게 순도가 낮은 음악으로 치부되었다. 그래서 음식의 원조를 찾듯 음악팬들 역시 음악의 원조를 좇아 누가 해외의 음악을 더 많이 알고 있는지, 누가 해외의 음반들을 더 많이 모으는지 경쟁했다.

영미권의 음악에 경도되었던 이들에게 한국의 가요는 그냥 '유행가'였을 뿐이었다. 그들의 관점에서 한국의 가요는 음악을 들을 줄 모르는 사람들이나 좋아하는 노래였던 것이다. 같은 시대, 같은 곳에 살고 있었지만 음악을 좋아하는 이들은 같은 시대, 다른 곳의 음악에 꽂혀 있었다. 이러한 현상은 이런저런 사건으로 인해 한국 대중음악의 역사와 성과가 제대로 이어지지 못했기 때문이기도 했다. 동시대의 사이키델릭을 수준 높게 재현해낸 신중현, 히식스 등의 록 음악과 지적인 고투를 고스란히 담아낸 김민기 등의 음악적 성과는 1970년대를 건너지 못하고 무성한 소문으로만 남았다. 그 시대를 살았던 이들이 아니라면 경험하지 못한 전설이 되어버린 것이다.

오직 가요화된 노래들만이 한국 대중음악의 전부인 것처럼 오인되던 시기, 들국화의 「행진」은 벼락같이 등장해 다른 어법, 다른 스타일이 가능하다는 것을 보여주는, 단절된 한국 록의 역사를 다시 이은 곡이었다. 이미 하드 록이 헤비메탈로 교체되던 시기였고, 들국화의 록은 다양한 록의 어법이 혼재된 것이었지만 「행진」이 불러일으킨 파장은 컸다. 들국화의 노래는 영미권의 음악에 경도되었던 이들의 미의식에 비추어봐도 손색이 없는 록이었다. 들국화의 보컬 전인권의 개성 강한 보이스 컬러는 이전까지의 한국 대중음악사에서 비교할 만한 이를 찾을 수 없을 만큼 독보적이었고, 허성욱의 클래시컬한 건반 연주는 해외의 프로그레시브 음악에 반한 이들이 듣기에도 매력적이었다. 얼마 전 유명을 달리한 주찬권의 드러밍 역시 레드 제플린의 드러머 존 본햄에 비견될 만큼 묵직했다.

이처럼 개성 넘치고 뛰어난 이들의 조합으로 만들어진 「행진」은 단순한 구조를 지닌 곡이다. 그러나 그 단순한 구조가 오히려 듣는 이들을 더욱 매료시켰다. 느리게 시작해서 차츰 발전하는 곡의 스케일, 혼신의 힘을 다해 행진할 것을 지휘하는 것 같은 전인권의 간절한 열창과 이에 응답하는 듯한 적절한 합창, 선명한 후렴구, 그리고 곡의 스케일을 섬세하고 웅장하게 만들어주는 허성욱의 멋들어진 건반 연주는 결국 해외의 음악으로 고개 돌렸던 이들을 다시 한국의 음악으로 고개 돌리게 만들었다. 들국화가 우리말로도 얼마든지 뛰어난 록 음악을 할 수 있다는 것을 보여주었고, 음반 밖에서도 얼마든지 뛰어난 라이브를 할 수 있다는 것을 보여주었기 때문이다.

그리고 들국화를 필두로 피어나기 시작한 한국의 언더그라운드 음악의 꽃다지는 결국 1980년대를 한국 대중음악의 르네상스로 만들었고 국내 음악과 해외 음악의 판매고를 뒤바꾸는 데 일조했다. 한국 음악을 좋아한다는 것이 더 이상 부끄러운 일이 아니게 되었고, 해외의 음악보다 국내의 음악들이 더 높은 판매고를 올리는 로컬 신의 부활이 이루어진 것이다.

또한 들국화의 「행진」은 어느 시기든 기성의 질서 밖으로 행진하고자 하는 젊음의 열정을 대변하는 곡이기도 하다. 이미 정해진 길, 기성세대가 알려주는 길이 아니라 자신만의 길을 찾고자 하는 젊음에게 「행진」은 주제가 같은 외침이 되었다. 결코 호감을 가질 수 없는 시대 탓에 노래의 울림은 개인의 차원을 넘어서기도 했다. 노래가 시대와 만나고, 대중들 속에서 다른 의미를 가질 수 있다는 것을 보여주며 「행진」은 1980년대의 격동하는 현대사를 예지한 곡이 되었다. 「행진」이 바꾼 것은 음악 산업과 팬들의 취향만이 아니었다. 「행진」은 귀를 가진 젊음의 심장을 뛰게 만들었고, 그 박동은 1980년대로 이어졌다. 노래가 할 수 있는 수많은 일들이 「행진」으로부터 시작되었다. 서정민갑

다방
기사식당
분식
M-NET
상
다방
행진
행진 들국화(1985)
LEGEND 100 SONG

# 88

# 보이지 않는 사랑 <sub>(1991)</sub>

90년대 가요 전성기의 상징

**가수**

신승훈

**앨범**

2집 보이지 않는 사랑

**작사 · 작곡**

신승훈

보이지 않는 사랑 (1991)

베토벤의 가곡 「Ich Liebe Dich(그대를 사랑해)」를 절대다수의 국민에게 알린 건 음악 교과서가 아니라 신승훈이다. 1991년 후반부터 1992년을 통틀어 단언컨대 그랬다. 첫 번째 앨범이 폭풍 같은 인기를 얻고, 그 기세를 모아 발표한 두 번째 앨범의 타이틀 「보이지 않는 사랑」 도입부에 「Ich Liebe Dich」의 일부가 삽입된 덕분이다.

관련 에피소드도 사례별로 쏟아졌다. 발매 소식을 듣자마자 쏜살같이 레코드점으로 달려가 카세트테이프를 구입하고 두근거리는 가슴을 진정시키며 재생 버튼을 눌렀는데 난데없이 가곡이 흘러나와 투덜거리며 교환하러 갔다는 사람들, 신승훈 2집을 가장 잘 보이는 곳에 산더미처럼 쌓아 놓고 데크에 넣었다가 다른 목소리에 깜짝 놀라 몇 개의 테이프를 뜯어 잘못 녹음된 게 아닌지 확인했다는 레코드 가게 사장과 점원 이야기 등등(여기에서 알 수 있듯 「보이지 않는 사랑」은 1번 트랙이다). 곡을 둘러싼 열기는 학생들에게 독일어에 대한 관심마저 일으켰을 정도로 대단했다.

발라드의 황제라는 칭호도, 1990년대 대중가요를 대표하는 아이콘이라는 수식도 「보이지 않는 사랑」이 가져왔다. 기네스북에 등재된 〈SBS 인기가요〉 14주 연속 1위의 기록, 135만 장의 음반판매고 등 수치로 남아 있는 흔적에서 당시 이 곡의 위상이 얼마나 대단했는지를 눈치 챌 수 있다. 그렇다면 신승훈 본인은 어떤 생각, 어떤 상황에서 곡을 작업한 걸까.

2003년 한 음악 웹진과 가진 인터뷰에서 그는 다음과 같이 설명했다. "데뷔앨범이 성공을 거두고 1991년엔 7평짜리 오피스텔에서 살기 시작했는데, 하루는 비디오로 안성기·이미숙 주연의 영화 〈겨울 나그네〉를 보게 됐습니다. 영화에 삽입된 「보리수」를 듣고 강한 인상을 받았고, 다음 앨범에는 성악을 활용해야겠다고 다짐했어요. 그래서 구상한 곡이었지요. '내 곡도 된다'는 생각과 완연한 싱어송라이터로서의 자신감을 가져다준 곡이라서 잊을 수가 없습니다."

지금도 상당수의 사람들이 그를 노래 잘 부르는 가수로 알고 있지만 사실상 먼저 알려져야 했던 부분은 바로 이것, 신승훈이 누구보다 성공률 높은 작곡가라는 점이다. 데뷔곡 「미소 속에 비친 그대」를 포함해 1위를 차지한 곡 전부를 써낸 그다. 모 주간음악 순위차트지에서 '1위를 가장 많이 한 가수'와 '1위를 가장 많이 한 곡을 쓴 작곡가'로 동시에 뽑히기도 했다. 작사·작곡·노래 삼박자가 완벽하게 시스템을 이루고 있는 그를 감히 누가 보고도 아닌 척, 못 본 척 지나칠 수 있었을까. 서태지와 아이들의 랩 댄스, 김건모로 대두되는 흑인음악이 가요계 판도를 뒤흔드는 와중이었지만 신승훈의 물기 서린 목소리는 대세의 왕좌를 내어주지 않았다. 〈골든 디스크〉 대상과 〈KBS 가요대상〉에서 대상을 수상하며 1992년을 자신의 해로 장식함은 물론, 발라드 영역의 독보적인 존재로 가부좌를 틀게 된 것이다.

시작은 「보이지 않는 사랑」이었다. 이 곡의 인기가 원동력이 되어 「영원히 사랑할 거야」, 「가을빛 추억」, 「우연히」 등 2집 수록곡들이 연이어 히트했다. 이후 2000년 발매한 7집까지 다섯 개의 앨범을 내는 동안 단 한 번 거르는 일 없이 밀리언셀러에 오르며 신화가 될 수 있었던 것도 크게 보면 「보이지 않는 사랑」을 품었던 2집 앨범의 성공 덕택이다.

신승훈 스스로도 인생의 노래로 꼽는 「보이지 않는 사랑」의 활약은 그야말로 눈부셨다. 음반시장의 황금기를 수년에 걸쳐 이끌었던 가수, 그 본질에는 명확하게 풀이되는 음악이 있다. 넘볼 수 없는 미성과 그를 웃도는 감정 표현력, 신승훈 스타일의 압도적 승리다. 조아름

"저는 곡은 태어나는 거라고 생각해요. 노력을
하고 다듬어서 음악을 만들어낼 수도 있지만 진
짜 좋은 곡은 그냥 태어나는 거거든요. 신승훈
씨의 노래도 정말 잘 태어나준 노래 중 하나입
니다." 돈 스파이크

# 89

# 난 알아요 (1992)

**레전드 100 No.1 송**

문화 대통령의 거대한 출사표

**가수**

서태지와 아이들

**앨범**

1집 난 알아요

**작사 · 작곡**

서태지

10년이면 강산도 변하는 시간이라지만 20년이 지나도록 「난 알아요」를 능가할 만한 가요계의 지각변동은 없었다. 말 그대로 하나의 현상이었고 새 시대를 정의하는 일대 사건이었다. 한 신인 그룹의 데뷔곡에 불과하지만 이 곡에 쏟아진 수많은 찬사와 이야기들은 '혁명'이라는 급진적 표현조차 진부하다 느껴지게 만들 정도로 거대한 신화와 같은 위압감을 형성했다. 1990년대 한국 가요계를 정의하는 서태지와 아이들의 명성이 높아질수록 그 최초의 출발선인 「난 알아요」의 위대함 또한 커져만 간다.

록 밴드 시나위의 베이시스트로 음악에 첫 발을 내디뎠지만 서태지의 시선은 더 먼 곳을 향해 있었다. 밴드 활동 와중에도 서태지는 틈틈이 전자 프로그램을 이용하여 새로운 형태의 댄스음악을 만들곤 했다. 1980년대 후반부터 유행한 MC 해머, 밀리 바닐리를 주축으로 한 힙합 댄스곡들, 특히 원곡의 일부를 차용해 새 곡을 만드는 샘플링 기법 등 팝의 최신 유행이 주된 타깃이 되었다. 이러한 탐구의 과정을 통해 탄생한 「난 알아요」는 국내에 생소한 랩 댄스음악의 형식을 취하고 있었다. 실제 솔로 댄스가수로의 데뷔를 기획하고 있던 서태지였으나, 미리 데모를 들어본 양현석의 팀을 조직하자는 의견을 받아들여 서태지와 아이들이 탄생하게 된다.

당시의 한국 가요계 현실을 돌아봤을 때 이 곡에 사용된 대부분의 기법은 거의 도박에 가까운 시도였다. '한국어 랩은 불가능하다'는 편견을 깨고 곡 전면에 등장한 가사는 지금의 기준으로는 미흡하나 그 당시에는 새로운 언어처럼 추앙받을 정도였다. 거친 질감과 적극적인 샘플링을 통한 비트는 한국 댄스음악과 힙합의 초석을 닦았다. 여기에 시나위의 본분을 잊지 않은 서태지는 곡 중간에 거친 시나위의 리더 신대철이 연주한 기타 리프를 통해 비록 방향은 다르지만 그들의 뿌리가 록에 있음까지도 천명했고, '오 그대여 가지 마세요…'에서는 꺾기 창법을 구사해 우리 몸에 체득되는 친근함까지 확보했다. 대부분이 전례 없는 새로운 시도였지만 영민하고 치밀한 구성은 이 모두를 한데 묶어 하이브리드의 결정체, 혁신을 만들어냈다.

혁신은 음악에서만 그치지 않았다. 소문난 춤꾼인 양현석과 이주노가 멤버인 데서 드러나듯 서태지와 아이들은 처음으로 댄스 영역을 노래의 부차적인 대상이 아닌, 노래와 동등한 지위로 끌어올린 그룹이었다. 노래 자체의 힘도 대단하지만, 태권도춤과 회오리춤으로 대표되는 화려한 퍼포먼스가 없었다면 아마 지금쯤 역사는 상당히 많이 변했을 것이다.

시각적 요소가 전면적으로 등장하는 물꼬를 튼 서태지와 아이들의 등장은 단순한 음악 아티스트의 업적 그 이상을 뛰어넘는, 새로운 형태의 혁신이었다. 단순한 대중가요의 혁명이 아닌 음악 산업 전체의 개념을 뒤흔들었다. '개척자'의 칭호가 내려지는 것은 마땅했다.

서태지와 아이들의 등장에 10대들의 상상을 초월하는 호응이 이어졌다. 기성세대에 억눌려 있던 새로움에 대한 갈망은 회오리춤으로, 벙거지 모자로, 태그를 떼지 않은 옷으로 이어지며 단순한 음악의 영역을 넘어 문화 혁명에 이르고 있었다. 1992년 이들의 노래가 처음 소개된 〈특종 TV 연예〉에서 쏟아진 작곡가 하광훈, 작사가 양인자의 비평은 신세대의 새 문화에 대한 기성세대의 당혹스러움을 대변했지만 대세는 기울어진 뒤였다. 「난 알아요」 이후 가요계의 주도권은 10대들에게 넘어갔으며, 이는 이후 전체 문화 산업의 대대적인 변화를 예고하는 것이었다.

단 한 곡으로 불러온 혁명은 현재진행형이었다. 수많은 워너비들이 제2의, 제3의 주도권을 잡으려 골몰하는 사이 서태지와 아이들은 「교실 이데아」와 「Come Back Home」 등에서 보이는 직설적인 메시지와 독보적인 음악적 시도로 명실상부 '10대들의 대통령' 자리를 공고히 했다. 당시의 X세대들에게 서태지와 아이들은 시대에 맞서 싸우는 투사였으며 혁명가였다. 그 거대한 변화의 출발점이 바로 「난 알아요」였다. 혁신은 이렇듯 급작스럽게 찾아온다. 김도헌

난 알아요 서태지와 아이들 (1992)
LEGEND 100 SONG

# 90

# 흐린 기억 속의 그대 <sub>(1992)</sub>

대한민국 흑인음악의 선명한 자취

**가수**

현진영

**앨범**

2집 New Dance 2

**작사 · 작곡**

이탁

1992년 가요계를 뜨겁게 달군 스타는 서태지와 아이들만이 아니었다. 현진영은 경쾌한 음악, 독특한 안무와 패션을 앞세워 하반기 가장 뜨거운 인물로 등극했다. 그가 부른 2집 타이틀곡 「흐린 기억 속의 그대」는 서태지와 아이들을 이어 한 번 더 랩 음악 돌풍을 일으켰고 유행에 민감한 10대, 20대들은 그처럼 옷을 입었다. 국내에서 이제 막 젊은 대중의 호응을 사기 시작한 랩과 힙합 패션이 우리 대중문화계의 한복판으로 빠르게 들어선 것이다. 현진영을 통해 또다시 새로운 변화가 일어났다고 해도 과언이 아니었다.

가스펠 풍으로 약간은 엄숙한 분위기를 내는 도입부를 지나면 노래는 흑인음악에 기반을 둔 펑키$^{Funky}$한 댄스 팝으로 변모한다. 가스펠, 하우스와 업 비트 컨템퍼러리 R&B의 혼합, 랩 등 국내 음악팬들에게는 생소한 형식들이 결합된 판이지만 흥겨운 래핑은 많은 이의 관심과 참여를 유도했다. '흘러가는 시간 속에 (속에)/ 나의 모습 찾을 수가 없어 (없어)…' 같은 콜 앤드 리스폰스(주고받기) 형식의 후렴이나 'Hit it!', 'Let's go!'처럼 노래 중간에 삽입된 보컬 샘플과 단순한 구호는 자연스럽게 듣는 이들의 제창을 꾀했다. 성대에 힘을 줘 발성을 조이는 창법도 특별했다. 이 덕분에 현진영의 노래를 접한 사람들은 그 어떤 인위적인 설득 없이 랩과 흑인음악을 쉽고 편하게 받아들이게 되었다.

인상적인 춤도 노래와 함께 다수의 추종을 받았다. 현진영은 외국의 래퍼들이 랩을 할 때 리듬을 타면서 팔을 양옆, 위아래로 흔들거리는 동작에 착안해 안무를 만들었다. 래퍼들의 그런 제스처와 달리 현진영의 춤은 어느 정도 박력이 있었으나 간결한 편이어서 한 번만 봐도 누구나 대강은 따라 할 수 있었다. 일명 '엉거주춤 춤'이라 불린 안무는 이내 화제가 됐고 이것 역시 많은 사람의 동참을 이끌어냈다. 학교 교실에서, 길거리에서, 록 카페에서 현진영의 춤을 따라 하는 이들을 쉽게 볼 수 있었다.

독특한 패션도 현진영 열풍에 일조했다. 그는 큰 사이즈의 총천연색 후드 티셔츠와 배기팬츠를 착용해 다른 가수들과 구별되는 자신만의 이미지를 구축했다. 또한 미국의 힙합 듀오 크리스 크로스를 벤치마킹해 옷을 뒤집어 입는 파격적인 모습으로 더 주목받기도 했다. 바지를 내려 입고 티셔츠에 달린 모자를 쓴 것은 춤으로도 나타낸 엉거주춤한 느낌을 강조하려는 의도이기도 했다. 이는 당시 미국 래퍼들, 또는 빈민가 흑인들이 주로 입던 복장이었다. 현진영을 통해 통이 넓은 바지와 후드 티셔츠가 날개 돋친 듯 팔려 나갔으니 「흐린 기억 속의 그대」는 힙합 패션의 확산에도 중대한 계기가 된 셈이다.

「흐린 기억 속의 그대」는 즐기기에 쉬운 음악, 대중적인 안무와 눈에 띄는 패션이 맞아떨어지며 세인의 이목을 거뜬하게 획득할 수 있었다. 1집 때와는 비교할 수 없을 정도로 큰 성공이 따라왔다.

노래의 히트는 개인의 성과에만 머물지 않는다. 이후 랩 음악이 유행하는 물꼬를 텄고, 그때까지만 해도 익숙지 않은 힙합 문화를 전파하는 다리 역할을 했다. 더불어 힙합 댄스의 발전, 대중음악에서 안무에 개성을 부여하는 움직임의 확산을 도모했다. 「흐린 기억 속의 그대」는 제목과는 달리 국내에서 독보적인 흑인음악의 선명한 자취를 남겼다. 한동윤

Directed by : 이수만    Produced by : S.M. ENTERTAINMENT    Managed by : 정해익
녹음 : S.M. Digital Recording Studio    Recording Engineer : 안기택, 현진웅
Arranger : 홍종화, 남상규, 이막, 현진영, 이현도, 신재홍    Guitar : 손진태, 남상규
Chorus : 박소영, 이경정, 박경혜,
Computer Programming : 홍종화, 남상규, 현진영, 이막, 이현도,
Photo by : 양현석, 어정원, 주명봉    Make up : 김나원, 고희영
Scratch : Christopher Vincent    Beat Box : Brown, 현진영    Album Design : 임기수

# 잘못된 만남<sub>(1995)</sub>

기네스에 등재된 메가 히트곡

**가수**

김건모

**앨범**

3집 잘못된 만남

**작사 · 작곡**

김창환

한국 가요계의 전설적인 히트곡 중 하나가 바로 김건모의 「잘못된 만남」이다. 그것이 판매량에 근거한 선별이냐는 물음에 관해서는 반은 맞고 반은 틀린 얘기다. 단일 앨범 최고 판매량이라는 기록에 앞서 낯선 소재를 이용해 대중의 정신을 홀린 그 대담함에도 큰 점수를 주어야 하기 때문이다. 「핑계」의 히트로 흑인음악의 감성을 알린 음색을 곧바로 속도감 있는 하우스 리듬의 재료로 취한 판단, 이 모험에 가까운 한 수를 국내 대중의 정서에 완전히 부합시킬 수 있었던 건 바로 가수 김건모와 프로듀서 김창환의 완벽한 호흡 덕분이었다. 지금까지도 김건모라는 가수의 상징처럼 남아 있는 국민가요, 그것이 「잘못된 만남」이다.

다운타운의 1세대 디제이였던 김창환은 프로듀서의 길로 들어서며 자신의 음악을 생각 그대로 표현해줄 가수를 수소문하기 시작했다. 그러던 중 그가 원하던 그루브와 소울의 소유자인 김건모를 발견하게 되었고, 재빠른 의기투합을 통해 「잠 못 드는 밤 비는 내리고」와 「핑계」를 발표하며 서로의 만남이 올바른 것이었음을 증명했다. 다소 낯설었던 랩과 레게를 도입하면서도 특유의 보편성을 놓지 않았던 김창환의 감각과 이를 200% 이상 소화해낸 김건모의 목소리는 그렇게 확실한 공조체제를 다지게 되었다.

2집까지의 행보가 그저 워밍업에 가까웠다는 것을 알게 된 것이 바로 1995년이었다. 엄청난 BPM으로 달려가던 하우스 리듬과 따라가기조차 힘든 랩, 여기에 좌중을 압도하는 가창력의 후렴까지, 「잘못된 만남」의 첫 방송은 그야말로 충격이었다. 서태지와 아이들의 「난 알아요」를 필두로 댄스곡이 가요계의 헤게모니를 쥐는 양상이긴 했지만, 이 정도로 급진적인 변화는 앞서 댄스 붐을 겪은 대중들로서도 선뜻 받아들이기 힘든 생경함을 자아냈다.

이 곡이 친숙하게 다가올 수 있었던 이유는 가사였다. 흔히 있을 법한 삼각관계를 소재로 해 흥미를 유발했고, 가사에 집중하던 사람들의 귀에 조금씩 익숙함을 안기며 전세대적인 인기의 물꼬를 텄다. 대중성의 미덕인 공감대를 놓치지 않았던 것이다. 노래 들으랴 가사 따라가랴 바쁜 시청자들을 위해 각 방송사들은 가사 자막이라는 묘안을 내놓았고, 그때를 기점으로 노랫말을 함께 송출하는 빈도수가 늘어나게 되었다. 물론 시대가 흐르며 빠른 음악이 득세하리란 것은 예견된 일이었지만 그 흐름의 맨 앞쪽에 김건모가 자리하고 있다는 사실은 꼭 짚고 넘어가야 할 부분이다.

김건모의 노래에는 범세대성이 있었다. 아들이 방에서 듣던 테이프를 엄마가 거실에서 틀고, 딸이 사온 CD를 아빠가 출근길에 플레이하던 광경은 오직 「잘못된 만남」이라는 곡에게만 허용된 특권이었다. 280만 장이라는 판매량이 그 자태를 뽐내며 기네스에 등재되어 있는 것만 봐도, 반짝 히트곡들과는 격이 다르다는 것을 알 수 있다. 어느 때보다도 치열했던 경쟁 속에서 차지한 골든디스크는 그 위대함의 산물이다. 또한 이때를 기점으로 하우스 음악이 가요시장의 대세로 자리 잡으며 클럽 및 여러 가수의 주력 장르가 되기도 하였다.

한 번의 거대한 물결은 이렇게 엄청난 영향력을 발휘하며 음악 산업의 패러다임을 변화시켰다. 여기에 이 노래를 따라 하는 것만으로 노래방을 휘어잡을 수 있었던 대중들의 소소한 추억이 더해짐으로써 「잘못된 만남」은 진정한 레전드 송의 반열에 오를 자격을 부여받았다. 트렌드를 주도하는 것은 단순히 앞뒤 재지 않은 도전이 아닌 가능성을 극대화할 치밀한 전략의 소산임을 이 20년 전의 히트 공식은 명징하게 나타내고 있다. 황선업

"「잘못된 만남」이 그만큼의 사랑을 받을 수 있었던 것은 신세대들의 사랑법을 잘 그렸기 때문입니다. 내가 좋아하는 여자가 있는데 알고 보니 그 여자가 내 친구랑 사귀고 있더라… 이건 그 당시 우리나라 노래 가사에서는 찾아볼 수 없는 자유분방한 모습이거든요. 그렇기 때문에 청춘들이 더 열광하지 않았나 싶습니다." <sub>임진모</sub>

# 캔 디 (1996)

아이돌 전성시대의 개막

가수

H.O.T.

앨범

1집 We Hate
All Kinds of Violence

작사 · 작곡

장용진



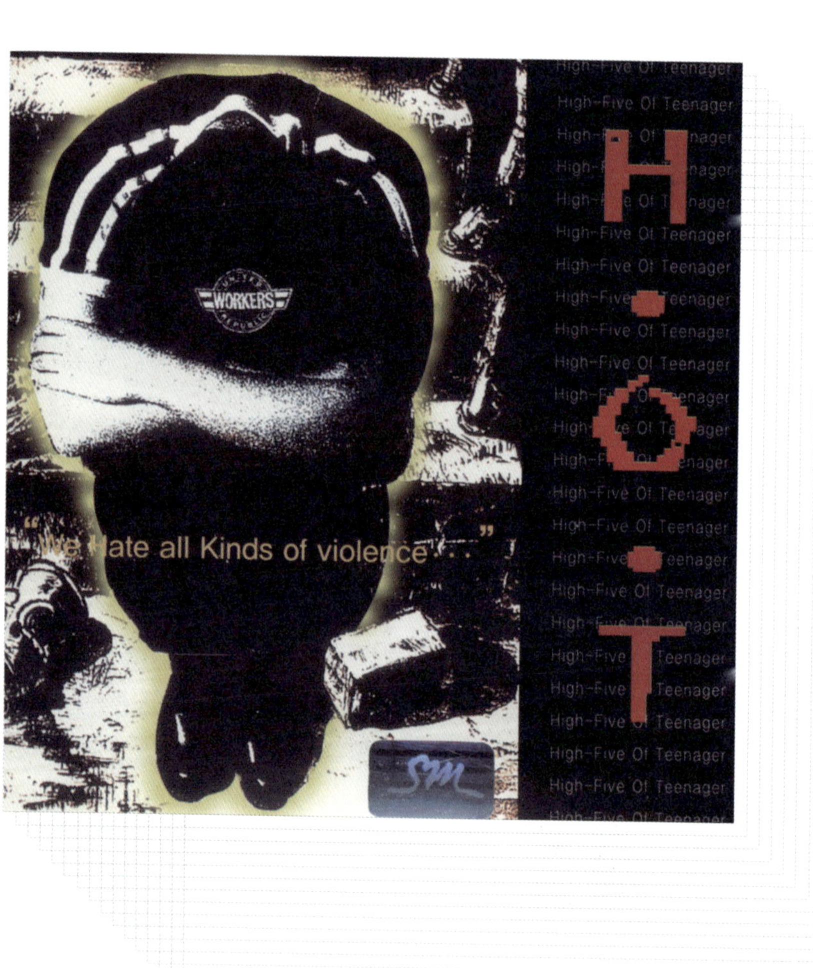

이 노래가, 그리고 이 그룹이 우리나라의 가요시장을 바꿔놓을 것이라곤 그 누구도 짐작하지 못했다. 음악계의 지각변동을 가져온 등장은 이전에도 있었지만 그 여파를 20년 가까이 이어온 사례는 드물다. 그중 하나가 H.O.T.의 「캔디」다.

「캔디」는 정확히 10대 시장에 초점을 맞추었다. 이전에 서태지와 아이들이 대다수 청소년을 소비계층의 주체로 무대 앞에 모이게 했다면, H.O.T.는 이 체제를 확실히 굳히는 데 결정적인 역할을 한 사례다. 여기서 이전 세대 아티스트들과의 차이점이 존재한다. 바로 H.O.T.는 완벽한 기획에 의한 결과물이라는 것이다.

스무 살 언저리에서 모인 5인조 보이그룹에 각양각색으로 다른 멤버별 매력, 곧 이어 그 뒤를 잇는 세련된 사운드와 가사 그리고 한눈에 들어오는 멋진 댄스는 10대의 소구력을 자극하기에 충분했다. 다시 말해 H.O.T.는 본격적인 아이돌 시대의 등장과 개막을 동시에 알리는 신호탄이었다. H.O.T.의 데뷔곡 「전사의 후예」의 후속곡 「캔디」는 이들의 기세에 불을 댕긴 기폭제였다.

가장 먼저 눈에 들어오는 것은 톡톡 튀는 가사와 귀엽게 움직이는 안무, 발랄한 의상이다. 따라 부르기도 쉬웠고 따라 추기도 쉬웠다. 10대 청소년들이 향하는 모든 곳에서 노래가 흘러나왔고 H.O.T.로 모든 이야기가 시작됐다. 알록달록 색상의 벙거지 모자와 벙어리장갑도 덩달아 유행했다. 「전사의 후예」로 어느 정도 스타의 대열에 올라선 H.O.T.를 독보적인 존재로 확실히 박아 넣은 결정타다. 공중파 방송 3사의 가요차트 1위를 한꺼번에 거머쥐었고, 1996년과 이듬해에 열린 시상식에서 온갖 상들을 쓸어 담듯 수상했다. 팬덤 또한 예상할 수 없는 속도로 몸집을 불려갔으며 '우리나라 최고의 가수'라는 타이틀도 이 무렵 서서히 새로운 위치를 찾아가는 것처럼 보였다.

「캔디」가 흔들어놓은 것은 H.O.T.의 위상만이 아니었다. 그 위에 있는 거대한 판도, 1990년 중후반의 가요계 지형도도 덩달아 흔들리고 있었다. 젝스키스를 필두로 S.E.S., 핑클, 신화와 god까지 수많은 그룹들이 H.O.T.와 유사한 외형으로 세상에 등장한 것이다. 단순한 유행이나 신드롬이 아니었다. 새로운 채널이 열리고 새로운 세대가 구성되는 순간이었다.

뉴 밀레니엄을 기점으로 아이돌 그룹들은 가요계의 최대어로 평가받는다. 당시에는 상상도 할 수 없었던 엄청난 규모의 시장이 곧 형성되었고 H.O.T.로 포문을 열었던 기획사 SM과 후발주자 JYP, YG, DSP 등도 우리나라를 대표하는 엔터테인먼트 회사로 올라서게 된다. 이러한 흐름이 20년 가까이 이어진 것을 보면 그리고 향후 10년은 더 동일한 기세가 예상된다는 것을 보면, 「캔디」의 무게는 더 묵직하게 다가온다.

풋풋한 10대의 사랑이라는 것에도 충분히 의미를 둘 수 있지만 가요계 전반으로 관점을 키웠을 때 들어오는 그림은 곧 몰아칠 광풍의 시작점에 해당한다. 「행복」, 「열맞춰」, 「빛」, 「아이야」로 이어지는 히트곡 행진도, 이윽고 이름을 내민 수많은 아이돌 그룹들의 행렬도, 더 나아가 전 세계에 케이팝 시장을 구축하는 작금의 행보도 그 원천을 거슬러 올라가보면 「캔디」에 도달한다.

「캔디」는 대한민국 대중음악 역사에서 하나의 터닝포인트였다. H.O.T.라는 이름으로 기록한 1996년과 1997년의 연이은 히트가 사람들의 뇌리에 강렬히 각인되어 있으나 더욱 큰 중요성은 그 이후에 당도한 가요시장에서의 변화에 제 몸을 뉘고 있다. H.O.T.의 「캔디」는 단지 추억에만 응답하는 옛 노래가 아니다. 「캔디」는 그 자체로 흐름이 생성되는 순간이자 바뀌는 순간이었다. 이수호

"'아이돌 그룹의 노래 하나가 정말 온 나라를 들썩이게 했던 때가 있었지…'라며 추억을 일깨우는 「캔디」는 여전히 굉장한 호소력을 지닌 노래입니다." 강명석

"H.O.T. 시절, 제가 안무를 짠 걸 모르시는 분들이 많은 것 같은데 「캔디」의 안무도 노래 색깔에 맞춰서 제가 짰습니다. 포인트는 항상 노래에 있는 것 같아요. 내가 이 가사를 몸으로 표현하면 어떤 느낌이 나올까를 상상했고, 그게 바로 누구나 따라 하기 쉬운 「캔디」의 안무로 탄생한 것입니다." 문희준

# 챠우챠우 <sub></sub>(1997)

대한민국 모던 록의 송가


**가수**

델리스파이스

**앨범**

1집 Deli Spice

**작사 · 작곡**

김민규

록 밴드 델리스파이스의 「챠우챠우(아무리 애를 쓰고 막아보려 해도 너의 목소리가 들려)」는 당시 펑크와 코어음악이 주류를 이루던 인디 음악계에서 모던 록의 싹을 피워낸 곡이다. 「챠우챠우」가 실려 있던 델리스파이스의 데뷔앨범은 무거운 사운드나 현란한 연주 없이 간단한 구조의 곡으로 대중들에게 신선함을 전파했다. 다소 허전할 수 있는 사운드를 감상적인 멜로디와 특유의 공감 어린 가사로 채움으로써 이들의 매력을 선보였고, 이 음반은 우리나라의 록과 인디 음악 역사에서 언급하지 않을 수 없는 명작으로 자리를 잡았다.

독특한 사실은 지금 누구나의 입에 오르내리는 「챠우챠우」가 앨범의 타이틀곡이 아니었다는 것이다. 1997년에 발표된 「챠우챠우」와 델리스파이스라는 밴드를 대중에게 널리 알린 기폭제는 2002년에 개봉한 멜로 영화 〈후아유〉였다. 배우 이나영과 조승우가 주연을 맡은 이 작품에 「챠우챠우」가 삽입되면서 델리스파이스는 대중에게 자신의 존재를 확고하게 각인시켰다. 이 영향력 덕분에 곡은 영화보다 더 유명세를 타면서 지금까지 기억되는 것이다.

「챠우챠우」라는 곡의 제목은 중국의 강아지 품종 이름으로 타이틀과 가사에는 당시 평론가나 일부 음악인들 사이에 존재하던 록 담론에 대한 풍자와 비판이 담겨있다. 특이한 것은 곡의 가사다. 곡의 처음부터 끝까지 '너의 목소리가 들려 아무리 애를 쓰고 막아보려 하는데도…'라는 말을 반복할 뿐이다. 어린아이도 따라 부를 수 있을 정도의 단순함은 그 함축된 의미를 뛰어넘어 결국엔 모든 사람들이 「챠우챠우」와 델리스파이스를 기억하게 만들었다. 이 독특한 가사는 최근 드라마 제목으로 차용되면서 대중은 다시 한 번 기억을 더듬을 수 있는 기회를 제공받았다.

곡을 들으면 의아할 정도로 단순한 곡의 구성에 놀란다. 한 음씩 화음을 연주하는 아르페지오로 울려 퍼지는 멜로디 아래에 곡은 특별한 후렴구랄 것도 없이 가사와 브리지 엔딩의 구조로 끝이 난다. 리듬과 메인 선율 또한 간단해서 한 번이라도 곡을 들었다면 뇌리에 박힐 만큼 독특한 인상을 남긴다. 그럼에도 기존에 흔히 생각하는 모던 록의 이미지와는 다르게 「챠우챠우」는 기타의 활용이 두드러진다. 곡의 주된 파트를 밀고 나가는 것 역시 기타이며, 기타 솔로까지 명확하게 보여주면서 기타 곡으로서의 면모를 보여준다.

많은 명곡들이 그래왔듯 「챠우챠우」도 다른 가수들의 리메이크를 거치게 된다. 인디 음악과 모던 록의 전파에 지대한 영향을 미친 곡인만큼 많은 록 밴드들이 이 노래의 선율과 가사를 자신들만의 방식으로 재탄생시킨다. 특히 최근 싱어송라이터 윤건은 자신의 음반에 「챠우챠우」를 피아노 버전으로 편곡하여 실었다. 비지Bizzy의 랩이 실린 산뜻한 구성으로 재탄생된 윤건의 「챠우챠우」는 다시금 명곡으로서의 진가를 발휘한다.

음악을 듣는다는 것이 점차 쉬워지는 지금에도 여전히 인디라는 이름으로 자신들만의 소리를 대중에게 알리고자 노력하는 음악가들이 존재한다. 인지도나 활동 방식의 차이 때문에 인디 음악이 대중들에게 큰 영향력을 미치기란 쉽지 않다. 하지만 1990년대 말 델리스파이스가 인디 음악계에 뿌린 한국 모던 록이라는 씨앗은 점점 그 영향력과 규모를 키워 현재 대중음악의 한 단면으로 자리를 잡았다. 「챠우챠우」는 그중에서도 하나의 장르를 전파할 수 있을 정도로 변화와 감성의 힘을 지니고 있는 강력한 곡이다. 이 힘은 아직도 우리가 「챠우챠우」를 언급하고 계속 듣고 부르며 즐기는 이유를 설명해주고 있다. 이기선

"「챠우챠우」는 '너의 목소리가 들려…'라는 가사를 나직이 읊조리는, 흔히 말하는 하이라이트라 할 수 있는 고음이 없는 노래입니다. 그런데 그러한 오묘함이 한국 모던 록이라고 불리는 장르를 사람들한테 명확하게 알리는 역할을 했습니다." 강명석

챠우챠우 델리스파이스(1997)

# 벌써 일년 (2001)

한국형 R&B의 시작이자 완성

**가수**

브라운 아이즈

**앨범**

1집 Brown Eyes

**작사 · 작곡**

한경혜 · 윤건

2001년 여름, 가요계는 '얼굴 없는 가수'의 맹위로 또 한 번 뜨거웠다. 남성 듀오 브라운 아이즈는 방송 활동 한 번 없이 데뷔 한 달 만에 지상파 음악 프로그램 1위 후보에 올랐다. 이들의 데뷔곡 「벌써 일년」은 출시된 지 얼마 안 돼 빠르게 소문을 타고 거리 곳곳의 스피커를 장악했으며 라디오 전파까지 휩쓸었다. 조성모, 김범수에 이어 모습을 드러내지 않고 성공을 거둔 경우이기에 대중과 매체의 관심은 더욱 클 수밖에 없었다.

음악 프로그램 출연은 물론 짧은 인터뷰조차 하지 않았음에도 「벌써 일년」이 히트할 수 있었던 것은 음악이 지닌 매력이 분명했기 때문이다. 곡을 이끄는 청명한 통기타 연주, 지난 사랑을 잊지 못하는 애잔한 가사, 화자의 심경을 대변하는 촉촉하면서도 절절함이 묻어나는 가창은 국내 음악팬들이 익숙하게 느낄 발라드의 전형적인 구성 요건이다. 하지만 노래는 정적인 반주가 아니라 바운스가 있는 중간 템포의 리듬을 취함으로써 발라드의 보편적인 틀에서 벗어난다. 어느 정도 친숙성을 갖췄지만 전에는 흔히 접할 수 없던 스타일의 편곡으로 신선함도 같이 어필했다.

명확하게 대비되는 두 멤버의 공정은 노래가 더욱 각별한 의미를 갖게 한다. 작곡과 편곡을 담당한 윤건은 어쿠스틱 기타, 피아노, 신스 스트링을 앞세워 곡이 보통 가요의 정서를 내도록 했다. 반면에 나얼은 리듬 앤드 블루스에 기초를 둔 보컬을 선보인다. 애드리브에 과도하게 집착하지는 않지만 후렴 끝부분의 섬세한 바이브레이션과 전반에 나타나는 리듬감으로 R&B를 지향함을 확실하게 밝힌다. 이들의 조합은 미국식 컨템퍼러리 R&B와는 꽤 다른 독특한 느낌을 창출해냈다. 이러한 연유로 「벌써 일년」을 두고 '한국형 R&B의 탄생'이라는 말이 오갔다.

세련미와 신선미를 갖춘 것 외에 뮤직비디오도 노래의 인기에 풀무질을 했다. 김현주, 이범수, 홍콩 배우 장첸이 출연한 뮤직비디오는 당시 유행하던 드라마 형식으로 대중의 시선을 끌었다. 그러나 이 같은 방식의 뮤직비디오가 대체로 대규모 물량 공세와 자극적인 연출에 의존했던 것과 달리 브라운 아이즈의 작품은 차분한 편집으로 주인공들의 관계와 감정을 나타내는 데에 주력했다. 영상은 노래가 지닌 부드러운 분위기, 애틋한 정서를 효과적으로 전달하는 매개로서 임무를 완벽하게 수행했다. 노래와 뮤직비디오가 서로 보완하며 성공적인 흥행을 도모했다고 해도 틀린 말이 아니다.

노래의 히트 덕분에 데뷔앨범은 그해 60만 장 이상 판매됐으며, 브라운 아이즈는 2001 〈엠넷 뮤직비디오 페스티벌〉에서 '신인 그룹' 부문을 수상하는 등 큰 인기를 누렸다. 각각 4인조 그룹 앤섬과 팀으로 활동했지만 소수 마니아의 이목을 끄는 데에 그쳤던 나얼과 윤건은 일약 스타가수로 거듭났다. 혹자는 이를 두고 신비주의 마케팅이 또 효력을 발휘했다고 했다. 하지만 기획과 홍보가 작품의 질을 대신하지는 못한다. 윤건이 지은 흡인력 강한 선율, 나얼의 호소성 짙은 싱잉, 이것들이 색다른 멋을 낸 음악이 일차적으로 많은 사람의 마음을 움직인 것이다.

윤건과 나얼이 이룬 시너지는 그룹의 성공을 넘어 가요계 전반으로 영향을 넓혔다. 이후 리치의 「사랑해, 이 말밖엔⋯」, 플라이 투 더 스카이의 「Sea of Love」, 오션의 「More Than Words」, SG워너비의 「Timeless」 등 한국 대중음악의 정감을 띤 중간 템포의 반주, 리듬 앤드 블루스 스타일의 보컬을 혼합한 노래들이 대거 등장하며 트렌드를 형성했다. 일련의 노래들은 흑인음악 애호가와 일반 음악팬의 고른 호응을 얻으며 스타일을 확산했다. 「벌써 일년」에 '한국형 R&B의 시작'이라는 수식이 붙는 것은 이 때문이다. 한동윤

"「벌써 일년」은 한국적인 R&B 기준을 만들었고 어떻게 보면 이 곡 자체가 하나의 장르가 돼버린 것 같습니다. 이후로 거의 10년 동안 이 곡의 변주라고 해야 할 만한 곡들이 계속 나왔거든요. 그런 점에서 정말 대단한 곡입니다." <sub>강명석</sub>

"장르를 시도하는 건 '새로움'이라는 의미를 갖습니다. 대중이나 뮤지션은 공통적으로 반복되는 스타일을 싫어합니다. 누구든 새로운 걸 찾죠. 새로운 것을 보여주는 것이 아티스트의 임무라고 볼 수도 있고요. 결국 우리가 똑같은 노래만 들을 수는 없다는 말입니다. 새로운 패턴이란 결국 대중음악의 기반이라 할 수 있는 다양성의 시작이에요. 새로운 것을 찾아내지 못한다면 어떻게 우리 음악에 다양한 장르가 공존할 수 있겠습니까?" <sub>임진모</sub>

아시아 넘버원의 1세대 K-Pop

가수

보아

앨범

2집 No. 1

작사 · 작곡

Ziggy

2002년 3월 보아의 일본 첫 정규 음반 『Listen To My Heart』가 한국 가수로는 처음으로 일본 오리콘 앨범 차트 정상에 올랐다. 게다가 수록곡 「Listen To My Heart」와 「Every Heart」는 각각 싱글 차트 5위, 10위에 오르며 보아의 이름을 널리 알리는 계기가 되었다. 국내 활동을 병행하던 보아는 같은 해 5월 「No. 1」으로 여러 음악 프로그램에서 정상을 석권했고, 연말에는 〈일본 레코드대상〉, 〈MBC 10대가수가요제〉, 〈SBS 가요대전〉 등에서 트로피를 거머쥐었다. 겨우 열일곱의 어린 소녀가 한국과 일본 양국에서 단숨에 스타로 급부상한 것이다.

2000년 「ID; Peace B」로 데뷔했을 때 보아는 열다섯이라는 어린 나이가 무색할 만큼 능숙한 보컬과 격한 안무를 선보이며 세간의 관심을 샀다. 하지만 큰 히트는 달성하지 못했다. 앨범 판매량은 18만 장에 달해 신인치고는 무척 괜찮은 실적이었으나 데뷔를 위한 투자액이 무려 30억 원에 이르는 점을 고려하면 결코 만족스러운 수치는 아니었다.

일련의 정황 탓에 「No. 1」에 부여되는 의미는 각별하다. 2001년 본격적으로 일본에 진출한 뒤 약 8개월 만에 한국과 일본 대중음악사에 길이 남을 신기록을 세웠지만 정작 우리나라에서는 활약이 미흡했던 보아가 이 노래로 비로소 국내에서도 으뜸가는 위치에 섰기 때문이다. 빈틈없는 기획과 이를 기반으로 한 체계적인 트레이닝이 맺은 귀한 결실이었다. 아시아를 누비는 꿈은 현실로 나타났고 노래의 히트로 탄력받은 보아는 한국과 일본에서 크나큰 성공을 이어가게 됐다.

「No. 1」은 경쾌함과 서정미를 동시에 전함으로써 큰 사랑을 받았다. 당시 서구 대중음악계에서 유행하던 댄스 팝 형식을 채택해 세련된 흥겨움을 발산했다. 그와 함께 댄스곡임에도 첫사랑을 잊지 못하는 소녀의 애달픈 마음을 달과 구름 등을 빌려 표현함으로써 촉촉한 감수성을 한껏 드러냈다. 역동적인 리듬과 은은한 코러스는 서로 대비되는 매력으로 곡을 더욱 멋스럽게 가공했다. 또한 시원스럽게 춤을 추는 중에도 보컬은 조금의 흔들림 없이 라이브를 깔끔하게 소화했으니 사람들의 눈길은 보아에게 고정될 수밖에 없었다.

노래의 히트는 우리 음악 산업에도 변화를 일으켰다. 이후 데뷔하는 가수들의 연령이 부쩍 어려진 것이 그중 하나다. 비슷한 또래로 동질감을 형성해 음반시장의 주요 소비층인 10대를 수월하게 공략할 수 있으며 그 이상의 연령대에는 귀여움과 풋풋함을 앞세워 두루 호감을 살 수 있기 때문이다. 어린 나이에 데뷔할수록 활동 기간도 상대적으로 많이 확보되니 가수와 제작자 모두 이득인 셈이다.

무엇보다 가장 중대한 변화는 '케이팝'이라 명명된 우리 대중음악이 나라 바깥에서도 힘을 드러낸 것이다. 2000년을 전후로 여러 가수들이 대만, 중국 등지에서 공연을 열며 외국 시장 진출을 확산해 갔지만 이들 대부분은 한시적인 활동만 보일 뿐이었다. 반면에 보아는 음반 출시와 공연 활동을 모두 꾸준히 지속했으며 히트마저 연이었다. 그 나라 말을 자연스럽게 구사해 언어의 벽을 허물었고 철저한 시장 조사를 토대로 그곳 대중이 선호하는 콘텐츠를 선보인 덕분이다. 이후 다수의 아이돌 가수가 이러한 시스템으로 외국 진출을 준비했으며 이로써 현재 훌륭한 성과를 내고 있다.

「No. 1」은 2002년 부산 아시안게임을 일본에 독점 중계하는 TBS 방송국의 아시안게임 테마곡으로 사용돼 더 많은 이에게 보아를 알렸다. 노래는 이 같은 히트 외에도 가수 제작의 패러다임을 바꾸는 기폭제로서, 케이팝이 외국 시장 진출에 적극성을 띠는 분기점으로서 중요한 역할을 했다. 이로써 '아시아의 별'로 등극한 보아에게 매우 의미 있는 노래가 됐다. 한동윤

"「No. 1」은 보아의 음악인생에서도 정점에 있는 곡이지만, 우리 케이팝의 가능성을 보여주고 우리 노래도 충분히 세계로 뻗어 나갈 수 있다는 자신감을 제작자와 음악관계자들에게 심어준 곡이기도 합니다." 임진모

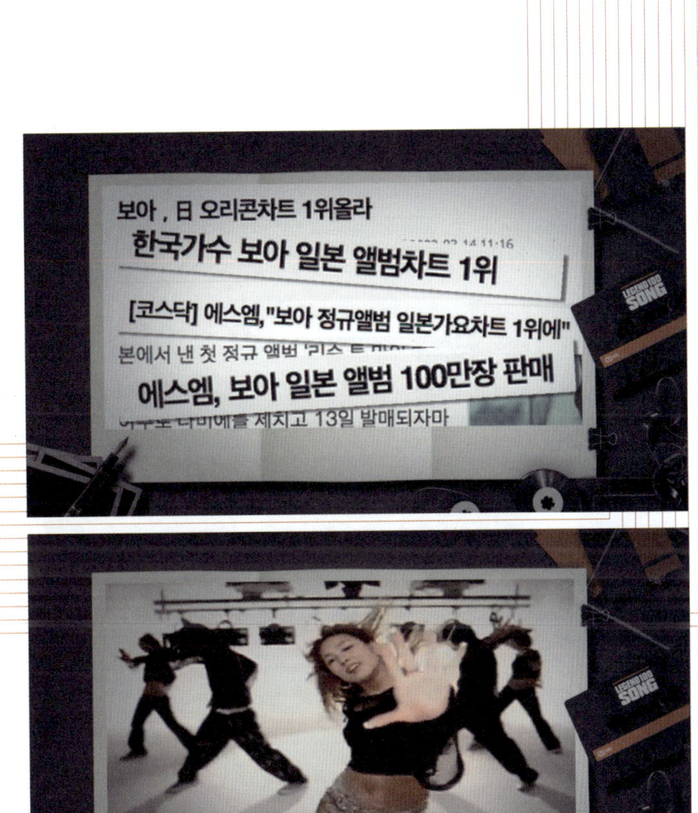

# 96

# 어머나 (2004)

신세대 트로트의 시작

**가수**

장윤정

**앨범**

1집 어머나

**작사 · 작곡**

윤명선

「어머나」는 2000년대에 트로트의 부활을 알린 곡이다. 2004년에 발표된 이 곡은 신세대 트로트에 대한 개념을 정립했고, 기존에 트로트를 즐기던 기성세대뿐만 아니라 장르에 큰 관심이 없던 젊은 세대에게도 그 매력을 알렸다. 더불어 장윤정이라는 가수는 「어머나」를 통해 국민 트로트가수로 자리매김했으며, 이후 많은 트로트가수들 역시 재조명을 받았다.

트로트라는 음악은 오랫동안 중장년층의 음악으로 여겨져 왔다. 일본의 엔카 음악이 국내에 들어와 정착하며 발생한 트로트는 1920년대부터 우리나라 대중음악의 한 축을 담당했지만 1990년대 초에 초강세를 보인 댄스와 R&B 장르로 인해 트로트는 서서히 중심에서 벗어나기 시작했다. 여러 변화를 시도해서 재기를 꾀하기도 했지만 장르의 소비층은 점차적으로 기성세대로 넘어갔으며, 소박한 멜로디와 꺾기처럼 꾸밈이 많은 가창 스타일 때문에 트로트는 젊은 음악팬들의 관심에서 멀어져갔다.

이러한 상황에서 「어머나」의 등장은 신선함 그 자체였다. 장윤정 역시 처음부터 트로트가수로 데뷔한 것은 아니었다. 1999년 〈강변가요제〉 대상 출신인 그는 데뷔 초에 댄스가수로 활동을 시작했으나 정작 대중에게 이름을 알린 것은 「어머나」를 통해서였다. 이 곡으로 장윤정은 우리나라 트로트에 있어서 빼놓을 수 없는 가수가 되었다.

대중의 전폭적인 지지를 받은 곡임에도 불구하고 「어머나」가 처음 발표됐을 때의 반응은 미약했다. 이승철의 「서쪽 하늘」 등을 만든 작곡가 윤명선이 이 노래를 만들고 많은 트로트가수들에게 불러달라고 제안했지만 거절당했다고 한다. 곡 분위기가 우리가 알고 있는 이전의 트로트와는 다르게 귀엽고 발랄했기 때문이다. 이렇게 사장될 뻔했던 노래를 부르게 된 가수가 바로 장윤정이다.

많은 가수들에게 외면을 받았던 곡이지만 장윤정이라는 가수가 없었더라면 「어머나」의 성공은 쉽지 않았을 것이다. 곡은 러시아 폴카 리듬에 트로트 멜로디를 결합시켜 귀엽다는 인상을 주기는 하지만 전형적인 장르의 특성을 벗어나지는 않는다. 평범한 시도로 끝날 수 있던 곡이 날개를 단 것은 기존의 트로트 음악이 가지고 있지 않던 변화와 새로움 덕분이었다. 그리고 이 변화와 새로움에 날개를 달아준 것이 바로 노래를 부른 장윤정이었다. 비음이 섞인 목소리로 '어머나'를 외치는 곡의 도입부는 이전의 어떤 트로트가수에게서도 찾을 수 없던 신선함을 담고 있었다. 당시 20대 중반 어린 가수의 목소리가 완벽한 성인가요 창법을 구사했다는 것 역시 특기할 만한 점이었다. 이렇게 「어머나」는 재미있고 파격적인 가요로서 대중에게 다가갈 수 있었다.

「어머나」 열풍이 불어 닥쳤다. 김수희의 「애모」 이후 12년 만에 트로트가 가요 순위 프로그램에서 1위를 차지했고, 휴대폰 벨소리와 컬러링 순위를 1년간 독식하기도 했다. 연말 가요 대상에서 장윤정과 「어머나」는 절대 빠질 수 없는 화두였으며 그 인기는 해를 넘겨서도 지속됐다. 폭발적인 인기가 가져온 여파는 단순히 장윤정이라는 스타의 탄생에 그치지 않고 2000년대 중반 이후 우리나라 가요계 한편에 트로트를 위한 자리를 만들었다. 「어머나」의 뒤를 이은 장윤정의 후속곡들이 잇따라 대중의 주목을 받으면서 박현빈, 홍진영 등 20~30대에게도 어필할 수 있는 트로트가수들이 등장하는 기폭제 역할을 했다.

트로트가 계속해서 과거의 방식으로 자기 복제를 했다면 지금 트로트의 존재는 희미했을지도 모른다. 「어머나」는 귀엽고 상큼한 이미지로 기존에 가지고 있던 올드한 감성을 탈피해 트로트가 모든 세대의 음악으로 퍼질 수 있다는 것을 보여주었다. 2000년대 중반 우리나라를 휩쓴 「어머나」의 여파는 케이팝에 다양성을 부여한 우리 시대의 대표적인 트로트곡이다. 이기선

"대중가요의 가장 큰 힘은 장소에 제약받지 않는
거라고 생각해요. 우리가 어떤 문화를 즐기려면
특정한 장소에 가야 하고 잠깐이라도 멈춰 서서
생각하는 시간을 가져야 하잖아요. 영화만 하더
라도 두 시간이 넘죠. 그런데 대중가요는 내가
서 있건 걷건 앉아 있건 그 어디에서든 짧은 시
간 안에 향유할 수 있는 거의 유일무이한 문화
입니다. 음식을 제외하면 역사적으로 가장 오래
된 문화이기도 하고요. 그런 점에서 볼 때 대중
가요는 우리와 가장 가까이 있는 문화라 할 수
있겠죠."<sub>배순탁</sub>

# 거짓말 (2007)

아이돌 싱어송라이터의 포문

가수

빅뱅

앨범

2집 Remember

작사 · 작곡

G-Dragon

이 노래의 업적을 살피기 위해선 노래가 공개되기 전 시장 상황을 반드시 짚고 넘어가야 한다. 한국 대중음악은 1990년대에 트로트, 발라드, R&B, 댄스 등 다양한 장르가 인기차트 1위를 차지할 만큼 르네상스 시대를 펼쳤고, 발라드와 댄스가 집중된 2000년대에 접어들면서 그 기류가 소강되긴 했지만 적어도 2003년까지 대중이 들을 수 있던 음악의 종류는 적지 않았다.

하지만 2004년 1월부터 2007년 7월까지, SG워너비의 「Timeless」를 시작으로 미디엄 템포 발라드가 한순간에 음악시장을 집어삼켰고 이 장르가 아니면 어느 가수든 주목받기 어려웠다. 전혀 다른 스타일을 고수했던 가수들도 유행에 동참하기 시작했으며 씨야, 엠투엠, FT아일랜드 등 수많은 신생 그룹도 탄생했다.

이때는 아이돌 그룹도 힘든 시기였다. 빅마마, 세븐, 휘성, 거미 등을 히트시킨 YG엔터테인먼트도 야심차게 5인조 보이그룹 빅뱅을 내놓았지만 처음에는 별다른 이목을 끌진 못했다. 첫 싱글 『Bigbang』부터 무려 세 장의 싱글과 정규 1집 『Bigbang Vol.1』까지 내놓았지만, 팀의 이름을 제대로 알리는 데 어려움을 겪었다.

리더 지드래곤이 직접 작사·작곡하고 '용감한 형제'가 편곡한 빅뱅의 「거짓말」이 대단한 건 앞서 설명한 절대적 상황을 돌파해냈기 때문이다. 물론 이 결실은 「거짓말」이 미디엄 템포에 지쳐 있던 대중의 호응을 이끌어낼 만큼 폭발적인 인기를 얻은 의미도 있으나 더 엄밀히 말해 이 노래는 아이돌 싱어송라이터의 포문을 연 곡이다.

싱글과 정규앨범 포함, 여섯 장만에 성과를 이뤄낸 빅뱅은 그간 대중이 가진 아이돌에 대한 편견을 걷어낸 역할을 한 팀이기도 하다. 동방신기가 퍼포먼스와 라이브 무대를 완벽히 소화하며 1세대 아이돌이 가졌던 립싱크 문제를 해결했다면, 빅뱅은 직접 곡을 쓰는 뮤지션의 이미지까지 더하게 됐다. 음악에 대해 소속사의 주문으로 수동적 자세를 취한 것이 아닌, 직접 음악하는 아이돌의 모습을 보여주게 된 것이다.

일본 시부야케이 장르에서 자주 들을 수 있는 서정적인 피아노 연주로 시작하는 곡은 금세 유로하우스와 트랜스를 버무리며 신 나는 댄스음악으로 변신한다. 만약 여기서 일렉트로닉 코드만 내세우기 바빴다면 그저 전자음악 마니아들만의 관심으로 끝났겠지만 「거짓말」이 국민가요가 될 수 있었던 핵심 코드는 선율이다. 댄스가요에서 듣기 편한 멜로디가 곡에 빛을 내주었고, 이것이 최신 일렉트로닉 편곡과 찰떡궁합이 되면서 깔끔한 댄스곡으로 나오게 되었다.

이후부터 기획사에서 내놓는 아이돌 음악의 퀄리티는 달라졌다. 빅뱅처럼 본인들이 직접 곡을 쓰는 그룹도 많아졌고 소속사에서 가수들을 위한 전문 프로듀서 팀을 양성하는 경우도 생겨났다. 일시적인 인기에 합승하는 것처럼 보였던 아이돌 음악에도 장르의 전문성이 키워지게 된 것이다.

물론 곡을 만들어낸 주인공의 향후 발자취는 더욱 대단하다. 이 기세를 몰아 창작력에 불을 지핀 지드래곤은 이후 빅뱅의 「마지막 인사」, 「하루하루」, 「TONIGHT」 등 주요 곡에 참여하며 연타석 홈런을 일궈냈고 본인의 솔로 앨범도 성공적으로 만들어내며 한국 대중음악의 트렌드를 이끄는 아티스트로 성장했다.

이종민

"아이돌 음악도 보다 고급스럽고 세련되게 전 세계적인 트렌드를 따라 해도 된다는 걸 확실히 제시한 노래가「거짓말」입니다. 힙합이나 일렉트로니카 장르가 아이돌 음악 안으로 자연스럽게 섞이기 시작한 게「거짓말」과 그 앨범에 담겨 있던 곡들부터라고 봐요." 강명석

"가수지망생들은 노래를 아주 잘합니다. 노래는 잘하는데 음악은 잘 모르는 경우가 많아요. 하지만 싱어송라이터를 전문으로 하는 친구들은 자기가 좋아하는 음악에 훨씬 더 집중합니다. 그들은 절대 오버하지 않고, 자기가 낼 수 있는 만큼만 소리를 내요. 자기가 표현할 수 있는 만큼, 자기가 쓴 곡을 사람들에게 불러줬을 때 그 사람의 마음을 건드릴 만큼만 소리를 내는 거죠. 그 애기는 곧 그들이 자유롭다는 뜻이거든요. 사람들은 그걸 느낄 것이고, 절정의 고음을 구사하지 못하더라도 아주 중요한 의미가 있는 겁니다." 정원영

# 98

# Tell Me <sup>(2007)</sup>

21세기형 국민가요의 새 공식

**가수**

원더걸스

**앨범**

1집 The Wonder Years

**작사 · 작곡**

박진영

H.O.T.와 젝스키스, 동방신기, 신화 등 보이그룹 위주의 아이돌 시장에 2000년대 중반부터 걸그룹 대란이 점차 기지개를 켜기 시작했다. 그 와중에 관심의 한자리를 차지하고 있던 것이 바로 JYP의 원더걸스였다. god와 비의 성공 이후 박진영의 행보가 점차 주목받기 시작한 데다가 오디션 프로그램 출신의 민선예가 멤버로 포함되어 있다는 사실이 기삿거리로 연일 포털에 오르내리며 한껏 기대감을 불러일으켰다.

이처럼 많은 시선을 받았음에도 정작 이들의 데뷔곡 「Irony」의 성적은 그렇게 좋지 못했다. 그러던 중 선보인 「Tell Me」라는 노래 한 곡이 모든 흐름을 뒤집었다. 그룹 내부적으로는 어수선한 상황이었지만 그런 것들은 이 곡 앞에서 전혀 문제가 되지 않았다. 첫 방송을 마치고 난 후 이들에게 찾아온 것은 어마어마한 인기의 핵폭풍이었기 때문이다. 잘 팔리는 곡만 있을 뿐 히트곡이 사라진 시대에 탄생한 간만의 국민가요였고 이를 통해 아이돌로서는 하기 힘든 세대통합을 이루어냈다. 「Tell Me」는 무엇보다 후크송의 전성시대를 견인했다는 점에 큰 의미가 있다.

미국의 댄스 팝가수 스테이시 큐의 「Two of Hearts」를 샘플링하며 윗세대와의 공감대를 노린 것도 주효했지만 이 노래를 국민가요 반열에 올라서게 만든 것은 바로 'Tell me tell me tetetetete tell me⋯'로 반복되는 후렴구다. 어디를 가나 흘러나오는 이 마법의 주문에 사람들은 하나둘씩 세뇌되기 시작했고 올해의 노래 및 신인상은 당연히 이들의 몫이 되었다. 노래보다는 스타성이 중시되던 아이돌 시장에서, '후크'라는 방법을 영리하게 활용해 곡 자체에 무게중심을 두며 차별화를 꾀했던 JYP의 전략은 그렇게 이들이 '3대 기획사'로 가는 발판을 마련했다.

또 하나, 이제는 콘텐츠의 재생산 유도가 성공으로 가는 지름길임을 확실히 보여주는 사례가 되었다. 곡도 곡이지만 많은 이들이 열광했던 다른 하나는 이들이 추던 춤이었다. 간단하면서도 사운드와 완벽하게 매치되는 퍼포먼스는 사람들의 패러디 욕구에 불을 지폈고, 쉴 새 없이 유튜브 등의 동영상 사이트에 '군인 텔미', '경찰 텔미' 등 일반인들의 안무 영상이 업로드되었다.

이렇게 단순히 들려주고 보여주는 것이 아닌, 인터넷과 SNS의 활성화를 발판으로 한 2차 생산물 제작의 적극적인 참여와 이에 대한 피드백이야말로 21세기에 있어 가요계의 성공 공식이라는 것이 정식으로 각인된 2007년이었다.

원더걸스의 돌풍 이후, 걸그룹의 양산과 더불어 손담비의 「미쳤어」, 소녀시대의 「Gee」, 슈퍼주니어의 「쏘리 쏘리」, 티아라의 「Bo Peep Bo Peep」 등의 후크송이 전면적으로 아이돌 및 가요시장을 지배했고, 안무에 초점을 맞춤과 동시에 SNS를 통한 프로모션에도 적극적으로 가담하는 등 대중들과의 즉각적인 커뮤니케이션 및 공감대 형성에 집중하는 것이 우선과제 중 하나가 되었다.

후크송과 패러디 유도 측면에서 보자면 싸이의 「강남스타일」 역시 이러한 부분에 빚을 지고 있다고 해도 틀린 말은 아닐 것이다. 7년 전에 일으킨 자그마한 날갯짓은 이렇게 아시아를 넘어 본거지를 조금씩 넓혀가고 있는 케이팝 한류의 원천으로 자리함과 동시에 노래 한 곡이 보여줄 수 있는 영향력의 최대치를 과시하고 있다. 황선업

"'아, 걸그룹이라는 것을 남녀노소 누구나 좋아
할 수 있구나, 이런 팀이어야 사랑받을 수 있구
나' 하는 생각을 심어준 결정적인 노래가 바로
「Tell Me」였습니다." 강명석

K-Pop 열풍의 거점

**가수**

슈퍼주니어

**앨범**

3집 쏘리 쏘리
(SORRY, SORRY)

**작사 · 작곡**

유영진



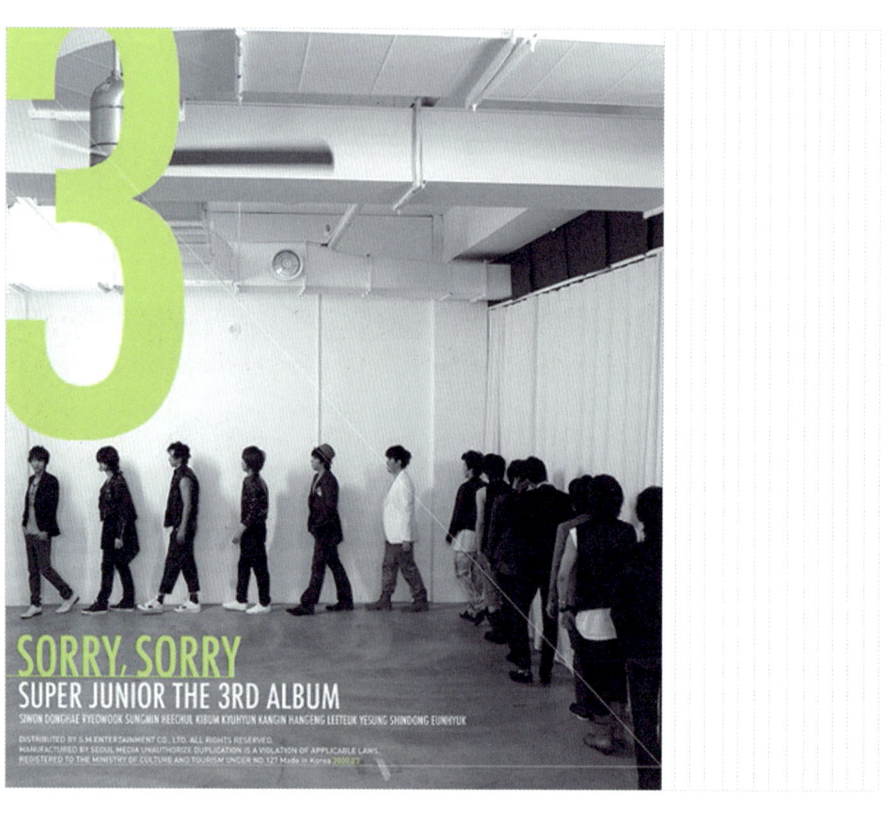

누군가 한류 열풍의 시발점을 따지려 든다면 쉽게 답이 나오진 않을 것이다. 대만 시장을 점령한 클론을 기준으로 잡을 수 있고, 중국을 누볐던 안재욱과 NRG, 몽골에도 진출한 베이비복스, 더 나아가 1980년대 일본에서 활약한 조용필까지도 언급될 수 있다. 그만큼 한국 가수들이 타국에서 활약을 펼친 건 어느 일정 시점으로 잡기 어려울 만큼 꾸준했고, 그 지속성이 뭉쳐 지금의 케이팝을 만들었다고 해도 과언이 아니다.

이렇게 한류를 지구촌에 전파한 가수들의 숫자가 적지 않은 상황에서 13인조 남성 그룹 슈퍼주니어의 3집 『쏘리 쏘리(SORRY, SORRY)』의 타이틀곡 「쏘리 쏘리」를 '케이팝 열풍의 거점'으로 지목할 수 있는 이유는 무엇일까.

태국 채널 [V] 아시안 차트 8주 연속 1위, 대만 최대 음원 사이트 KKBOX 한일 차트 31주 연속 1위, 필리핀 최대 음반판매량 집계 차트 MUSIC ONE 주간 종합 앨범 차트 1위 등 숱한 신기록을 보유했지만, 가장 중요한 건 이러한 결과를 얻는 것으로만 그치지 않고 국외 음악 산업에서도 성공할 수 있는 체계와 모델을 완성했기 때문이다.

앞서 아시아권에서 인기몰이한 스타들의 공통적인 특징이라면 그 기간이 일시적 또는 수익은 나지 않는 반쪽자리 성공이라 평가할 수 있다. 즉, 한국 기획사들이 큰 꿈을 그리며 진출하기엔 손실을 안고 갈 수밖에 없었던 상황이었다. 이미 이 시기에 아시아에서 한국을 대표할 만한 지명도 높은 가수를 꼽으라고 한다면 보아와 동방신기가 있으나 그 지분은 한국과 일본에 집중되어 있었다.

슈퍼주니어의 성공을 남다르게 평가할 수 있는 건, 앞서 기록에서 보듯 다양한 국가에서 사랑을 받았다는 점, 그 결과가 대부분 신기록으로 등록될 만큼 폭발적이었다는 점 그리고 이를 기반으로 한국의 음악 기획사들도 마음껏 국외에서의 활동에 도전할 수 있는 시스템을 만들었다는 점이다.

그 중심엔 당연히 그룹을 키워낸 소속사 SM엔터테인먼트가 있다. H.O.T. 때부터 외국의 문을 두드렸던 이들의 집중력은 보아를 통해 일본에서 성과를 알리기 시작했고 동방신기란 도화선을 거쳐 슈퍼주니어로 마침내 폭죽을 터뜨렸다. 애초 세계시장을 겨냥하여 탄생한 그룹은 「쏘리 쏘리」란 빅히트 넘버와 함께 음반, 음원 판매의 실적은 기본이며 'Super Show'란 공연 브랜드도 만들어내며 영미 팝스타가 부럽지 않은 월드 투어 수익 성적을 올렸다. 인기만 있었던 케이팝의 존재가 단숨에 세계 음악시장에서 무시하지 못할 산업으로 변신하게 된 것이다.

이후 케이팝의 흥행은 놀라운 가속도를 밟게 된다. 같은 소속사의 샤이니, 소녀시대의 뚜렷한 상승곡선은 물론이며, YG, JYP, 큐브, DSP 등 국내 기획사에서 탄생시킨 아이돌 그룹들도 거침없는 성과를 만들어낸다. 그야말로 케이팝의 전성시대가 온 것이다.

1990년대 중반부터 「전사의 후예」, 「I'm Your Girl」 등 SM의 히트곡을 써냈던 작곡가 유영진이 만든 이 노래는 당시 영미권에서 유행이던 일렉트로닉 댄스와 오토튠(프로그램에서 음성을 자유롭게 보정하는 플러그인)을 적극적으로 차용, 후렴의 반복을 극대화하면서 중독성 높은 곡으로 완성됐다. 듣기 쉽고 따라 부르기 편한 곡이 가장 대중적인 노래라는 정석을 영리하게 지켜낸 것이다. 동시에 그것이 체계적인 시스템과 맞물렸을 때 어떠한 화학작용을 일으킬 수 있는지 확인시켜준 놀라운 제작물이다. 이종민

"어떤 경우든 그 가수가 가지고 있는 고유의 캐릭터가 있습니다. 요새는 가창력부터 시작해서 안무, 의상까지 모든 것들을 미리 다 생각해서 곡을 만들기 때문에 그 가수만이 소화할 수 있는 곡이 생기게 되는 거죠. 「쏘리 쏘리」도 그런 경우입니다. 가수와 곡이 가지고 있는 색깔이 잘 매치됐다고 생각해요." 돈 스파이크

쏘리 쏘리 슈퍼주니어(2009)

# 강남스타일 (2012)

빌보드 히트 월드스타일

**가수**

싸이

**앨범**

싸이 6甲 Part 1

**작사 · 작곡**

싸이 · 싸이, 유건형

캐나다의 팝가수 칼리 레이 젭슨과 저스틴 비버를 발굴한 매니저 스쿠터 브라운은 동영상 사이트에서 우연히 싸이의「강남스타일」뮤직비디오를 보았다. 이 뮤직비디오의 매력에 빠진 그는 평소에 친분이 있는 한국계 미국인 프로모터 이규창에게 싸이와 연결해달라고 부탁했고, 이규창은 친한 윤도현을 통해 싸이를 소개받았다. 이 우연을 가장한 필연으로 싸이는 미국의 빌보드와 영국의 오피셜 차트를 비롯해 전 세계 인기 순위를 휩쓸었다. 이로써 싸이는 대한민국 가수가 한글 가사로 부른 노래로 외국 차트 상위권에 진입하고자 했던 우리 대중음악계의 오랜 숙원을 푼 주인공이 됐다.

「강남스타일」은 호주, 오스트리아, 벨기에, 브라질, 불가리아, 캐나다, 체코, 덴마크, 핀란드, 프랑스, 독일, 그리스, 온두라스, 이스라엘, 이탈리아, 레바논, 룩셈부르크, 멕시코, 네덜란드, 뉴질랜드, 노르웨이, 폴란드, 포르투갈, 러시아, 스코틀랜드, 스페인, 스위스, 영국, 베네수엘라 그리고 대한민국까지 31개 나라에서 1위를 차지하는 전대미문의 성공을 거뒀다. 이는 다른 팝가수도 쉽게 이루기 힘든 거대한 인기 폭풍이었다. 미국에서는 7주 동안 빌보드 싱글차트 2위에 머물렀지만 젊은 세대에게 영향력과 파급력이 더 큰 아이튠즈 차트 정상에 올라 빌보드 넘버원 못지않은 인기를 경험했다.

「강남스타일」의 글로벌 성공은 재밌고 엉뚱한 뮤직비디오가 출발점이었다. 관광버스에서 춤추는 할머니, 팔을 앞뒤로 씩씩하게 저으며 한강 둔치를 거꾸로 걷는 아주머니, 장기 두는 할아버지의 등장과 사우나, 놀이공원, 깨끗한 지하철 등은 외국인들에게 서울의 이미지를 밝고 활기찬 도시로 환기시키는 역할을 했다.

2012년 7월 15일에 음원과 함께 공개된 뮤직비디오는 티-페인, 케이티 페리, 톰 크루즈, 로비 윌리엄스, 브리트니 스피어스, 조셉 고든 레빗 등 유명인들이 자신의 SNS에「강남스타일」을 언급하면서 그 잠재력이 폭발했다. 8월부터 기하급수적인 상승세를 탄「강남스타일」의 뮤직비디오는 동영상 사이트에서 19억 3천 7백만 회 이상(2014년 3월 말 기준)의 플레이를 달성해 전 세계에서 가장 많이 본 영상이 되었고, 지금도 하루에 수십만 명의 네티즌들이「강남스타일」영상의 플레이 버튼을 누르며 매일매일 신기록을 갱신하고 있다.

뮤직비디오에서 보여준 복고적인 말춤은 세계 곳곳에 급속히 퍼지며 1990년대 중반의 '마카레나 춤' 이후 세계인들을 전염시킨 안무로 등극했다. 우리나라뿐만 아니라 인도네시아, 이탈리아, 프랑스에서는 2만 명이 모여 플래시몹 행사를 열었고, 그 외에도 전 세계 각지에서 적게는 수십 명, 많게는 수만 명이 모여 노래에 맞춰 말춤을 습득했다.

또 세계인들에 의해 양산된 수많은 패러디 영상은 「강남스타일」을 확대 재생산한 일등공신이다. 이 모든 것이 SNS를 통한 공유화 과정 덕분이었다. 이 '강남스타일 현상'은 그해 독일에서 있었던 〈MTV 유럽 뮤직 어워드〉와 프랑스 칸느에서 열린 〈NRJ 뮤직 어워드〉 그리고 〈빌보드 뮤직 어워드〉 등 여러 시상식에서 거품이 아니었음을 공인받았다.

하지만 뮤직비디오의 열풍에 가려 음악적인 매력을 간과해선 안 된다. 싸이와 유건형이 합작한 「강남스타일」은 일렉트로니카 댄스의 바탕 위에 랩과 디스코, 덥스텝, 유로 댄스를 융화시킨 흥겹고 밝은 파티 음악이다. 신시사이저의 건반 리프가 시종일관 곡의 탱탱한 긴장감을 유지하고, 주요 멜로디 '오, 오, 오, 오, 오빠 강남스타일/ Hey sexy lady…'에서는 쉽지만 인상적인 멜로디로 대중을 빨아들였다. 또한 영어 제목 'Gangnam Style'에서 'Gangnam'을 '갱남'으로 이해한 외국인들이 「강남스타일」을 갱과 연관 있는 노래로 오해한 것도 상상력에 탄력을 부여하며 성공의 요인으로 작용했다. 하지만 이렇게 해외의 반응이 대중에게만 한정된 것은 아니었다. 《롤링 스톤》, 《타임》, 《뉴욕타임스》 같은 유력 매체들도 「강남스타일」을 [illegible]를 빗댄 노래고 [illegible] 싸이는 [illegible]기에 [illegible]찬했다.

싸이는 자기 노래 「연예인」의 가사처럼 전 세계를 무대로 만들었고, 재미있는 뮤직비디오로 인기 있는 남자가 되었으며, 사람들을 기쁘게 했다. 케이팝의 다양성을 보여준 「강남스타일」은 싸이를 글로벌한 엔터테이너이자 광대, 댄스가수로 만든 위대한 우리의 노래다. 소승근

"「강남스타일」의 리듬 자체는 댄스음악인데, 그 안에는 야성적인 록의 느낌도 들어 있어요. 이 곡은 사람들이 스타디움에서 똑같이 말춤을 추며 즐거워할 수 있는 그런 박력과 스케일이 있는 노래입니다."<sup>강명석</sup>

"지금은 국가를 막론하고 재미를 찾는 시대입니다. 전 세계 모든 이들이 좀 더 재밌고, 좀 더 웃긴 것을 원하고 있죠. 「강남스타일」은 이러한 요구에 정확하게 부합하는 춤과 뮤직비디오로 승부해 빌보드 싱글 차트 상위권까지 치고 올라갈 수 있었습니다."<sup>배순탁</sup>

# 히든 레전드 송

100곡의 레전드 송으로 선정되지 못했으나
100인의 선정위원 중 음악 전문가(평론가/ 교수), 음악 방송 PD,
음반 산업 관계자 각 그룹으로부터 높은 점수를 받은 상위 20곡을
'히든 레전드 송'으로 선정했습니다.

100곡이라는 한정된 범위 안에 대중가요사를 모두 담는다는 것은 힘든 일이다. 때로는 반드시 포함되어야 하는 곡도 불가피하게 누락되는 잔인한 상황이 나타날 수도 있다. 100곡에 들어가지는 못했지만 대중음악의 역사에서 빠져서는 안 될 '숨은 명곡'들이 많다. 이번 〈레전드 100 - 송〉 선정에 참여한 27인의 음악평론가들과 교수들은 대중적으로 널리 기억되는 곡 외에도 새로운 경향의 물꼬를 트거나 역사적 획을 그은 '의미 있는' 곡들도 상당수 리스트에 올려놓았다.

포크 발라드의 새로운 양식을 확립한 어니언스의 「편지」, 1970년대 말 섬세한 편곡으로 1980년대에 유행한 팝 발라드를 미리 선사한 윤시내의 「열애」, 1989년 민중가요의 대중화를 선도한 '노래를 찾는 사람들'의 「솔아 솔아 푸르른 솔아」가 여기에 속할 것이다. 1980년대 초반 읊조리는 독백조의 포크 발라드를 들려준 '언더그라운드 포크의 대부'의 대표곡이라는 점에서 조동진의 「나뭇잎 사이로」도 많이 지목되었다.

어니언스 1집　　　열애　　　　노래를 찾는 사람들　　조동진 2
　　　　　　　　　　　　　　　　　2집

전체적으로 평자와 교수들 시선의 중점은 음악성과 실험성 그리고 가수의 가창력에 있다. 산울림 하면 「아니 벌써」지만 사실 3분이 지나서 보컬이 나오는 파격의 사이키델릭 진수 「내 마음의 주단을 깔고」와 같은 골든 레퍼토리가 빠질 수는 없다. 패티김의 경우 초기 대표작은 「초우」지만 은퇴 공연의 제목이 될 정도로 널리 사랑받은 「이별」이나 나이 마흔을 넘어 열창으로 빚어낸 후기의 대표작 「가을을 남기고 간 사랑」을 고른 사람도 많았을 것이다.

이소라를 보더라도 〈레전드 100 - 송〉 리스트에는 「난 행복해」가 꼽혔지만 전문가들은 여심女心을 탁월하게 스케치해냈다는 점에서 「바람이 분다」를 상대적으로 더 고평가하기도 한다. 이 곡은 방송 프로그램 〈나는 가수다〉를 통해 뒤늦게 대중성도 확보했기에 많은 선택을 받았다.

산울림 제 2집

패티김 골든 베스트

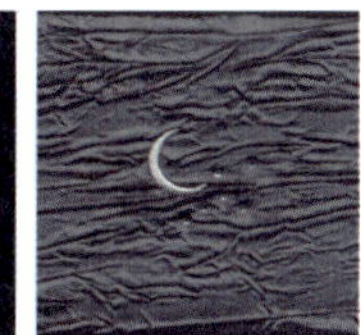
눈썹달



빅 히트송을 여럿 보유한 다작多作 히트메이커들은 100곡의 범주 때문에 사실상의 대표작이 빠지는 불운(?)을 맞보기도 한다. '작은 거인' 김수철의 이름을 대중에게 알려준 곡은 「젊은 그대」가 아니라 「못다 핀 꽃 한 송이」이며 현상의 측면에서 김추자의 대표작은 「님은 먼 곳에」보다는 「월남에서 돌아온 김상사」쪽임을 어른들을 안다.

어떻게 대중가요 최초로 교과서에 실린 조용필의 「친구여」나 조용필 오빠현상을 압축하는 「비련」 그리고 2000년대 들어와서 이문세 리메이크 붐을 몰고 온 「광화문 연가」를 뺄 수 있겠는가. '엘레지의 여왕' 이미자는 「동백 아가씨」와 더불어 「섬마을 선생님」이 있어야 하고 '포크의 기린아' 한대수의 경우에도 「행복의 나라」 말고 「물 좀 주소」를 애청, 애창한 팬들은 얼마든지 있다. 올드 음악팬들은 이장희의 「그건 너」만큼이나 「한 잔의 추억」과 「나 그대에게 모두 드리리」가 중요하다고 주장할 것이다.

1집
못다 핀 꽃 한 송이

조용필 5

4집
못 찾겠다 꾀꼬리

이문세 5

평론가와 교수들이 꼽은 '히든 레전드 송'은 〈레전드 100 - 송〉의 기획을 더욱 풍요롭게 보강하고 완성도를 높여준다. 이 리스트를 참고한다면 젊은 세대는 더욱 만족스럽게 한국 대중가요 명곡의 외연을 넓힐 수 있을 것이다. 임진모

하나 둘

최성원 Collection

1집
마그마

| 1. 가을을 남기고 간 사랑 | 패티김 | 1983 |
| 2. 광화문 연가 | 이문세 | 1988 |
| 3. 나 그대에게 모두 드리리 | 이장희 | 1974 |
| 4. 나뭇잎 사이로 | 조동진 | 1982 |
| 5. 내 마음에 주단을 깔고 | 산울림 | 1978 |
| 6. 못다 핀 꽃 한 송이 | 김수철 | 1983 |
| 7. 물 좀 주소 | 한대수 | 1974 |
| 8. 바람이 분다 | 이소라 | 2004 |
| 9. 비련 | 조용필 | 1982 |
| 10. 섬마을 선생님 | 이미자 | 1967 |
| 11. 솔아 솔아 푸르른 솔아 | 노래를 찾는 사람들 | 1989 |
| 12. 열애 | 윤시내 | 1979 |
| 13. 월남에서 돌아온 김상사 | 김추자 | 1969 |
| 14. 이루어질 수 없는 사랑 | 양희은 | 1972 |
| 15. 이별 | 패티김 | 1972 |
| 16. 제주도의 푸른 밤 | 최성원 | 1988 |
| 17. 친구여 | 조용필 | 1983 |
| 18. 편지 | 어니언스 | 1974 |
| 19. 한 잔의 추억 | 이장희 | 1974 |
| 20. 해야 | 마그마 | 1980 |

〈레전드 100 - 송〉을 선정함에 있어서 많은 히트곡을 보유한 빅 아티스트의 경우, 예를 들어 가왕 조용필은 어떤 곡들이 들어가고 어떤 곡이 빠졌나 궁금할 수밖에 없다. 조용필은 모두 4곡이 들어갔고, 음악 방송 PD들은 탁월한 사운드에 전성기의 마지막 빅 히트송이라고 할 「꿈」이 거기에 포함되지 않은 게 아쉬웠을 것이다. 솔직히 「꿈」은 나중에 〈나는 가수다〉를 통해 재조명된 「이젠 그랬으면 좋겠네」와 더불어 조용필 음악 이력에서 절대로 빠져서는 안 될 곡이다.

엄청난 사회적 반향을 일으킨 서태지와 아이들의 「Come Back Home」도 사정이 다르지 않다. 실제로 〈레전드 100 - 송〉에 들어간 「환상 속의 그대」보다 이 「Come Back Home」이 더 결정적인 곡이 아니냐는 의견이 분분했다고 한다. 음악방송 PD들은 같은 이유로 유재하의 「사랑하기 때문에」와 더불어 「지난날」이, 심수봉은 「남자는 배 여자는 항구」와 더불어 영화 〈와이키키 브라더스〉를 통해 다시금 매혹을 재확인한 「사랑밖에 난 몰라」가 빠질 수 없다고 본다.

  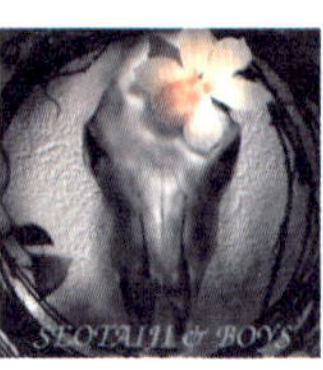 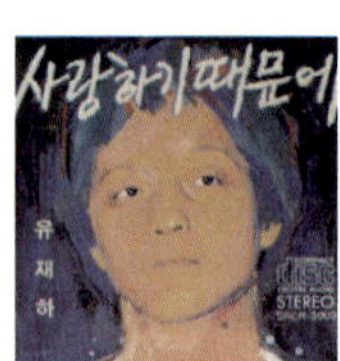 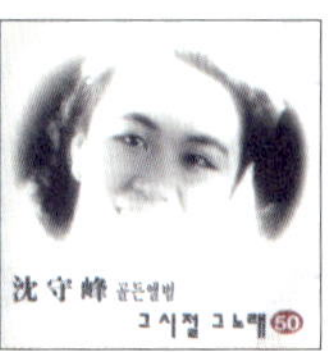

13집
The Dreams

12집
추억 속의 재회

4집
컴백홈

1집
사랑하기 때문에

심수봉 골든앨범

확실히 선곡의 다양성에 민감한 음악 방송 PD 집단은 대표곡 하나에 집중하기보다는 그 아티스트를 설명할 수 있는 두서너 곡으로 선곡을 다양화하려는 성향을 보였다. 밴드 '부활' 하면 「Never Ending Story」가 딱 떠오르지만 그 훨씬 전에 「희야」가 있었고, 들국화는 「행진」과 「그것만이 내 세상」 옆에 「매일 그대와」가 놓여야 하며, 나미 역시 댄스 넘버 「빙글빙글」에다가 청각을 울리는 발라드 「슬픈 인연」이 있어야 방송적 조화를 이루는 것이 사실이다.

패닉의 경우도 「달팽이」 못지않게 「왼손잡이」가 중요하고 「천 일 동안」의 이승환 히트 리스트에서 「세상에 뿌려진 사랑만큼」은 결정타다. 이 점에서 〈레전드 100 - 송〉에 자신의 대표곡을 올리지 못한 아티스트인 빛과 소금의 「샴푸의 요정」, 조덕배의 「꿈에」, 봄여름가을겨울의 「어떤 이의 꿈」, 윤상의 「가려진 시간 사이로」(「이별의 그늘」이 아닌 것은 놀랍지만)가 지목된 것은 다행이다.

1집
부활 Vol.1

1집
행진

4집
나미

1집
Panic

2집
Always

1집
빛과 소금

2집
꿈에

2집
나의 아름다운
노래가 당신의 마음을
깨끗하게 할 수 있다면

2집
PART I

음악 방송 PD들은 곡 자체의 예술성에 덧붙여 방송에서 더욱 대중적 파괴력을 발휘하는 곡에도 주목하고 있다. 사실 라디오나 음반을 통해서보다는 TV 가요 프로그램에서 소개되어 더 효과를 발하는 곡, 다시 말하면 방송에 들어맞는 곡은 얼마든지 있다. 빠른 템포의 댄스곡들이 이 점에서는 유리한데, 한국 힙합의 원조인 듀스의 「나를 돌아봐」, 김완선의 「리듬 속의 그 춤을」이 여기에 해당할 것이다. 유

쾌한 가사가 흥을 만드는 송창식의 「담배 가게 아가씨」도 라디오든 텔레비전이든
방송관계자라면 선호할 만한 곡이다.

1집
Deux

2집
나홀로 뜰 앞에서

송창식 골든 제3집

음악 방송 PD들의 '히든 레전드 송'은 〈레전드 100 - 송〉에 충분히 들어갔어야 할
곡들이 빠진 아쉬움을 상당히 상쇄해준다. 우리 대중가요사에 빛나는 명곡들을
조명하는 데에 100곡은 충분하지 않다는 것을 다시 한 번 일깨워주는 것이다. 김
광석의 팬들은 「이등병의 편지」와 「서른 즈음에」 외에 「사랑했지만」이 지목된 것
에 비로소 안도할지 모른다. 임진모

김광석 다시 부르기 I

그대 안의 블루 OST

1집
파랑새

| 1. 가려진 시간 사이로 | 윤상 | 1992 |
|---|---|---|
| 2. 그대 안의 블루 | 김현철, 이소라 | 1992 |
| 3. 꿈 | 조용필 | 1991 |
| 4. 꿈에 | 조덕배 | 1986 |
| 5. 나를 돌아봐 | 듀스 | 1993 |
| 6. 담배 가게 아가씨 | 송창식 | 1986 |
| 7. 돌고, 돌고, 돌고 | 전인권 | 1988 |
| 8. 리듬 속의 그 춤을 | 김완선 | 1987 |
| 9. 매일 그대와 | 들국화 | 1985 |
| 10. 사랑밖에 난 몰라 | 심수봉 | 1987 |
| 11. 사랑했지만 | 김광석 | 1991 |
| 12. 샴푸의 요정 | 빛과 소금 | 1990 |
| 13. 세상에 뿌려진 사랑만큼 | 이승환 | 1991 |
| 14. 슬픈 인연 | 나미 | 1985 |
| 15. 어떤 이의 꿈 | 봄여름가을겨울 | 1989 |
| 16. 왼손잡이 | 패닉 | 1995 |
| 17. 이젠 그랬으면 좋겠네 | 조용필 | 1990 |
| 18. 지난날 | 유재하 | 1987 |
| 19. Come Back Home | 서태지와 아이들 | 1995 |
| 20. 희야 | 부활 | 1986 |

명곡을 선정한 일반적인 리서치를 볼 때면 역사적 검증을 받은 노래들이 다수를 점하기 때문에 아무래도 근래의 곡들은 빠지는 경우가 많다. 파장이 나름 컸던 곡일지라도 시제가 지금과 가까운 관계로, 확실한 역사적 스탠스를 부여하기 어려운 측면도 있다. 그래서 글로벌 센세이션을 일으킨 싸이의 「강남스타일」처럼 누구도 이의를 제기할 수 없는 전환점을 마련한 곡이 아니라면 배제되기 십상이다. 그만큼 100곡이라는 범주는 까다롭다.

이 점에서 음반 산업 관계자들의 설문 결과는 우리들에게 비록 〈레전드 100 - 송〉의 카테고리에는 포함되지 않았어도 시제 측면이 아니라면 들어가기에 충분한 근래의 수작들이 꽤나 많다는 것을 알려준다. 섹시 콘셉트의 시작이면서 2000년대 최고 연예인으로 등극한 이효리의 「10 Minutes」, 걸그룹의 히트송으로 작품성을 인정받은 브라운 아이드 걸스의 「Abracadabra」 그리고 2010년의 대세를 장악한 아이유의 「좋은 날」이 대표적인 예들이다.

워낙 이력이 짧아 레전드란 용어를 붙이기에는 아직 어색하지만 각각의 시점을 고려하면 새로운 전기轉機를 주도한 의미 있는 곡들이다. 성급할지는 몰라도 레전드 티켓을 예약한 '예비 레전드 송'이라고 해도 되지 않을까. 2002년에 발표되어 사랑받은 후 몇 년이 지나 드라마 〈천국의 계단〉에 다시 삽입되어 폭발적으로 애청된 김범수의 「보고 싶다」나 지금도 결혼식 축가로 애용되고 있는 이적의 「다행이다」도 마찬가지다.

1집
STYLISH...
E Hyolee

3집
Sound G

Real

3집
보고 싶다

3집
나무로 만든 노래

음반 산업 관계자들의 '히든 레전드 송'이 변진섭의 「희망사항」, 1980년대 대중적 발라드의 정점이라고 할 수 있는 최호섭의 「세월이 가면」을 제외한 나머지는 거의 1990년대 이후의 곡들인 이유는 아무래도 음반 산업 관계자들이 상대적으로 젊은 층이라는 점과 무관하지 않아 보인다. 인디 음악이 지목을 받은 것이 그 증명이다.

장기하와 얼굴들의 「싸구려 커피」나 십센치의 「아메리카노」는 2000년대 후반 마침내 주류로 솟아난 인디 음악의 성과들이다. 이 노래들은 인디 음악에 희망을 거는 젊은 층의 지지로 선택을 받았을 것으로 풀이된다. 특히 인디의 잠재력을 과시했다는 점에서 장기하와 얼굴들의 「싸구려 커피」는 시각에 따라 〈레전드 100 - 송〉에 포함되어도 무방했을 곡이다. 사회적 파괴력마저 획득한 힙합의 진화라고 할 DJ DOC의 「Run To You」나 뮤직비디오 제작 붐을 일으키는 동시에 '얼굴 없는 가수'의 전략도 유행시킨 조성모의 「To Heaven」은 음반 산업 관계자들이 아니라면 아마도 레전드 시리즈에서 언급되지 않았을지도 모른다.



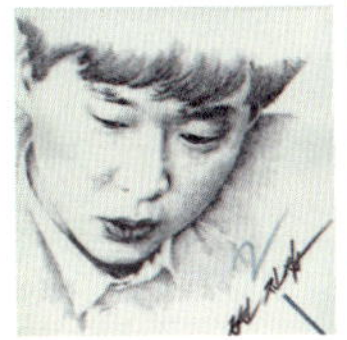

1집
너에게로 또다시

바람이 불어/
세월이 가면

싸구려 커피

아메리카노

5집
The Life...
DOC Blues

1집
To Heaven

재미있는 것은 정광태의 「독도는 우리 땅」, 88올림픽 주제가 코리아나의 「손에 손 잡고」, 2002 한일월드컵의 대박 응원가인 YB(윤도현밴드)의 「오 필승 코리아」 등 이벤트 송이 다수 포함되어 있다는 사실. 이 곡들도 대중 감성과 함께한 우리 가요 역사에서 상당한 의의를 지니는 노래들이다.

공연 혹은 광고, 이벤트를 통해 음원이 소통되고 있는 시점에서 적지 않은 이러한 계열의 노래들이 앞으로 레전드 송의 리스트에 명함을 내밀 것으로 예상된다. 기 성세대들 입장에서 자신들 이후 세대의 명곡들 중에는 어떤 것들이 있나 궁금할 때 이 리스트를 참고하면 상당히 도움이 될 것이다. 임진모

독도는 우리땅

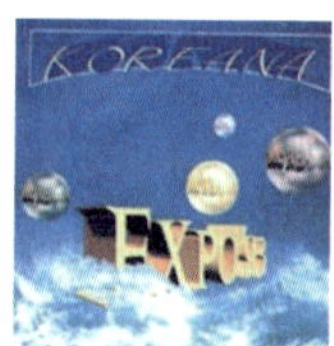

그날은

꿈★은 이루어진다

3집
Chapter3

3집
발해를 꿈꾸며

1집
Piece

7집
여행을 떠나요

2집
Exhibition 2

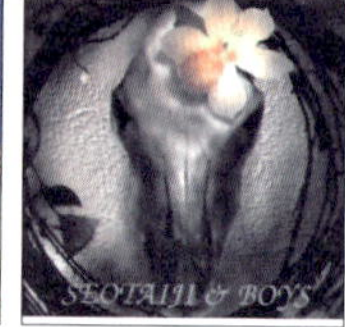

4집
컴백홈

| 1. 10 Minutes | 이효리 | 2003 |
| 2. Abracadabra | 브라운 아이드 걸스 | 2009 |
| 3. Run To You | DJ DOC | 2000 |
| 4. To Heaven | 조성모 | 1998 |
| 5. 거짓말 | god | 2000 |
| 6. 교실이데아 | 서태지와 아이들 | 1994 |
| 7. 다행이다 | 이적 | 2007 |
| 8. 독도는 우리 땅 | 정광태 | 1982 |
| 9. 보고 싶다 | 김범수 | 2002 |
| 10. 사랑보다 깊은 상처 | 임재범, 박정현 | 1998 |
| 11. 세월이 가면 | 최호섭 | 1988 |
| 12. 손에 손잡고 | 코리아나 | 1988 |
| 13. 싸구려 커피 | 장기하와 얼굴들 | 2008 |
| 14. 아메리카노 | 10cm | 2010 |
| 15. 여행을 떠나요 | 조용필 | 1985 |
| 16. 오 필승 코리아 | YB | 2002 |
| 17. 좋은 날 | 아이유 | 2010 |
| 18. 취중진담 | 전람회 | 1996 |
| 19. 필승 | 서태지와 아이들 | 1995 |
| 20. 희망사항 | 변진섭 | 1989 |

# 〈레전드 100 - 송〉 선정위원: 외부 위원 60인

| 구분 | 분야 | 이름 | 비고 |
| --- | --- | --- | --- |
| 외부 위원 60인 | 웹진/ 평론가/ 칼럼니스트 | 김광현 | 월간 재즈피플 편집장 |
| | | 강명석 | 아이즈(ize) 편집장 |
| | | 김봉현 | 대중음악평론가 |
| | | 김작가 | 대중음악평론가 |
| | | 박은석 | 100 beat 편집장 |
| | | 배순탁 | 대중음악평론가 |
| | | 강일권 | 리드머 편집장 |
| | | 임진모 | 대중음악평론가 |
| | | 소승근 | 대중음악평론가 |
| | | 정석희 | 칼럼니스트 |
| | | 최규성 | 대중문화평론가 |
| | | 서정민갑 | 대중음악의견가 |
| | | 강헌 | 대중음악평론가 |
| | | 차우진 | 음악 칼럼니스트 |
| | | 이수호 | 대중음악평론가 |
| | | 한동윤 | 대중음악평론가 |
| | | 홍혁의 | 대중음악평론가 |
| | 기자 | 서정민 | 한겨레 |
| | | 이은정 | 연합뉴스 |
| | | 강수진 | 스포츠경향 |
| | | 김고금평 | 문화일보 |
| | | 김관명 | 스타뉴스 |
| | | 김원겸 | 스포츠동아 |
| | | 서병기 | 헤럴드경제 |
| | | 이정혁 | 스포츠조선 |
| | | 이경란 | 일간스포츠 |
| | | 정강현 | 중앙일보 |
| | | 한현우 | 조선일보 |
| | 음악 포털 및 음반 관계자 | 김민준 | 다음 |
| | | 김봉환 | 벅스뮤직 |
| | | 우승현 | 네이버 |
| | | 성기완 | 로엔엔터테인먼트/ 멜론 |
| | | 김인호 | 소리바다 |

| 구분 | 분야 | 이름 | 비고 |
| --- | --- | --- | --- |
| | | 신상규 | KT 뮤직 |
| | | 이창희 | 미러볼뮤직 |
| | 뮤지션(세션 및 프로듀서) | 권태은 | 음악 프로듀서 |
| | | 서영도 | 연주자 |
| | | 임현기 | 음악 프로듀서 |
| | | 이상훈 | 음악 프로듀서 |
| | | 김지웅 | 청춘 뮤직 |
| | | 김석원 | 연주자 |
| | | 이명원 | 연주자 |
| | | 이상훈 | 연주자 |
| | | 조삼희 | 연주자 |
| | | 송봉조 | 음악 프로듀서 |
| | 제작자 협회 | 최광호 | 한국음악콘텐츠협회 |
| | | 최보근 | 문화체육관광부 |
| | | 박기용 | 한국음반산업협회 |
| | | 김경남 | 한국음반산업협회 |
| | | 서태룡 | 한국음악저작권협회 |
| | 교수 | 손무현 | 한양여자대학교 |
| | | 강호정 | 서울예술대학교 |
| | | 김서영 | 광운대학교 |
| | | 정원영 | 호원대학교 |
| | | 김진우 | 서울예술전문학교 |
| | | 고정민 | 홍익대학교 |
| | | 이동순 | 영남대학교 |
| | | 장유정 | 단국대학교 |
| | | 배창희 | 남부대학교 |
| | | 노형우 | 원광보건대학교 |

# 〈레전드 100 - 송〉 선정위원: 내부 위원 40인

| 구분 | 분야 | 분류 | 이름 |
| --- | --- | --- | --- |
| 내부 위원 40인 | Mnet | 방송) 음악사업담당 | 신형관 |
| | | 음악총괄 1CP | 한동철 |
| | | 음악총괄 2CP | 김기웅 |
| | | 음악 1CP | 최승준 |
| | | | 고익조 |
| | | | 박준수 |
| | | 음악 2CP | 윤신혜 |
| | | 음악 3CP | 안소연 |
| | | 음악전략콘텐츠 1CP | 오광석 |
| | | 음악전략콘텐츠 2CP | 이응구 |
| | | | 최효진 |
| | | 음악전략콘텐츠 3CP | 김용범 |
| | | 콘텐츠기획팀 | 강희정 |
| | | | 정유진 |
| | | | 장충익 |
| | | | 형성민 |
| | | 편성기획팀 | 황금산 |
| | | 360전략마케팅팀 | 정은일 |

| 구분 | 분야 | 분류 | 이름 |
| --- | --- | --- | --- |
| | CJ E&M | 음악 사업 부문 | 안석준<br>송동훈<br>이동헌<br>김윤주<br>안정일<br>이재향<br>최윤순<br>유동길<br>송두혁<br>박진형<br>김성중<br>백상훈<br>김영애 |
| | | 스마트 미디어 사업 본부 | 신병휘<br>이상영<br>임양균 |
| | | 내부 음악 전문가 | 송창의<br>박승선<br>오승훈<br>윤인호<br>이상환<br>한창헌 |

# 레전드 100 - 송


| | |
|---|---|
| **발행인** | 최우진 |
| **저 자** | Mnet 레전드 100 - 송 제작팀 |
| **편 집** | 정희정 조나단 |
| **디자인** | 김기연 |
| **마케팅** | 현석호 김영란 |
| **관 리** | 김정숙 |
| **발행처** | (주)스코어  대표 정상우 |
| **등 록** | 2012년 6월 7일 제313-2012-196호 |
| **ISBN** | 978-89-98522-80-3(14670) |
| **주 소** | 서울시 마포구 동교로13길 34(121-896) |
| **전 화** | 02)333-3705 |
| **팩 스** | 02)333-3745 |

www.allmusicscore.com
www.openhousebooks.com

판매원 오픈하우스